思い込みの日本史に挑む

松尾　光
Matsuo Hikaru

笠間書院

はじめに

歴史に携わる者にとって、相沢忠洋氏の名はある種のロマンをともなって忘れがたい。群馬県新田郡笠懸村（みどり市）の岩宿にある切り通しには、関東ローム層の断面が露出していた。昭和二十一年（一九四六）、相沢氏はそこに細石器によく似た石片を見出した。ただそれが石器といえるか判らず、その後も周辺を調べ続けた。昭和二十四年、ついに人工遺物と確信できる黒曜石製で両面が加工調整された槍先形石器を見つけた。これが、日本の旧石器時代遺跡の最初の発見である。

相沢氏はこれを明治大学大学院生の芹沢長介氏に見せ、芹沢氏からの報告を受けた明治大学教授・杉原荘介氏はただちに現地での発掘調査をはじめた。その結果現地から刃部磨製石斧が発掘され、旧石器時代の遺跡であることが確実となった。

何が画期的なのかといえば、昭和二十四年以前の考古学界では関東ローム層の赤土が出てきたら、発掘調査を終了させていたからである。関東ローム層は一万年以上前の地層であり、旧石器時代にあたる。その時期の日本列島に、日本人はだれも暮らしていない。遺跡・遺構のあろうはずがない。だから、発掘調査をやめさせていた。調査しなければ、遺跡・遺構が見つかるはずもなかった。こだわるものを持たずに無心にただひたすら事実だけを追い求める姿勢に、天が贈り物をくれた。関東ローム層に遺物はないという「思い込み」のない相沢氏だから、石器が見つけられたのだった。

「思い込み」は、ひとの目を覆い、手を止めさせる。いまになってみれば、それは笑い話として語ることすらできる。だがそうした過去が、アカデミズムの頂点にすらたしかにあったのである。

日常生活でもそうだが、私たちは歴史事象を前にして、多くの常識といわれるものに寄りかかり、だれがなぜ作ったのかすらわからないような古色蒼然たる定説をもとに見ようとしてしまう。だが、その常識は現代人だけの思い込みじゃないのか。公認の解釈とされている安心・安全な定説は、かつて何かの思惑があってだれかに捏造された「思い込ませたかった」解釈じゃないのか。

たとえば私たちは、江戸時代の百姓一揆なら、村民が竹槍や鍬・鋤・鎌を手に筵旗を押し立て城下に押し寄せる姿を思い浮かべる。その理由として、村民たちは豊臣秀吉の刀狩りで根こそぎ刀槍・鉄砲などの武器を奪われたからだと思っている。しかし彼らは、猪・鹿などを退治するという理由で、手元に多くの刀槍・鉄砲などを保有していた。江戸時代を通じて彼らは、武器を持ったことすらない純粋な農民などでなかった。家に置いておいただけなのだ。いやじつは、今も二〇〇万振以上の刀剣が民間にある。それは美術品としてだ。つまり理由をつけることで、どの時代にも人々の手に武器は残されてきた（第二章45）。だから島原の乱のように領主権力を倒すための反乱なら、家にある刀槍・鉄砲を繰り出した。だが不満を表明して要求を通すていどなら、鋤・鍬・鎌くらいにして刀槍・鉄砲まで持ち出さない。この弁えは現代の示威運動（デモ）もそうで、デモが荒れてもふつうは軍の出動や警官の発砲までにならない。その方が簡単に制圧できても、である。そこには右の百姓一揆のように、そこまでの武器をたがいに持ち出さないという諒解がある。だから発砲すると怒り出すのだ。

私たちは、歴史がじっさいに辿ってきた過程を確かめもせず、作られた思い込みに浸っている。それでは、相沢氏のような発見に出会うことはない。ほんとうの歴史を語ることなどできない。自分でその重い扉を押し開けて進むには、まずは思い込みの淀みから自分を掬い出さなければなるまい。

思い込みの日本史に挑む

目次

はじめに i

第一章　古代

第三章　近世・近代

第一章

古代

継体天皇は、なぜ子どもたちを越前に残しておかなかったのか

継体天皇（男大迹王）はもともと越前国三国を勢力基盤とする豪族だったが、継体天皇元年（五〇七）大連・大伴金村の要請を承けて大和王権の大王に即くべく大和に向かった。すでに大和王権内で話し合われ首脳部の諒解を取り付けた上で、男大迹王の擁立となった。そのはずであった。

というのも、四七九年ころに雄略天皇（大泊瀬皇子）が没したとみられるが、この大王は兄・安康天皇が暗殺されたために急遽即位することとなった。暗殺事件を起こした眉輪王は安康天皇の后・中蒂姫の連れ子で、実父は大草香皇子である。根使主に謀られたのではあるが、大草香皇子は安康天皇の命令で殺され、皇子の妻は安康天皇の后とされた。眉輪王は、安康天皇と母とがその次第を話していたのを床下で聞いて、父の敵討ちとして安康天皇を殺した。大王暗殺の報に接した大泊瀬皇子は、同母兄たちの八釣白彦皇子をまず疑って斬殺。疑われて怯えていた坂合黒彦皇子が眉輪王とともに大臣・葛城円の邸に逃げたところを、皆殺しにした。さらに安康天皇がかつていとこの市辺押磐皇子に王位を譲ろうとしていたことを恨み、近江国蚊屋野の狩場に市辺押磐皇子を呼び出して手づから殺してしまった。また市辺押磐皇子の同母弟・御馬皇子も、伏兵を置いて不意討ちした。その雄略天皇には清寧天皇と星川皇子という子がいたが、星川皇子は母・稚媛の実家である吉備勢力の援助を受けた反乱を企て、鎮圧された。大王候補者はほとんどいなくなり、清寧天皇が死没すると、市辺押磐皇子の遺児が播磨国縮見屯倉で発見されて顕宗天皇・仁賢天皇となり、武烈天皇でついに血脈が絶え

たとある。以上の話は『日本書紀』に書かれているが、このあたりの大王の実在性や系譜の信憑性はなおさだかでない。ともあれ『日本書紀』は、男大迹王の擁立は、仁賢天皇・武烈天皇の没後、右のような事情で跡継ぎがいなくなったからだとされる。それならば男大迹王の大和入りはそうそうに実現されてよいはずだが、大和の磐余玉穂宮にじっさいに入ったのは二十年後のこと。二十年もの間、山背の筒城宮や弟国宮など周縁部を渡り歩かされ、大和王権の本拠地である奈良盆地内に迎え入れられなかった。それはどうしてなのか。

しかも、この混乱はあとを曳いた。継体天皇は、大和に入って五年後の継体天皇二十五年に八十二歳で死没した。『日本書紀』によれば、そのあとには継体天皇に長く連れ添ってきた目子媛との間の子である安閑天皇（勾大兄皇子）が七十歳まで二年、宣化天皇が七十三歳までの四年間統治した。そのあとに同じく継体天皇の子で、仁賢天皇の娘・手白髪皇女との間に生まれた欽明天皇が継いでいく。流れとしては自然だが、そこにはやや不自然な伝えがあり、またその話はどうやら事実のようなのだ。

不自然な伝えというのは、『日本書紀』継体天皇二十五年十二月庚子条の引く「或本」に『百済新撰』が引用されていて、そこに「太歳癸亥の三月……又聞く、日本の天皇及び太子・皇子、倶に崩薨りましぬといへり」とあって、癸亥年すなわち継体天皇二十五年に継体天皇と太子（安閑天皇）などが一緒に死没したという。父子が同時に死ぬのは自然でないから、まとめて殺戮されたとの意味だろう。

いま一つは仏教公伝記事で、『日本書紀』は欽明天皇十三年（五五二）の壬申年に百済の聖明王から欽明天皇のもとに仏像・経論が送られたとする。しかし『元興寺伽藍縁起幷流記資財帳』や『上宮聖徳法王帝説』など仏教界の所伝はそろって戊午年の五三八年説をとる。この場合の『日本書紀』の信憑性は劣り、戊午年が正しいようだ。だが五三八年は宣化天皇の在位中だから、聖明王からの公伝を受けたのは宣化天皇となってしまう。でも『日本書紀』編纂の材料で、仏教公伝の相手が誤記されている可能性は低い。そこで戊午年が宣化天皇三年でもあり、欽明天皇六年でもあった、と理解すれば両立しうる。継体天皇の子たちは、異母兄弟がそれぞれ大王として並立していた。だから古代の「南北朝対立」といわれるわけだ（拙著『古代史の謎を攻略する　古代飛鳥時代篇』第一章28・29を参照）。

　どうしてこんなことになったのか。それは継体天皇の大和入り・大王位継承の前提条件が、応神天皇からの血統に連なる仁賢天皇の血を繋ぐことだったから。すなわち仁賢天皇の娘・手白髪皇女と継体天皇が結婚する。その間に男子ができれば、その子の血の半分は応神系を受け継いだものとなる。その皇子が後継者となるのなら、大和王権の保守派の豪族たちも納得する。継体天皇を招いた側には、そういう諒解があった。こうして欽明天皇がほんらい即位する手はずだったのに、安閑天皇が継体天皇の子としての即位を主張し続けた。この混乱の痕跡として、『日本書紀』では継体天皇が死没したあとに二年の空位がある。欽明天皇がただちに即位したのだが、その即位に納得しない安閑天皇側が二年かけて調整しようとした。調整を諦めた段階で、ついに即位に踏み切った。その事実を『日本書紀』は何事もなかったかのようにただ連続させて記している、というわけだ。

　この解釈はちゃんと辻褄があっている。だが手白髪皇女との間の子を即位させるとは、はるか先の達成条件である。継体天皇は約束通り仁賢天皇の娘・手白髪皇女と結婚して正妻に迎え、ついでながら安閑天皇も仁賢天皇の娘・春日山田皇女を后とし、宣化天皇も仁賢天皇の娘・橘仲皇女を后としている。継体天皇と手白髪皇女の婚姻がじっさいいつ成ったのかは不明だが、『日本書紀』では継体天皇元年に河内樟葉宮でのこととなっている。また『本朝皇胤紹運録』によれば、欽明天皇は「継体三年己丑誕生」とある。継体天皇三年生まれであれば、その即位は『日本書紀』欽明天皇元年なら三十一歳、二朝併立説なら二十三歳となる。欽明天皇は即位にさいし「余、幼年く識浅くして、未だ政事に閑はず。山田皇后、明かに百揆に閑ひたまへり」といい、みずから即位には若すぎると陳べて辞する姿勢を見せている。この当時、二十三歳ではまだ政治経験も浅すぎ、大王としてはたしかに若すぎる。だが『日本書紀』の記すように安閑・宣化両天皇に譲って三十一歳まで待機していたとも思えないので、かねての約束通り欽明天皇は二十三歳という若年でも即位したのだろう。

　しかし問題は、ここにある。継体天皇の擁立は、仁賢天皇の血を引いた子つまり手白髪皇女との間の子に大王位を引き継がせることが前提とされていた。そうだったのなら、なぜ越前から目子媛の子たちを連れてきたのか。彼らを越前に留まらせて地方豪族の主としておいて、いわば親藩のような強力な藩屏としておけばよかった。あるいは即位時にすでに五十八歳という当時としてはかなり老齢である継体天皇を擁立するより、まだ四十二歳の勾大兄皇子を引き抜いて擁立してもよかった。勾大兄皇子も春日山田皇女と結婚できているし、それなら継体天皇という大王を必要としなかった。継体天皇がこれから生まれる児を跡継ぎとし、二人の子は即位させないという話で折り合っていたのなら、もともと二人を大和に連れてくるべきでなかった。もちろんだからといって、これは男大迹王勢力が王朝を力尽くで簒奪したことの証だなどとはいわないが、やはり不自然であろう。今は、老齢の継体天皇の没時から若年の欽明天皇が即位できるまでの間の中継ぎが必要だったからと考えておくが、それならばそうなったときに越前から勾大兄皇子を迎えればよかったのではないか、とも思える。

殯はどのくらいの期間するものなのか

古代の支配者層の葬儀には、殯(もがり)という習慣があった。

人が死んだら直葬(ちょくそう)といわれる現代でも、さすがに病院から焼き場や墓場に直行はしない。これは、二十四時間以内だとなお蘇生(そせい)する可能性があるから規制され禁止されている。蘇生しないことを確認する時間を置かなければいけないのだ。もちろん、死んでしまったという事実をなお認めたくない家族などの気持ちも強くある。肉体(魄(はく))のなかに宿(やど)っている魂が身体からいままさに遊離しようとしているが、その魂をもう一度も身体に密着させうれば蘇生する。あるいは体内に留(とど)まっている魂の動きを揺らせられれば生き返る、と。そういう手を尽くす時間は、また諦(あきら)めていく時間でもある。

その一方で支配者層の場合は、死者をただちに葬れぬ事情もあった。権力を保持していた人物が死没した場合、その権力者の地位を誰が継ぐのか。葬儀は前権力者である死者に対して後任と決まった権力者がその継承を報告し、その地位につくことを世間に高らかに宣言する場所でもある。かつてソヴィエト連邦や東欧諸国の共産党書記長が没すると、その葬儀委員長に注目が集まった。葬儀委員長がつぎの書記長となり、権力継承者となるからである。葬儀の場は、だから弔(ちょう)問(もん)外交の場にもなった。

さて遺体を置いて殯していた時間は、いったいどれほどだったのだろうか。

『日本書紀』のなかで死没したという記事から山陵に埋葬されたとある記事までの年月が、殯の庭に置かれていた時間だったとみなしてよかろう。

松田信彦氏「日本書紀の葬送記事から見た日本古代の葬送儀礼」（「万葉古代学研究所年報」六号）によれば、死没から埋葬までの期間は短ければ二ヶ月、長ければ数十年であった。具体例を挙げると仁賢天皇・孝徳天皇が二ヶ月だが、弑逆された崇峻天皇は殯の期間をとることなく即日埋葬されている。長期間の場合は、孝昭天皇が三十八年、反正天皇が六年十ヶ月、孝霊天皇が六年七ヶ月、敏達天皇が五年八ヶ月、斉明天皇が五年七ヶ月で、ついで孝元天皇が四年五ヶ月とされている。

異例の長期間と思われている天武天皇だが、朱鳥元年（六八六）九月九日に死没して、持統天皇二年（六八八）十一月十一日に埋葬されている。この間、二年二ヶ月である。継体天皇の十ヶ月、安閑天皇の半月、宣化天皇の九ヶ月、欽明天皇の五ヶ月、用明天皇の三ヶ月、推古天皇の六ヶ月、舒明天皇の一年二ヶ月、孝徳天皇の二ヶ月というなかで見ると、たしかに長い。だが敏達天皇の五年八ヶ月、斉明天皇の五年七ヶ月と比べれば、そうそう長いともいえまい。

それでもやはり長期にわたっている場合は、個々の政治事情があったのだろうと見当が付く。敏達天皇の場合は、後継候補の用明天皇の容態が悪く、即位したとしてもさほど経たないうちに次の後継者を必要とする状況で、次の次まで見越した後継争いが持ち上がっていた。具体的には穴穂部皇子・宅部皇子の動きによって、敏達天皇の殯庭がしばしば騒然とさせられていた。斉明天皇の場合は遠隔地である九州の香椎宮で死没しており、白村江の戦いを控えて国内が騒然としていた。このあとも中大兄皇子（天智天皇）が称制したものの、後継者として名乗りを上げない。後継大王の即位が見通せるまで、前大王の埋葬ができずに延期されていた。そういう理由であったようだ。

では、天武天皇の殯期間の二年二ヶ月はどうだったのか。継体天皇以降では、長い方に入るから、何らかの支障があったのか。たしかにそうでもある。草壁皇子が即位するはずだったが、体調が悪化。結局、即位できずに死没した。即位できるかどうかの見通しを見極めていた期間がすなわち殯で、諦めて持統天皇がかわりに即位しようと決断するまでの期間が二年二ヶ月だったのだ。

こうした大王の殯は、多人数による後継者選びの検討を伴うので、一般の家と事情が違いすぎる。一般氏族や家でも多少の争いはあろうが、ともあれ普通の家の殯はどれほどの期間だったろうか。『日本書紀』神代下の天稚彦の葬儀記事には、喪屋で「八日八夜、啼び哭き悲び歌ぶ」とある。しかし神代巻での「八」という数には限りない長さという意味があり、実数ともいえない（拙稿「古代における七日と八日」「歴史研究」六一二号）。『魏志』倭人伝（新人物文庫）には「死に始づき、喪を停むること十余日」とあり、『隋書』（新人物文庫）には「死者は斂むるに棺槨を以てし、親賓、屍に就きて歌舞し、妻子・兄弟は白布を以て服を製る。貴人は三年外に殯し、庶人は日を卜いて瘞む」とある。前者では十日とあるが、後者では貴人は三年、庶民は即日かせいぜい数日と思われる。貴人はやはり後継者の決定という特別事情が想定され、そんなに簡単には埋められないようだ。いまの社葬が、没後かなり離れて設定されるのも、宣伝に使うという思惑があってのことなのかもしれない。ただし後二書は外国人の聞き書きであるから、内容の信憑性にやや不安がある。

では、考古学的知見ならばどうか。

愛媛県松山市北梅本町の葉佐池古墳（松山市教育委員会調査）は六世紀中ごろの前方後円墳（全長五十メートル）で、七世紀前半まで追葬に使用されていた。この一号横穴式石室のB号男性人骨の殯期間は、あるていど予測できるらしい。

葉佐池古墳遠景（松山市立埋蔵文化財センター・松山市考古館所蔵）

田中良之氏「殯再考」（「福岡大学考古学論集」小田富士雄先生退職記念事業会発行）によると、この人骨には二種の蝿の蛹の囲殻が着いていた。一つは死後にすぐ集って産卵するニクバエ属の蝿で、もう一つのヒメクロバエ属の蝿は三～四日以上経ている腐肉に集る習性がある。この二種の蝿はともに暗闇では活動しないそうなので、集ったのは石室に入れられてからでない。それ以上の蝿はついていないので、つまり明るい殯の庭に置かれていたのはせいぜい五～六日ていどと予想される。ついでながら宮崎県えびの市島内・地下式横穴墓群六十九号墓には、五世紀後半の女性の追葬人骨があった。その発掘の過程で、腸管内の腐敗ガスが充満したために骨盤腔内外に噴出したとみられる糞便が見られた、という。すなわちふつうは殯の場で処理されてしまうはずの糞便だったが、おそらく冬期の死没だったので遺体の腐敗が遅かったらしく、体外に噴出されないまま殯を終えた。その後に埋葬となった。このために石室内に糞便が残されたということらしい。季節で遅速の差はでてこようが、おおむね一週間以上くらい経ったところで埋葬する。そういう風習があったもの、と推定してよかろう。

殯の期間はほぼ一週間前後。大王家などの特殊な貴人は別として、普通の家の葬儀はせいぜい五日から十日あたりが穏当と理解しておいてよいようだ。

「古美術商の店頭に並ぶ考古遺物」の学術的価値は

古美術商の店頭には、弥生式土器の流れを汲む土師器や朝鮮系技術で作られた須恵器、古墳にあったと思われる埴輪や銅鏡・馬具、あるいは古寺院の建物の軒先を華麗に飾っていたであろう軒丸瓦などが並んでいる。近現代の模造品もあるかもしれないが、古代の実物もかなり多い。「これは一五〇〇年以上前の甕だ」とか「中国・漢王朝から舶載の逸品だ」「××寺の創建時の軒丸瓦でしょう」とかの言葉が、それらについて語られることだろう。

しかしこれら店頭の品々は、美術品としてはともかく、学術的に見ればほんらい持っていた考古学的価値をすっかり失ってしまった姿である。

昭和五十七年（一九八二）五月に筆者が訪れたときには、群馬県群馬町東国分の上野国分尼寺講堂・金堂址にはたくさんの古瓦の破片が散乱していた。しばらくして聞いたところでは、もはや地表から見えるものはなくなった、という。瓦を作る工程では麻布を貼った円筒に粘土を押しつけるから、瓦の裏側に古代の布目が浮き出る。そうした文様のためか、これを採取する歴史愛好家が後を絶たないようだ。しかし遺跡の地から引き離された遺物は、何も語れなくなる。たとえば屋根から滑り落ちて瓦が散乱したのなら、瓦の破片に囲まれたなかに屋舎があったわけだ。散乱している位置が、屋舎の大きさなどを推測する手がかりになる。瓦葺きは、重要建物の証でもある。また瓦の入っている地層は倒壊した時期を表わすから、存続期間も判るはずだ。だが落ちていたその位置・その地層から引き抜いてしまえば、その遺物はもはやただの瓦礫(がれき)で、何の証言もできなくなってしまう。

平成十年（一九九八）に、奈良県天理市(てんりし)の黒塚(くろづか)古墳で三角縁神獣鏡(さんかくぶちしんじゅうきょう)が大量に発見された。三角縁神獣鏡は、邪馬台国(やまたいこく)の通交した魏(ぎ)王朝の銅鏡と目(もく)される。その銅鏡を下賜(かし)された邪馬台国連合の女王・卑弥呼(ひみこ)は、貰(もら)った銅鏡をもとに同笵鏡(どうはんきょう)を作り、それを配下の国王などに配布する。それによって同盟関係・臣属(しんぞく)関係を取り結んでいく。そういう図式が確認され、指標(しひょう)が得られるかもしれない貴重な出土品であった。しかし発掘調査の前に、銅鏡はすでに持ち出されていた。現在は三十三面あるが、じっさいにそこにあった数はいまや不明である。古墳にはかずかずの副葬品があるが、それらのあった位置は、古代人の何らかの意思の表われである。その置かれた位置から、彼らの風習・習俗・感覚を読み取ることもできよう。権力者にとってなかでも貴重とされていた銅鏡が、墳墓(ふんぼ)の石室(せきしつ)内・石棺(せっかん)内のどこにどのように置かれていたか。何枚がどこにあり、どこには何枚あったか。それはとりわけて大事である。そこから、動かしてはいけない。返還されるにこしたことはないが、それでも抜き取った時点で、すでに場所ごとのただしい数量や順序はもう判らなくなってしまった。

古墳はどこから見るものか。前方後円墳(ぜんぽうこうえんふん)は前方部から拝礼するのか。それとも前方部・後円部の境になるくびれ部分によく見られる突起部からつまり墳墓の真横から拝礼するのか。また古墳の前での祭祀(さいし)は、形象埴輪(けいしょうはにわ)（器財(きざい)埴輪）をどう立て並べてするのか。その並べられ方から、祭祀の内容・目的を窺うことができたろう。しかし持ち去られた埴輪からは、往時の祭祀形態の復原などできない。

殺人現場に置いてあったライターは犯人検挙のための重要な手がかりになりうるが、拾(ひろ)ってポケットに入れてしまえばどこにでもある何の変哲(へんてつ)もないただのライターにすぎない。そういうことだ。

神社縁起などの伝説から、なにが学べるのか

日向国（宮崎県）児湯郡の都農神社は『延喜式』に載る式内社で、平安時代に国家からの奉幣を受けた由緒ある神社である。この神社に伝わる『神社明細図書』には「古老曰く、都農神は、神武天皇日向を立せ玉ひし時、祭祀り賜ひしとぞ言ふなる云々」とあり、神武天皇が日向を発って東征に向かう前に勝利を祈願して祭祀を執行したと、古老たちが伝えていた、という。あるいは「神武天皇、日向国を立せ給ひて、大和国なる八十梟帥等を撃ち平らげ給ひて、天下を治め給ふ。やんごとなき神事の跡を追ひ給ひ、新羅を言向け賜ひて、神功皇后、今の宮村に、宮柱太敷立て、崇敬なし給ひしなるべし」（ともに原文はカタカナ）とあって、神功皇后は神武天皇が奉祀した神を勧請して新羅征討を果たしたので、御礼として都農に神社を創建した、という。

また同じく児湯郡の式内社・都万神社の祭神は、許乃波奈佐久夜比売（木花開耶姫）である。この社の近くを流れる小川は桜川の名残りらしく、神橋に接したところに井門田里と呼ばれる地がある。これは許乃波奈佐久夜比売の御持田だったと、『妻万大明神之御縁起』に記されている。『日本書紀』によれば、木花開耶姫は天神と大山祇神の間にできた娘で、日向の高千穂峯に降臨してきた瓊瓊杵尊と結婚している。この場所が、降臨した天孫が生活していた場所だったのか。そう思わせる。

ここには二つの神社の所伝をあげたにすぎないが、宮崎県の各地の神社縁起には、瓊瓊杵尊以降神武東征までの四代の天孫たちの日向での生活ぶりをうかがわせるような記事がたくさん伝えられてい

る、という。

ではそれら各地の神社が伝えている縁起は、そこに書かれているように地元の古老たちがほそぼそと伝えてきた話が収録されたものとみなしてよいのか。これらの縁起譚は、フィールドワークによって採取された、地元に残っていた貴重な古代からの証言。そう聞き取って、それらの「古伝」を拠り所にして論を進めてよいのだろうか。

もしもその縁起・伝承を歴史叙述に用いてよいのならば、一気に古代史の資料は豊富になる。そういう資料ならば丹念に拾い集めるべきで、そのままに捨て置くのはまことにもったいない。

都農神社の縁起からは、東征に先立って神武天皇が神々に勝利を祈願したという『日本書紀』に書かれていない行動が知られるし、神功皇后が新羅征討のさいに神武天皇の奉祀した神をことさらに勧請していたことや帰国後に日向に神社を建てたこともはじめて知る事実である。また都万神社の古伝からは、『日本書紀』では茫洋としている降臨後の瓊瓊杵尊の生活ぶりを窺うこともできそうだ。『日本書紀』『古事記』の記事の欠落を補う、貴重な記事・所伝だ。そう思ってよいのか。

その答えは、一般論としていえば否であり、古伝というのは思い込みにすぎない。

いちばんの問題は、その縁起はいつから語られるようになり、いつ記されたのか。古伝とはいうが、その話はいつまで溯れるものか。その見極めがなされていない。「古くからの言い伝え」という曖昧な表現にして、そのなかに古代からのという意味までふくませようとしているにすぎないからである。

これは、『日本書紀』の成立後の所伝と考えるのが穏当であろう。『日本書紀』が流布したのを読んで、その記事内容から推測あるいは臆測して、自分の場所と結びつける話を作り上げたのである。『日本書紀』に見られない記事がここに伝わっているのではなく、『日本書紀』のままでは繋がらない自分の場所とを結びつけるために、独自な話を創造した。つまり『日本書紀』がさきにあって、『日本書紀』をこのようにして自分との関係をつけて受容してみせたのである。

たとえば、崇神天皇を祭神にしている神社は全国にある。大神神社末社天皇社（奈良県）・淡海国玉神社（静岡県）・倉賀野神社（群馬県）・天日陰神社（石川県）・吉備津彦神社（岡山県）・出雲大神宮内崇神天皇社（京都府）などである。崇神天皇は御肇国天皇といわれているが、その実在性を疑われてもいる。これらの所伝があるのなら、それをもとに「崇神天皇はこれだけ各地に足跡を遺しているから、疑いなく実在した」ともいえそうだ。そういう見解は、成り立ちうるだろうか。もちろん無理である。崇神天皇をなぜ選んで奉祀しているのかはもはやわかるまいが、『日本書紀』の崇神天皇の記事をもとにして自分の神社の祭神に据えたのである。各地を巡幸し制圧していったという崇神天皇の地元伝承があって、それを丹念に採集して『日本書紀』の記事を作ったのではない。あくまでも『日本書紀』の記事がさきにあって、それが各地域で受容された結果である。

もしもそうでないと推測するのならば、その古伝が『日本書紀』以前からあって、『日本書紀』に先行するか少なくとも並行していたと証明する必要がある。たとえば『元興寺伽藍縁起并流記資財帳』の冒頭部分の仏教受容についての記事は古様な文体であって、その仮名の用字法も古い。奈良・平安時代の人たちの常識的な用字法では、こうは書けない。そういえるならば、『日本書紀』以前または並ぶ資料と見ることもできる。そうした文献学的な手続きをした上で、『日本書紀』記事に影響されたものでない独自な伝承。あるいは『日本書紀』記事の元になった。そう証明する必要がある。

おそらく、大半の神社縁起や伝説はその手続きを取れまい。とはいえ、「だから神社の古伝・縁起などが無価値だ」などと思ってはいない。受容史としては、まことにおもしろい。瓊瓊杵尊は日向の高千穂峯に降り立ったというので、それを承けて宮崎県西臼杵郡高千穂町では天真名井・天岩戸神社・天安河原・天香具山などの地名が付けられ、あたかも高天原がここにあったかのようである。また天照大神を奉祭し、御杖代となって伊勢神宮まで導いた倭姫命の話もそうだ。

『日本書紀』垂仁天皇二十五年三月条では、菟田の筱幡から近江・美濃を経由して伊勢に至った、としか書かれていない。それが『皇太神宮儀式帳』（延暦二十三年［八〇四］成立）では、大和の宇太阿貴宮から佐佐波多宮、伊賀の穴穂宮・阿閇柘植宮、近江の坂田宮、美濃の伊久良賀宮、伊勢の桑名野代宮・鈴鹿小山宮・壱志藤方片樋宮・飯野髙宮・多気佐々牟迤宮・礒宮を経て五十鈴川上の度会宮に至る。これが鎌倉中期成立の『倭姫命世記』になると、伊賀では隠市守宮・敢都美恵宮が増え、近江では甲可日雲宮、尾張の中嶋宮が足されていく。そして現在では、天照大神遷幸の痕跡として元伊勢といわれる遷座・駐留の伝説が語られ、佐佐波多宮の名を負う篠畑神社の近くには一時鎮座したという葛神社、神輿を駐めたという御杖神社や神末（神杖の訛り）の地名がある。三重県の隠市守宮付近には倭姫命ゆかりの弁天岩を持つ宇流冨志禰神社があり、岐阜県瑞穂市居倉の天神神社が『新撰美濃志』にいう伊久良川宮の故地に新造され、同県安八町の森部の宇波刀神社も倭姫命巡幸の旧跡と認定された（『安八町史』）。愛知県清須市一場の御園神明社は『惣社参宮記』で中島宮とされ、天照大神・倭姫命が祭神となっている。こうして、『日本書紀』の受容過程で、伊勢神宮に連らなる元伊勢伝承があらたに創造されていくのである。

『魏志』『隋書』などの中国史書は貴重な同時代史か、拠るべからざるたわ言か

『魏志』倭人伝に記された事柄についての解釈は、微に入り細をうがちながら、熾烈を極めた論争がいまもなお続いている。日本史学史上、最大・最長の論争かもしれない。

そのなかでも大きな関心事は邪馬台国がどこにあったかで、その所在地をめぐる論議が盛んである。そのさいの手かがりは邪馬台国に到る距離と方角の記載で、『魏志』によれば伊都国の東南方向にあって、帯方郡から一万二千余里離れているという。伊都国は福岡県糸島市の「糸」、旧怡土郡の地であろう。その東南の地でかつ帯方郡（大韓民国ソウル市近辺）から五二四八キロメートル（正始弩尺を適用）ほど離れている地域となれば、太平洋の大海原のなかにしかならない。東海道・山陽新幹線の総延長が一〇六九キロメートルなのだから、どこへ持って行っていくにしても、日本列島からははみ出る。それでも方角があっているのなら、伊都国からの距離を短縮しなければ。伊都国までは来たことはあるが、あとは聞き書きであり、「そこに行くとすれば」と読む。伊都国からは放射状に読むべきだという理由として、狗邪韓国や伊都国については「到る」と記し、奴国などへは「至る」として字を変えている。これはじっさいに「到る」場合と、「至るには」という場合が書き分けられたもの。あるいは、伊都国までは方位・距離・地名の順に記しているのに、そこから先は方位・地名・距離の順になっている。これもそこからは「行っていないが、行くとすれば」の意味だ、とする。だが宝島探検のさいに渡される判じ物・暗号文書ではあるまいし、この文章でだれもがそこに行けるはずとい

うつもりで書かれたものだ。表記の差に気づけなければ間違えてしまうような書き方は、史書はもちろん個人的な書簡であってもすべきものでない。

こうした論議の前提として、中国史書はそのときに生きていた人による同時代史であって、ただしい事実がただしく認識されて書かれているはずだという思い込みがある。

よく引かれる例だが、『明史』外国伝日本条には「日本には故、王有り。其の下に関白と称する者ありて最も尊し。時に山城州の渠、信長を以て之と為す。偶猟に出で、一人の樹下に臥する者に遇う。驚起して衝突し、執えて之を詰る。自ら言う、平秀吉、薩摩州の人の奴為り、と。雄健蹻捷にして、口辯有り。信長之を悦び、馬を牧せ令め、名を木下と曰う。……参謀の阿奇支なる者有り。罪を信長に得たり。秀吉に命じて兵を統べ之を討たしむ。俄にして信長、其の下の明智の殺す所と為る」などとある。矢作川に架けられた橋（じっさいは存在しない）の上で蜂須賀小六の率いる一団に誰何されたとは聞くが、信長が樹下で寝ていた秀吉をじかに見出して登用したとか、最初から平姓を名乗っていたとか、薩摩の人の下僕だったとか、秀吉がもともと明智を討つよう信長から命じられていたとか、など聞いたことがない。荒唐無稽な記事で、こんな史書を信用する気にはなれまい。また、『新唐書』の王統譜では五十八人の王名（弘文が外れ、神功皇后が入る）中の一人を欠落させ六人を書き誤っており、さらに元明を文武の子、聖武を元明の子、持統を天武の子とするなど七ヶ所で血縁関係を間違えている。およそ信をおくに足りない、恃みにならない書である。

あるいは『隋書』でも、冠位十二階の冠名の順が徳仁義礼智信になっているが、ただしくは徳仁礼信義智である。中国でいわれていた五常の徳目の順をそのまま書いてしまったのである。『旧唐書』

では、四門助教の趙玄黙に贈った束脩の礼に「白亀元年の調布」と書かれていたとあるが、白亀という日本元号はなく、霊亀の誤りであろう。あれもこれもとあげられるが、誤っている部分ばかりをあげつらえばしょせん海外にいる者が聞きかじった一知半解の文献であって、何の足しにもならない無価値の記事のようにも思える。

しかし『明史』では信長・秀吉・明智という武将がいて、秀吉・明智が信長の家臣で、明智が信長を討ち、秀吉が明智を討ったことは合っている。秀吉が平姓を一時称したことも事実。出仕前の秀吉の境遇や信長との出会いについては、いま流布している説とは異なるが、そうした説が当時は流布していたのかもしれない。『新唐書』の王統譜にはたしかに多々誤りが見られるが、漢風諡号や諱の記載は九割方合っている。父子・母子・兄弟などの間違いはあるものの、王の即位順には一つも間違いがない。『隋書』の冠位十二階も順は間違っているが、冠名は合っている。『旧唐書』の話も、白亀ではないが、白い亀が霊しき亀であることに違いはない。つまり大きくは間違っていない。一隣国でしかない中国が日本についてこれだけ精度の高い知識を持っていることの方が、むしろ驚異的である。隣家の人が自分の家の内容について、祖先や家人の名・誕生日・血液型から勤務先・給料明細まで精確に知っていたら怖いだろう。幸いにしていまの日本にはこれよりよい文献が残っているから、中国史書の記載は重視されず、誤謬・誤記ばかりが指摘される。しかし何も文献がなければ、これだけの精度があれば基軸に据えても大きく外れた歴史にはならないだろう。

明の時代でもこれだけ間違えているのだから、疎遠な古代中国の蛮夷伝がどれほど精確でありうるか。その心配はとうぜんではあるが、日本側に適切な史料がないのならば、外国文献だから不正確だと切り捨てずに、その記載のなかから少しでも多く学び取ろうとするのが得策であろう。

中国では、基本的に天子（皇帝）の行住坐臥は、史官がいて毎日克明に記録している。史官は起居郎・起居舎人といい、その記録を起居注という。これに詔勅や公文書を合わせて実録を作り、この実録をもとに次の王朝が史書を編んでいく。だから『隋書』であれば、煬帝が「蛮夷の書無礼なる者有らば、復以て聞する勿かれ」といったのをその現場で聞いて書き留めている。『隋書』は後年の編纂物だが、その内容はそのときその場で記された信憑性の高い記録である。そうであるから、開皇二十年（六〇〇）に「俀王、姓は阿毎、字は多利思比孤、阿輩雞弥と号し、使を遣して闕に詣る」とあって、文帝が「其の風俗を訪はし」めたという記事は、間違いなくそのときに起きていた事実である。『日本書紀』がいかに日本の地元にあった記録をもとに作ったものだろうと、編纂物である。しかも同じ編纂物でも、毎日の記録をもとにした『隋書』に比べて、何回かの戦乱を経て官司・氏族・寺院などに残されていた資料をまとめた『日本書紀』は、信憑性・信頼性に根本的な格差がある。

もちろん異国において聞き書きしているすべてが、精確な記事であろうはずがない。だが、そうした記事がいくつかあるからといって、噴飯物としてすべてをうち捨ててしまうにはあまりに惜しい。要はその記事による。天子が見聞きしたというものは、まずそのときに天子の立場で受け取られた事実であろう。また日本国内に特定の事実についてほかに語るものがなければ、中国史書の記載を受け入れる必要がある。またかりに記載に大きな誤解があったとしても、それはそのように受容していたという意味で、受容史としてまたべつの史料的価値があるともいえる。史料の価値には差がある。取るか棄てるかの択一ではなく、その差を見極めて使いこなすことが肝要なのである。

推古女帝からの国書を、煬帝はなぜ読まされたのか

『隋書』（新人物文庫）東夷伝倭国条によれば、大業三年（六〇七）倭国王の多利思比孤が隋の天子・煬帝に使者を送って朝貢してきた。使者は「海西の菩薩天子が重ねて仏法を興すと聞いたので、これを慶賀するとともに沙門数十人を派遣して仏法を学ばせたい」といい、差し出した国書には「日出づる処の天子、書を日没する処の天子に致す、恙無や」と書かれていた。つまり「太陽が昇るところに位置する国の天子である推古女帝が、書簡を太陽が沈むところにある国の天子である煬帝に送りつける」と書き出してある。煬帝はこれを見て不愉快になり、外務大臣にあたる鴻臚卿に「蛮夷の書簡で、こういう無礼なものがあるならば、二度と私に聞かせるでない」と立腹したという。

この記事については、国書の文章のどこに問題があったかをかつて解説したことがある（『古代史の謎を攻略する　古代・飛鳥時代篇』第二章09）。要点だけをいえば、「日出づる処・日没する処」の対比的表現に問題はないが、「天子」と「致す」がよくない。中国にとって、天帝から統治を委託されている天子にふさわしいのは中原を統治する自分だけであって、僻地の小国である倭国王が称するなど不遜というより悪ふざけである。また上申すべき下位の立場にある倭国王が、同等者間の連絡というのに近い「致す」という表現をするのも不快に思えた、ということである。

煬帝が怒るのは当時の感覚ならさもあろうと思われるが、それよりもこの場面はほんらいあろうはずのない不思議な光景である。

私たちの日常生活なら、不快な抗議の電話を取ることも、差し出されるままに書状を開けてしまうこともある。だが松下電器産業（パナソニック）社長の松下幸之助氏がいかに「お客様の苦情は、ビジネスチャンス。それさえ直せば、買って下さるという意味だ。そして製品を改良する鍵を提供してくれている」とのたまわっても、激昂した客の苦情の電話は受けないし、葉書や書簡をじかに読みもしない。初めの一時期を除いては。それは「松下の製品が壊れた。社長を出せ」とかりにいわれても、社長室長なり社長秘書なりが間に入って、その電話を社長には取り次がないからである。書簡でいくら親展（親ら展け）と書いておいても、室長や秘書が開封した上で苦情係に回してしまうからだ。

では無礼な国書を読まされた煬帝には、そういう気の利く室長や秘書がいなかったのか。そんなはずはない。いや、その前にもともと無礼な国書は、こんな段階まで上申されてくるはずがない。

日本律令の規定では、「凡そ蕃客初めて関に入らむ日に、有らむ所の一物以上、関司、当客の官人と共に、具に録して所司に申せ」（関市令蕃客条）とあり、国境を跨いだところに使節団を留め置いて、その場所の国司と治部省の派遣した領客使とが協力して使節団の携行物を検査する。検査対象にはとうぜん国書の文面が入り、朝貢物の質量に不足がないかも点検した。これは日本律令だが、律令条文はほとんど中国の模倣であるから、中国もほぼ同様な規定だったろう。それに『続日本紀』宝亀三年（七七二）正月丁酉条によれば、渤海使・壱萬福らは渤海王の国書を奉呈しようとしたが、国書に書かれるべき文字がなく、あってはならぬ文字があるとの理由で放還されかかった。光仁天皇への拝謁が認められなかったのである。ということは国書が礼儀にかなわない不備なものならば、上奏されずに下級官司から突き返される。隋の地方官が疎く迂闊だったとしても、外交をつかさどる中

大阪府南河内郡太子町にある小野妹子墓

央官司の鴻臚寺(こうろじ)の役人も点検したはずだし、最悪でも鴻臚卿がさすがに上奏を拒(こば)むはずである。だから万が一にも煬帝は、無礼のきわみである天子を名乗る蕃夷の書をじかに目にすることなどない。

それなのにじかに煬帝の手に取らせたのは、臣下がことさらにしいた作為(さくい)である。読ませたかったのである。なぜならば、まさにそのとき朝鮮半島の高句麗(こうくり)と戦っていたからである。五九八年に隋の文帝(ぶんてい)は、二股(ふたまた)外交を展開していた高句麗を面従腹背(めんじゅうふくはい)する不逞(ふてい)の国家と名指(なざ)しし、大遠征軍を送った。ところが討ち滅ぼせずに退却し、かえって中国の天子としての面目(めんもく)を失った。あとを継いだ煬帝も六一二年・六一三年と出兵したが討ち果たせず、やがて隋が滅びてしまう結果になる。もちろん、当時の煬帝は、その結果までは知るよしもない。だが一大事にまで至るほど緊張感漲(みなぎ)る作戦中だった。

隋の宮廷の閣僚たちも、倭の国書の書きぶりはもちろん論外と思う。煬帝に見せられたものではない。しかし、高句麗の背後に位置する国から使者がきている。国書の無礼は我慢してでも、ここは使者を送って手なづけておいた方が先行き（さきゆ）よくないか。手助け（てだす）などはいらないが、ここで追い返して敵に回す必要もあるまい、と。鴻臚卿いや鴻臚卿のまわりの政界上層部の多くの貴族が、そういいたいのである。そうした諒解（りょうかい）の上に、臣下としての諫言（かんげん）、煬帝への貴族たちの献策（けんさく）の前提として、国書がそのまま上奏された。結局、怒ったはずの煬帝は倭国に裴世清（はいせいせい）を送っており、臣下の諫言は聞き入れられたのである。しかしふつうならば国書はただちに却下（きゃっか）され、使節団は上陸させることもなく放還（ほうかん）されるか、あるいは鴻臚寺に呼ばれてきつく叱責（しっせき）される。この国書がそのまま奏上されたのは、隋が高句麗遠征で苦戦していたという実情、倭が高句麗の背後にある国という地理的な条件、それがたまたま重（かさ）なっていたからである。無礼な国書が無礼なままで中国の天子に読まれた、まさに希有（けう）な例であったろう。

前近代の国家には、なぜ予算がないのか

かつて、日本史研究会が国家予算についての共同研究を呼びかけたことがある。私の友人・K君が古代史部門の研究に挑戦することとなっていた。ところが、結果的には「古代国家に予算はない」ということがわかり、彼の努力は徒労に終わった。

どうして、予算がないのだろうか。予算というのは来年度の歳入・歳出のそれぞれの見込みを立てることである。このうちの歳出予算は、過年度の実績を勘案すればだいたいの見込額は提示できよう。だから問題は、歳入であった。前近代においては、歳入の見込みがまったく立てられないのである。

古代の収入源はおおむね農業生産、とくに稲作での収入である。稲作の障害は水旱虫霜といわれ、長雨・洪水などでの作物流失や根腐れでの生育不良を起こす水害、水田耕作に必須の雨水・湧き水などの枯渇による旱魃、蝗・浮塵子などの昆虫が茎などを食べることで倒伏する虫害、霜などの異常低温での受粉障害や風による倒伏・落花などに見舞われる。あるいは疫病などによって世話をするはずの人間が働かなくなれば、天候がよくても耕作放棄される。田植え・中干し・刈り取りなどができずに、収穫に至らない場合もあるだろう。田家康氏『気候で読み解く日本の歴史』（日本経済新聞社）によれば、奈良時代とその前後の東日本ではおもに降雨・風害でときおり旱魃に、西日本では逆に旱魃を軸にときに降雨被害にあっていた、という。

もちろん政府は、こうした状態があることをあらかじめ承知していた。風水害や旱魃への抜本的な

対策は難しいが、不作のときには祈禱だけでなく、その被害額に応じて税額を減らすなどの対応をした。

奈良時代の規定では、損五分で租を、損七分で租と調を、損八分で租・調・庸（歳役）を免除することになっていた（『令集解』賦役令水旱条）。この条文は唐令の真似だが、唐では損四分で租を、損六分で租と調を、損七分で租・調・庸（歳役）の免除となっていたから、日本の方が免除に対する制限が厳しかった。

しかし国司がじっさいに赴いた国々では、養老七年（七二二）以前は六分大半法が、養老七年からは不三得七法が施行されていた、と考えられている。すなわち国家の納税規定額は、もともと国庫納入額ではない。納税規定額の七割ほどが、国庫に納められていればよい、という規定なのだ。国家規定額と国司による国庫納入額の差額となる三割の税額は、国司の自由裁量である。不作になって困っている農民からあえて取らずに、国司がその村・村人の生産額の実情に応じて臨機応変の納税額を設定して、まけてやればいい。そうすれば唐のやや軽めの規定額とは結果としてほぼ同様になったろう、と理解されている。

これらは平年の免税・税収にかかわる規定だが、やはりときとしてはこれらを超すような、不三得七法などで国司の裁量権内で処理できる範囲を超す不作・凶作もおこる。その場合には政府に申告され、太政官の裁定を仰いで特別な免税や救済措置が施される。『続日本紀』に書かれた免税記事はこうした記録であり、この場合には一ヶ国または地域全体の凶作である。天候の異常は一ヶ国で済まないから、広い地域が同様な措置を申請してくるのは当然である。こうして農民が食べるものすら困る状態になれば、租庸調どころではない。餓死すれば、調庸物も作れない。東日本が飢饉になれば、国家収入はおおむね半減する。

「来年度の収入は、来年にならなければ分からない」というなかで歳出の予算を決めても、画に描いた餅。出るものは出、ないものはない。民部省主計助の勤務評定の基準は「国家の支出を充たして、計算が明瞭ならば、主計の最とせよ」とあるが、この場合なら各部署からの請求をひたすら棄却し、昨年度までのもので遣り繰りする。だから、予算など最初から立てない。

こうした事情は江戸時代でも同じである。

山本博文氏著『江戸に学ぶ日本のかたち』（NHK出版）では、天保十四年（一八四三）の幕府財政について歳入は一五四万三〇〇〇両、歳出が一四四万五〇〇〇両。弘化元年（一八四四）の歳入は二五七万五五〇〇両で、歳出は二一二万九〇〇〇両である。しかしそれは結果であって、『旧事諮問録』での鈴木重嶺の発言では、幕府に予算などなかった。不足すれば上納金・御用金で埋め合わせていた、という話だ。各藩でも、飢饉になれば年貢を免除する。支出を切り詰められずに不足したら、上納金か借金で凌ぐほかない。

歳入を確定させた予算を立てはじめたのは、明治国家である。明治政府は、課税対象を不安定な農作物におかず、作物を産み出す土地の不動産価値（地価）に置いた。地価は大きく変動しないので、地価の三％（のち二・五％）にすれば税収見込みは安定する。もちろん農作物が採れているとは限らないが、そのときはその土地を売らせて払わせる。生産の不安定さを国家が吸収せず、人民に押しつけた。それが地租改正なのである。

「口分田は女一段一二〇歩」「租は段別二束二把」と暗記してしまっていいのか

昭和前期まで、日本の歴史は法制史が主流であった。古代でいえば、『令義解』『令集解』という書物があり、そのなかに養老令の本文が多く残っている。その法律の文から、社会の組み立てを復原していこうという発想である。その名残りとして、たとえば律令体制下の人民には、口分田として六歳以上の男子に二段、女子にその三分の二にあたる一段一二〇歩が班給される（田令口分条）。口分田は六年ごとに一度改定され、あらたな班給地が配られる。これを班田収授法という。また租は一段につき二束二把を国庁に納め（田令田長条）、現地の非常災害に備えるものとされている。

しかし、規定があるならその通りに実施されるというわけではなかろう。もし法律があればその通りになるというのなら、「人を殺すべからず」「盗むべからず」とあれば、殺人はなかったことになる。殺人・強盗・窃盗がはびこっているから、盗むべからずと規定するのであろう。多くの規定があるのは、むしろそれが多発している証左である。口分田の場所は基本的に終身変更されないし、大宝二年（七〇二）筑前国戸籍の実例によれば男子口分田の平均給付額は一段一二〇歩で、女子は一段六〇歩、奴婢がそれぞれ一八〇歩・一二〇歩であった。また同年の豊前国戸籍では、男子に一段二三五歩、女子に一段三六歩、奴婢は一九八歩・一三二歩だが、六歳以下の者にも班給していた。班田額は規定の二段を満たしていないし、三対二という男女比率も守られてなどいない。しかも年齢制限も適用されていない。私たちは、いったい何を何のために憶えさせられているのだろうか。

それはともあれ、「租が段別二束二把」というのは日本史で記憶すべき必須事項ともなっている。大化二年（六四六）に出された大化改新詔には、大宝令文の転載かといわれる「其の三」の副文に「段ごとに租二束二把、町ごとに租の稲二十二束とせよ」と見える。つまり大化改新詔・大宝令それに養老令もそうであるが、奈良時代の規定上の基本的な租稲は段別二束二把だった。だが現実社会での租は、あくまで一束五把なのだ。天平七年（七三五）「相模国封戸租交易帳」（『大日本古文書』）では租を納めるべき田地二九一七町九段四八歩に応じる租額は四万三七六八束七把で、天平十二年「遠江国浜名郡輸租帳」（『大日本古文書』）では租を納めるべき田地七五九町四段二一六歩に応じる租額は一万一三九一束九把となっている。段別の租は一束五把でありつづけた。

どうして、こうなったのか。その理由は、田圃の地割りの仕方を机上で変えようとしたからである。

大宝律令以前の農村では、田圃の面積は代という単位で数えられていた。もともとは一代の面積で穫れる稲が一束であったようだ。この広さからどれだけの稲が穫れるのかという基準ではなく、これだけの稲がとれる広さはどのくらいの土地かという発想である。財産の分割などでは、「広くてもこんな痩せた土地じゃ嫌だ」とかいわれかねないから、こちらの考えの方がよほど合理的だったろう。

その一代のなかは高麗尺の六尺×六尺が一歩で、それが五つ並んだものだ。その一代（五歩）を横に五つ並べると五代（二十五歩）になり、三十尺×三十尺の正方形になる。この五代四方の正方形を一列に十個繋げて、五十代・二五〇歩としたのが一段である。おそらくこの三百尺×三十尺という縦長の一段をさらに横に十枚並べて、長地形の一町としていたのだろう。ところが、律令が規定する田制下では一段が三で割れなければならない。男子二段の三分の二が女子の口分田で、奴婢は良民の三分の一となっているからである。一段＝五十代＝二五〇歩制のままでは三分できないので、歩の長さを変えざるをえない。一歩が六尺×六尺だったのを五尺×五尺にし、それを縦横に六つ並べて三十六歩の塊をつくる。面積としては、前代の五代分と同じである。この三十六歩の塊を横に二列、縦に五個重ねて一段とした。つまり横十二歩×縦三十歩の形で一段＝三六〇歩制を創出した。この一段を横に五枚、縦に二個連ねれば半折形の一町ができる。この形の三六〇歩制が、大化改新詔副文や『令義解』（新訂増補国史大系本）田令田長条に「長さ三十歩・広さ十二歩」と表記されている状態である。

ほんとうに田圃の区切り方を変えられるものかどうかは疑問だが、それよりも問題はこのとき区分けの変更に伴って、収穫高の五十束の量を変更しようとしたことだ。二五〇歩で五十束穫れるとしてきたのなら、三六〇歩だったら七十二束穫れるはず。机上ではそうなる。ともに一段の収穫高であって実量は同じであるから、稲束の大きさの方を変えなければならない。代（二五〇歩）制下の一束（成斤の束）を三十・五％ほど減らして、あたらしい束（不成斤の束）を作る。これによって律令制度では一段の穫稲は七十二束となる。租は収穫の三％である二束二把（不成斤の束）になるが、代制下での一束五把（成斤の束）とは同量になる、というわけである。

しかしこんな馬鹿馬鹿しい理由では、全国各地の農民が稲束の大きさを変更しようとする気持ちになれまい。把とは両手の親指と中指で茎が摑める量である。束はその十倍である。こうした身体の部位を基準とする計量単位は、根強いものだ。口分田班給の都合で田の分割法が変わり、だから稲の束ね方も変更せよといわれただけで、「コリャ大変だ。お上のご命令だぞ」とかいって震え上がって変えようとするわけがない。農民の必要に基づかない稲束制など全国の農民に説明しようがないし、そんな不自然な匙加減をしなければならない制度を全国民が揃って受け容れるはずもない。
だから『続日本紀』（新訂増補国史大系本）慶雲三年（七〇六）九月丙辰条によれば、三六〇歩という田圃区分の仕方と束把制との連動を諦め、一段は五十束つまり従来の成斤の束制度に立ち帰ることになった。立ち帰るとはいっても、じつは一度も途切れたことなどなかったのだが。

法律は、しょせん為政者の机上の思い込みによって作られたもの。法律で縛りさえすれば、何でも思うようになる。そうだろうか。現実の社会慣行は、官人の筆先きで一朝に変えられるものでない。法律という窓枠からみている古代社会の風景は、いわば車窓から見た牧場や海のようなもので、その土地のごく一部でしかもごくごく上っ面でしかないことを知るべきであろう。

五十代・三六〇歩対照図

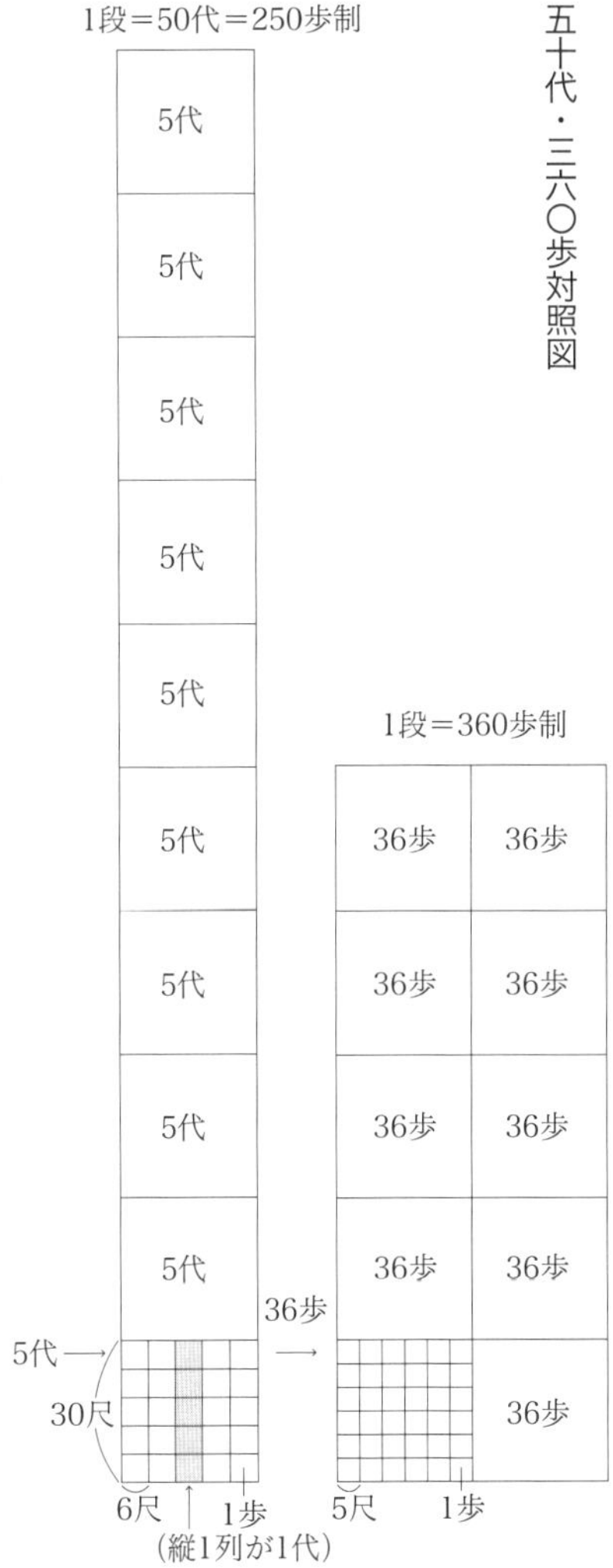

藤原宮子は、海女の出身だったのか

聖武天皇が皇太子であったのにそれを抑えて元正女帝が即位したことの事情をある講座で説明していたら、会場から「聖武天皇は母親が海女だったから、卑母所生なので即位が遅らされたのでしょう。そういう説を聞いたことがある」との声。考えたこともない話だったが、それは梅原猛氏が『海人と天皇』（新潮文庫）で主張されている説とやがてわかった。

梅原氏の説は、「道成寺宮子姫伝記」（道成寺蔵）・「紀道大明神縁起」（紀道神社蔵）などが典拠となっている。それによれば、宮子はもともと紀伊国日高郡の九海士王子の里の海女で、魚介類を捕って生活する卑賤の身分の女性であった。それが粟田真人に導かれて（梅原説では、紀竈門娘の侍女となって）宮中に入り、やがて藤原不比等の養女となり、たぐいまれなその美貌によって文武天皇の寵愛を受けて后へと昇格した。文武天皇は宮子のたっての願いを承け、日高郡に紀道成を遣わして勅願の道成寺を造らせた。ところが子・首皇子（聖武天皇）は卑母所生という理由で即位に反対があり、一時的に見送られて元正女帝に先を越された、というのである。

これらの傍証として、第一に、もともとの道成寺は法起寺式伽藍配置で、かつ本尊の千手観音の胎内仏（伝義淵作）が白鳳仏であることから、寺の創建は白鳳時代に溯る。したがって文武天皇の勅願という寺伝も相応の根拠があり、信頼に値する。ここに勅願寺を建てるとすれば、宮子が出生した場所だからと考えられる。第二に、『続日本紀』によれば文武天皇には紀氏・石川氏出身者が妃とされているが、藤原氏出身なのに妃より下位の夫人とされているのはおかしい。宮子のほんらいの出自の卑しさが影響しているからだ。第三に、大宝元年（七〇一）に宮子が首皇子を産むと、文武天皇は紀伊国の武漏温泉（白浜温泉）に行幸し、諸官に位階・衣服を下賜したほか、武漏郡に免税措置を施した。第四に、文武天皇の没後に首皇子が継げず、元明・元正の両女帝が即位した。皇太子に立てられてなお皇位を十年も継げなかったのは、宮子が卑母だったからだ。第五に、宮子と安宿媛（光明子・光明皇后）は同じく藤原不比等の子とされ、異母姉妹という。しかし宮子は冷遇されており、安宿媛にはのちに法華寺となる広大な不比等邸が与えられたのに、宮子は隅寺と呼ばれた狭小な海龍王寺に住まわされている。また宮子の母とされる賀茂比売は聖武天皇の外祖母にあたるのに、それにしては賀茂一族への殊遇・厚遇がなさすぎる。以上が宮子＝海女出身説の概要で、このうちの第四の傍証が冒頭の質問となっている。しかしこの説は根拠薄弱で、そう読みたいという願望の吐露にすぎない。

まず「道成寺宮子姫伝記」は原田徳照の著作で、文政四年（一八二一）の制作。「紀道大明神縁起」は盛海の著作で、享保（一七一六〜三六）ころの成立と見られる。そのころの創作だろう。溯れると思う理由がない。梅原氏は例によって「きっとあまりにも畏れ多い話で」「決して口外すべきことではなかった」から、古えより口づたえにされた。それをここで書きとめたものに違いないという。しかし筆者はかつて父・聴と文書調査に訪れた越生で、十五世紀に起源のあるという某銘菓の由来について「この由緒書は、数ヶ月前に考えたんです」と本人から聞かされた。口伝はしょせんそんなもの。「江戸時代の伝承に一〇〇〇年前の事情が残されている」と信じろというのは無理である。

とくに『今昔物語集』巻十四第三「紀伊の国の道成寺の僧法花を写して蛇を救ふ語」にある、道成寺の伝承には、宮子姫の出世譚など欠片も見られない。熊野参詣にきた二人の僧侶が牟婁郡で宿りをし、その家の寡婦に言い寄られた。その場を遁れるために後日の結婚を約束して、熊野からの帰りには別の道を通った。それを知った女は焦がれ死にでもしたか、大きな毒蛇となって彼らを追いかけてきたから、僧侶たちは道成寺に逃げ込んで寺僧と相談した。鐘のなかに隠れることとしたが、毒熱に焼かれて二人は死亡した。没後の僧侶は悪女の夫とされていたが、道成寺の上僧の夢に出て助けを請うた。そこで上僧の法華経書写の功徳で、女は忉利天に、男は都率天に昇った、とある。もしも宮子姫の話が古代の道成寺に伝わっていたのなら、法華経書写の功徳で一介の海女の身から天皇の夫人となり、一国の国母になれたという因果応報の出世話に脚色されておかしくない。ここに片鱗も見当たらないのなら、宮子についての伝承は古代に溯れないとすべきだろう。

それでも話を真に受けて、紀竈門娘の侍女として宮中に入って文武天皇の寵愛をうけ、子をなしたのなら、宮子は紀氏がまず養女とすべきだ。紀氏にとって掌中の珠とすべき、天皇の目にとまった娘を、不比等の養女として渡すべき動機がない。権力づくで奪われたとするのは、強弁にすぎよう。

紀竈門娘や石川刀子娘が妃で、宮子は格下の夫人にとどめられた。そうはいうが、これは事実でない。『続日本紀』（新訂増補国史大系本）文武天皇元年（六九七）八月癸未条には「藤原朝臣宮子娘を夫人とし、紀竈門娘・石川刀子娘を妃とす」とはあるが、この妃は嬪の書き誤りにすぎない。というのも令制の規定の妃は四品以上の女性がなるもので、つまり内親王か皇女しかなれない。紀氏ら諸臣の娘は夫人か嬪としかならない。そのなかで、夫人は嬪より格上である。しかも記事の順番では夫人の宮子がさきに記されており、宮子が竈門娘・刀子娘より格上なことが明らかである。『続日本紀』

の記載は、かならず上位から順に書かれるからだ。もしも竈門娘らが妃なら、記事では彼女らが先に記されていたはずである。さらに和銅六年（七一三）十一月乙丑条には「石川・紀の二嬪の号を貶し、嬪と称すること得ざらしむ」とあり、彼女らはもともと嬪だったことが明らかである。

宮子の生母・賀茂比売が厚遇されていないのは、実の母でなかった証拠だとされる。しかし天皇の外祖母に一度なったら、数代にもわたる繁栄・厚遇など約束されるのか。そういう確信はどこからくるのだろう。もし殊遇されるとすれば宮子が文武天皇の夫人になったときだろうが、そのときに厚遇されたとしても、それは『続日本紀』に書かれるべきことか。また一門の繁栄は望みすぎで、賀茂氏から繰り返し天皇の生母を出さないかぎり一門の栄達など無理である。賀茂比売の娘とする『尊卑分脈』の記載を疑うべき理由はない、といえよう。

ほかはいちいち論ずるまでもないが、牟婁郡への免税措置は行幸のさいにはよくあることで、首皇子の誕生と関連づけるべき理由がない。またこの話の流れなら、日高郡が免税となるべきでないか。文武天皇の没後すぐに即位できなかったのは低年齢だったせい。皇太子になってから十年も即位しなかったのは、宮廷の持統天皇派内では首皇子の成人までもともと元正女帝が継ぐ予定だったからである（拙著『古代史の謎を攻略する　古代飛鳥時代篇』第二章46参照）。光明皇后に比して宮子の住まいは狭小とするが、どれほどあれば妥当なのか。また道成寺は勅願寺にたる寺院というが、勅願寺だとどれほどの大きさが妥当なのか。ともに規準がわからない。道成寺創建の勅願を拝命した紀道成が大納言・紀麻呂のこととする判断は、恣意的。竈門娘は麻呂の妹か娘とするが、そうなると藤原氏に養女として譲った侍女に仕返しされて降格したわけで、恩を仇で返された因縁話となってしまう。

東大寺は総国分寺なのか、そもそも国分寺はいつから作られはじめたのか

昭和六十一年にNHK学園用テキスト『日本史講座　日本史古代』の一部を書いたので、日ごろ無知には気づいていたが恥を知らなかった私は、それを大阪大学教授・井上薫氏に送った。新鮮味もない書き物をお読み下さって、「『総国分寺をかねた東大寺』とありますが、奈良時代に東大寺が総国分寺であったことを示す史料はあるでしょうか。後世にいわれたことでありますまいか」と丁寧なご教示をいただいた。私だけの思い込みかと顔面蒼白となったが、『角川日本地名大辞典』(29奈良県)にも「総国分寺・大華厳寺・金光明四天王護国寺とも呼ばれ」とある。東大寺は法華寺とともに、総国分寺・総国分尼寺と呼ばれ、全国の国分二寺の頂点に立っている。この説は世間に流布している。

ただ巷間にそういわれていたとしても、正しいとはかぎらない。井上氏のいわれるように、奈良時代・平安時代に東大寺を総国分寺とした史料はなく、鎌倉時代以降にしか確認できない説である。ただ東大寺にはもともと国分寺の一面があった。平城左京二条大路に西面して建つ西門は国分門ともいい、ほかの国分寺と同じく金光明四天王護国之寺の扁額が掲げられて、その下で国分寺関係の仏事が行われていた(『奈良県の地名』日本歴史地名大系30平凡社)。だから大和国分寺を兼ねてはいたのだが、国分寺を全国の上に立って統御するような取り纏めの地位になどついてはいなかった。

追塩千尋氏著『国分寺の中世的展開』(吉川弘文館)によると、十三世紀末に院政を執っていた亀山院が西大寺の叡尊に十九ヶ国の国分寺を寄付した、という(『長州府中国分寺古跡由緒書』)。このとき

は十九ヶ国だったが、『本朝高僧伝』（大日本仏教全書）によると、十四世紀初頭の後宇多院政で、院が同じく西大寺の第二代長老・信空から受戒したことに感激し、「詔して六十余州の国分寺を以て、附して西大之子院と為す」（巻五十九・和州西大寺沙門信空伝）とある。これらが歴史的事実かどうかに疑問はあるが、延慶三年（一三一〇）二月に信空に長門国分寺の興行を命ずる院宣が下されているし、十四世紀前半に十九ヶ国の国分二寺は西大寺の末寺となっていた。だから人名や時期の真偽はともあれ国分寺を管掌する総国分寺と主張できそうなのは、史料的に見れば西大寺の方だった。

追塩氏によれば、西大寺はかねての四天王信仰から蒙古襲来時に異敵降伏・鎮護国家の祈祷をさかんに行なってきた。元・高麗軍の襲撃を防遏できたのはその功績とされ、これがきっかけで同じく地方ごとの四天王護国之寺である国分寺を統括させることになったと見る。

これに対して東大寺は、西大寺を牽制するために「東大寺＝総国分寺」説を流しはじめた。弘安二年（一二七九）正月が初見だが、以降総国分寺だと繰り返し主張した。要は鎮護仏教の主導権争いであって、「元祖はどっちだい」と「現実の功績が優先する」との言い争いのなかで東大寺が出してきた主張である。弘安二年の「東大寺学侶等越訴状案」には、「抑も当寺は四聖同心之草創、三代聖主之勅願也。……聖武皇帝、本朝の惣国分寺と為し、四海安全の為、衆生済度の為、菩薩の大願を発し、天平年中に御建立し了んぬ。一朝之興衰は、偏に吾が寺之興衰に依る」（『鎌倉遺文』一三四〇二）とある通りで、国分寺と東大寺は聖武天皇が鎮護国家を掲げて創建した寺院である。これに対して西大寺は東大寺があればこその「西」大寺で、発願した孝謙上皇の動機も天平宝字八年（七六四）九月におきた藤原仲麻呂の乱への鎮魂か道鏡への追従である。「こちらが上だ」「本家だ」という優越的

西大寺五重塔跡

な対抗意識が、総国分寺発言の真意であろう。ともあれ、西大寺側は総国分寺だなどといっておらず、東大寺は総国分寺と主張できる基礎がない。根拠はないが言ってみただけという、虚構の妄説だった。

　ところで国分寺といえば、天平十三年（七四一）三月に出された「宜しく天下の諸国をして各々七重塔一区を敬ひ造り、幷びに金光明最勝王経・妙法蓮華経各一部を写さしむべし。朕又別に擬して金字の金光明最勝王経を写し、塔毎に各一部を置かしめよ。……僧寺には必ず廿僧有らしめ、其の寺の名を金光明四天王護国之寺と為し、尼寺には一十尼ありて、其の寺の名を法華滅罪之寺と為せ」（『続日本紀』）とある聖武天皇の詔ではじめて発令され、この命令に基づいてやがて諸国に二寺が造られていった、と思われている。ところがそれはちょっと違うらしい。

詔の内容を見ると、釈迦牟尼仏像の造顕と大般若経の写経の効果で「今春より已来、秋稼に至るまで風雨序に順ひ、五穀豊穣なり」とある。天平十三年三月に出された詔だったとすれば、「今春」はまさに今のことであって、秋稼はまだ来ていないはずである。秋稼を目で見ているというのなら、天平十三年に出された詔ではありえない。どこかの年の、秋口から初冬にかけての詔とみた方が穏当である。それに天平十三年三月に発令されてはじめて世に知られたはずの国分寺という名が、天平十三年正月に「故太政大臣藤原朝臣家、食封五千戸を返し上つる。二千戸は旧に依りて其の家に返し賜ひ、三千戸は諸国々分寺に施入して、以て丈六の仏像を造る料に宛つ」とあって、創建の詔発布の二ヶ月も前に見られている。しかも施入先としてすでに対象が成立している。正月には、すでに国分寺はだれにも知られていたのである。ではいつ発令したものと見るかだが、天平十二年の広嗣の乱を経ていれば、こうした兵乱が起こらないように国家を鎮護してほしいと願うだろうから、国分寺創建の発令はそれ以前と見た方がよい。また詔文には「前年馳駅して天下の神宮を増し飾へ、去歳普く天下をして釈迦牟尼像」を造らせたとあるが、この前年・去歳の出来事とは天平九年十一月の「使を畿内七道に遣はし、諸の神社を造らしむ」にあたる。そこでこの問題をはじめて指摘した萩野由之氏(「国分寺建立発願の詔勅について」)は、その翌年の天平十年こそがほんらいの発令年だと推測した。

萩野氏の判断には疑問も投げかけられており、井上薫氏(『奈良朝仏教史の研究』第二章第二節、吉川弘文館)によれば、天平九年三月に出された「詔して曰く国毎に釈迦仏像一躯・挟脇菩薩二躯を造り、兼ねて大般若経一部を写さしめよ」(『続日本紀』)を基点と見るのがよいとされる。この詔で国分僧寺がはじめて発願・企画され、天平十二年九月には「今国別に観世音菩薩像壱躯高さ七尺を造り、幷びに観世音経一十巻を写さしむ」と尼寺の創建を志し、天平十三年三月の国分僧寺・国分尼寺の創建へと発願内容が発展した。天平九年の発願は天然痘の蔓延とそれに続く農村の崩壊と飢饉により飢疫の終熄を願うものだったが、国家鎮護としてはそのときに諍いをしていた新羅の調伏という目的もあった。ところが天平十二年九月に広嗣の乱が起こり、邪臣による国家転覆、秩序崩壊に怯えた。そこで四天王による国家鎮護を願うようになって、天平十三年の国分二寺構想へと発展する。不比等の功封のうちの三〇〇〇戸を国分寺にあてたというのも、たしかに全国六十ヶ国にその封戸をばらまいたとすれば、各国分僧寺の封戸は天平十三年三月詔に指定されている通りの五十戸にちょうどなる。藤原氏出身の光明皇后が「東大寺及び国分寺を創建するは本太后の勧むる所也」というのも、なるほどと思える。なお「秋稼」という語が見えるのは、もともと天平十二年に作られた詔だったが、翌年勅命・条例・願文を一まとめにして発令したときに書き直さなかったので残った瑕疵、とみなされている。

光明皇后の病者垢すりの話は、中国の話の翻案だったのか

光明皇后は聖武天皇の皇后で、慈悲深い女性として名を知られている。仏教的な社会奉仕活動をする施設としては、敬田院・療病院・悲田院・施薬院の四箇院がある。皇后はこのうち貧窮民や孤児などを済う悲田院を開くとともに、彼女の家政機関である皇后宮職のなかに施薬院を設置した。施薬院はその名の通り薬を施す施設で、東大寺正倉院に献納してあった貴重な薬や父・藤原不比等の功封の庸物をもって全国から購入させた薬などを無料で下付し、都びとの医療・養生に使わせたという。そういう書物のなかだけの話でなく、東大寺大仏殿回廊西側から出土した木簡には「薬院依仕奉人」「悲田院悲□院」という記載がみえ、盧舎那大仏造顕事業で負傷したり病んだりする者たちの治療にじっさいにそこの職員が派遣されて活動していた様子を窺うことができる。

こうした社会事業への貢献を評価され慈悲深さを慕われる光明皇后だが、そのきわめつきとして世間の人たちによく知られているのがハンセン病患者への対応を記した話である。

その話は、虎関師錬著『元亨釈書』（巻十八／願雑三・尼女）に見られる。

ある日、皇后は仏の啓示を受ける。浴室を建てて人々の体を洗い清めることが、その功徳が大きいと教えられた。そこで自邸つまり現在の法華寺のなかに浴室を建てて、貴賤を問わず浴室を使わせた。それだけでなく、「私はみずから千人の垢を取り去る」と誓いを立てた。君臣ともに止めるよう説得したが、その壮んな意志は固く、とうてい覆せなかった。そして九九九人の垢すりが終わって、大

願を成就するまであと一人となった。その最後の一人が、ハンセン病に罹った患者であった。ハンセン病は、昭和十六年に特効薬プロミンが発見されて治癒する病となった。だが、それまでは皮膚に瘡ができて身体が膿み、罹ったらもはや治せない病気と目されていた。

室内には異様な臭気が満ち、さすがに皇后もこの身体に触れて垢を取り去るのは躊躇うだろうと思われた。しかし「いまこの人で千人の大願を満たすことになる。どうして避けようか」と背をさすった。すると、その病人は「私は悪病を受け、この瘡を患って久しい。たまたま良医がいて、『人をして膿を吸わせれば、かならず治癒する』と教えてくれた。だが世上には深い慈悲の心を持つ者はなく、だから私はこのように病に沈んでいる。いま皇后はかぎりない慈悲・救済の心を起こしていると聞くが、その願いを聞き届ける意志があるか」と聞いた。皇后はやむをえず瘡を吸い膿を吐き、頭の頂きから踵までくまなくした。その上で「私があなたの瘡を吸ったとは、人に話さないように」と口止めをした。そのとき、病人は全身から光明を放ち、あたりは馥郁たる香りに満ち、そのなかで阿閦仏であることを知らせた。そして「人に話さないように」と口止めをした。その慈悲が本心かどうか、試したのである。皇后はしばしその相貌に見入ったが、やがて忽然と姿を消した、という。慈悲深い光明皇后ならば、そんな試練にも勝つだろう。そう思えるところである。

しかし酒井シヅ著『病が語る日本史』(講談社学術文庫)によれば、この話は『今昔物語集』にもとがあるらしい。巻十九第二には「参河守大江定基出家語」として、こんな話が載っている。

国守であった定基は妻の死で道心を起こし、出家して寂照と名乗った。「円融天皇の御代」というから、安和二年(九六九)〜永観二年(九八四)あたりのことである。その後、寂照は仏教の聖跡巡りを志し、中国に渡った。五臺山に参詣し功徳行をし、その一つとして湯を沸かして衆僧の入浴を手伝った。ところが衆僧が並んでいるところに、きたならしい女性が子を抱き犬を連れてやってきた。その女性はふきでものだらけできたないことかぎりないので、見る者たちは大声で追い払おうとした。寂照はこの声を制し、食物を与えて帰してやろうとした。ところが女性は「私の身には瘡があり、とても堪えがたく辛いので、湯浴みをしたいと思って来た。ほんのすこしの湯でよいので、私に浴びさせてほしい」と申し立てた。これを聞いた人々はいっそう激しく罵り、女性たちは後方に追い払われた。だが、そっと浴室に忍び込み、「さふめかして」（ざぶざぶと音を立てて）湯浴みした。そこで人々は「叩き出せ」といって浴室に駆けつけたが、だれもいなかった。浴室の外には紫の雲が軒のあたりから光を放ちながら天に昇っていったので、「此れ、文殊の化して、女と成て来給へる也けり」といいあい、泣き悲しんで礼拝したが、いまさら遅かった、と。この話は、寂照の弟子である念救が帰朝して日本に伝えられたものだ、とある。

『今昔物語集』の方はきたない女性というだけで、『元亨釈書』のようにハンセン病患者とはない。また子連れで犬もいるのに、片方は病人一人。また風呂に入れてくれというだけなのに、片方は膿を吸ってくれとまでいう。違うところをあげていけば、もとの話とまではいえない。しかし人々がいやがるような状態でも、聖人は拒まない。拒むかどうかを菩薩が試した。そういう大きな構図はたしかに似ている。『今昔物語集』では文殊菩薩だったが、光明皇后では阿閦仏とされている。似たような話は、いくつも中国から齎され、その一つを光明皇后の話に仕立てたのであろうか。大岡裁きと同じように、それらしい人のもとにはそれらしい話の方から集まってきてくれるものらしい。

『万葉集』の編者って、大伴家持じゃいけないのか

『万葉集』の編者といえば、「大伴家持でしょ」という答えが返ってきて、「正解！」という声が掛かる。そう期待されておかしくない。そう思い込んでいる人も多い。しかしこの答えは疑問だし、なかなか難しい問題なのだ。

『万葉集』の冒頭は雄略天皇の詠んだという春の若菜摘みの歌で、二十巻目の最終は大伴家持が因幡国庁で詠んだという「新しき　年の初めの　初春の　今日降る雪の　いやしけ吉事」（巻二十・四五一六）で締めくくられている。春ではじまって、冬で終わる。吉きことが重ねて起こりますようにという祈りで終わる、この統一感。それが編纂にあたった家持の美意識の表われなのだというようなまことしやかな解説も流布している。そして二十一年半もの長きにわたって位階を上げて貰えず、壮年の家持は藤原氏のやりたい放題の謀略を苦々しい思いで見ながら不遇の日々を過ごしていた。そのなかで『万葉集』編纂事業を停止し、最終歌の天平宝字三年（七五九）正月以降は歌をいっさい詠まなくなった。だからあれだけ続けてきた歌日誌が途絶え、『万葉集』に載らないのだ。彼は「歌わぬ歌人」となったのだ、とまでいう。

しかしこうした見解には、『万葉集』が大伴家持の時代に、いま見ているような二十巻の形でそもそも完成していたという前提がある。けれど、それは、本当にそういっていいものなのか。そんな確定できることなのか。

それが、そうでもないのだ。

じつは、『万葉集』がどのように存在していたかを伝える資料は、同時代にない。同時代というのは、まずは奈良後期のことで、大伴家持が編纂していたとした場合のそのころの資料である。家持が『万葉集』を編纂していたと見ているのは、現在の『万葉集』の姿からの推測である。『万葉集』の後ろの方には家持の歌日誌があり、それで終わっているから、家持が自分の歌日誌を付けて纏めたものだと思われてしまう。しかし、それでは証拠になるまい。時代順に編纂していったら、後ろの方に彼の歌が並んだだけかもしれない。編者だとする決定的な証拠とは見なせない。

それに、現在の『万葉集』の最終巻が、ほんとうに最終巻なのか。もともといまあるような二十巻物だったのか、はっきりしていない。たとえば三十巻だったが、二十一巻以降が欠落してしまったのかもしれない。古代の書籍であるから、そうしたことはよくあることだ。そうだとすれば、冒頭歌と最終歌の調和という辻褄合わせも、まったく根拠を失う。

そもそも「歌わぬ歌人となった」というが、天平宝字三年正月以降の歌が残らない理由は納得できない。中央官庁から因幡国守として地方に飛ばされ、不遇をかこった。そのなかで、歌を作っても宴会に呼ばれなくなったから、もう作らないと僻んでしまった。そんな気になったとしてもいいが、それは四十一歳のことで、彼はまだ二十六年も生きる。光仁朝からは位階も上がり、中納言になる。それなのにもう一切歌は詠まないなどと言い通せるはずがない。では、そのときの歌はどこにいったのか。つまりは『万葉集』の続きの二十一巻目に入るべき歌があったはずだ。

『万葉集』という書籍の存在が分かるのは、『日本紀略』寛平五年（八九三）九月二十五日条に「菅原朝臣、新撰万葉集二巻を撰進す」とあるからである。現存の同書が偽書かどうかは問わないが、「新撰」というならそれ以前に『万葉集』があったことは確実である。ただしそれでも巻数も歌数も分からず、現存の西本願寺本『万葉集』などの実物でしか確認できない。あったであろう紆余曲折が何も分からず、ただ鎌倉後期にあった状態のものから、奈良後期から四〇〇年もそのままの姿で伝わってきたと推測し通してしまうのは、いかにも甘い。

それだけではない。『万葉集』の編纂者は、平城天皇だとする見方がある。根拠は『古今和歌集』真名序で、そこに「昔平城天子、侍臣に詔して、万葉集を撰ばしめたまふ。爾れより以来、時は十代を歴、数は百年を過ぐ」とあるのだ。

このなかの平城天子が平城天皇のことであれば、『古今和歌集』が編纂された延喜五年（九〇五）時点では醍醐天皇が十代目にあたり、平城帝の即位からちょうど一〇〇年経っている。つまり『万葉集』は平城天皇が編纂者か編纂命令者だと書かれているわけで、どんぴしゃりで確定の根拠となりうる。

もっともこの平城天子は「平城宮に在位した天皇」ととれなくもない。十代・一〇〇年というのはいかにも大雑把な数であって、そう厳密に数え上げて書いたわけでもないだろう。そうだとすれば、もうすこし溯らせることもできる。といっても、大伴家持の歌を入れなければいけないから、聖武天皇とかにはならない。そういう編纂が出来る立場に立てる時期の人としては、孝謙天皇などが候補者として有力視されている。そして命じられた「侍臣」は橘諸兄あたりかと目されていて、編纂の実務にあたった人物と推測されている。

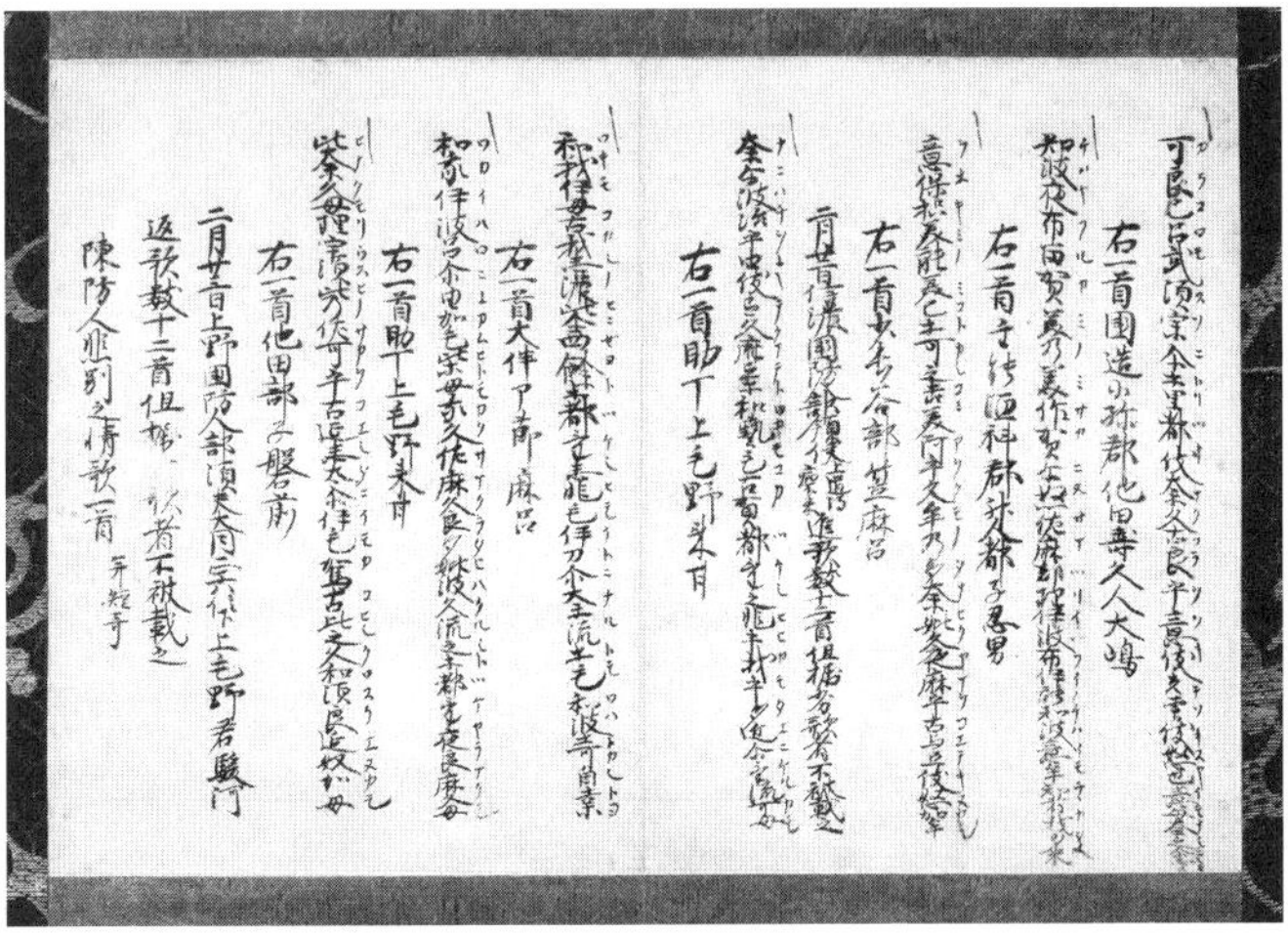

「万葉集」春日本断簡（提供：高岡市万葉歴史館）

いずれにせよ『古今和歌集』の時代には、つまり少なくとも平安中期には、『万葉集』は大伴家持が編纂したなどとだれも思っていなかった。その意識は十分に読み取れる。それはそうだろう。周知のことだが、家持は死んだあとで罪人とされたからである。延暦四年（七八五）造長岡宮使の藤原種継が暗殺され、下手人として大伴継人・竹良が逮捕された。拷問のもとで明らかにされた黒幕は、大伴氏の氏上・家持だった。家持はその二十日前に死没していたが、彼の官位は剝奪され、葬儀は庶民形式にされた。もちろん家財没収となり、兵器・財貨を除き、たぶんすべて廃棄・焼却処分になったろう。そのなかで『万葉集』だけが別置きにされたわけがない。いまの価値で『万葉集』を見ちゃいけない。当時の感覚ならば、罪人の編んだ歌集などに価値を見出せようか。彼の手もとにあった書籍だったら、いま残っているはずがないのだ。

真備・仲麻呂 13

入唐絵巻に描かれている真備幽閉の話って、いったい何のことなの

現在はボストン美術館の所蔵品だが、「吉備大臣入唐絵巻」という絵画資料があり、たびたび展覧会などで見かける。真備が高楼に幽閉されているとか、囲碁の名人と対局しているとか、の風景だ。なんでこんな風景が描かれているのか。私たちがふつうに知っている真備像からは、まったく連想できない。「真備と何の関係がある絵なの」というのが見たときのすなおな感想だった。

真備といえば、門閥貴族が政界を牛耳るなか、備中国下道郡の地方豪族という寒門の出身で、父も右衛士少尉（正七位上あたりの相当官）を極官とする下級武官である。位階では、親の恩恵をどれほども受けられない。それなのに政界トップを極め、時代の寵児となった。

その大きなきっかけは、何といっても、遣唐使随行の留学生として入唐したことである。留学生としての位階は従八位下だったが、帰国後に十階上の正六位下になっている。ふつうに勤めていたら、ここまでの昇進に四十年かかる。もちろんたまたま留学生になったから出世したのではなく、二十二歳ながら、留学生に選ばれるだけの才能を誰の目にも見えるものとして示せていたからである。そして十九年にわたる留学中での、目のつけどころも違った。帰国後、『続日本紀』天平七年（七三五）四月辛亥条によれば天平宮廷に唐礼一三〇巻・大衍暦経一巻・大衍暦立成十二巻・測影鉄尺一枚・銅律管一部・鉄如方響写律管声十二条・楽書要録十巻や三種の角弓と二種の箭を献上したとある。『扶桑略記』同日条ではさらに「種々書跡・要物等、具載する能はず」つまり具体的に書ききれないほ

ど多い。「三史五経・名刑算術・陰陽暦道・天文漏剋・漢音書道・秘術雑占一十三道、夫れ受くる所の業、衆芸（多くの学芸）に渉り窮め」、そのため唐の朝廷が真備の帰国を惜しんだ、とある。つまり彼は、我が国が何を欲しているかを知っている。それは当時の日本に何が足りないかを知ると同時に、何があるべきか、つまりやがてどういう国となるべきかまでを知りぬいている。そういうことだ。

帰国後には聖武天皇・橘諸兄によって寵愛されたが、あまりの寵愛ぶりに、かえって藤原広嗣から名指しで非難された。さらに光明皇太后・藤原仲麻呂にも毛嫌いされて左遷され、天平勝宝二年（七五〇）一月には筑前に行かされた。翌年、遣唐副使に任ぜられ、入唐。帰国後も活躍の場を与えられずに大宰府に逐われたが、しかしそこでも才覚を発揮。怡土城を築き、弩師を配備させ、対外用つまり対新羅用の行軍式（軍務・用兵の要領）を編集した。実戦ができる準備を整えた。彼を措いて人はなく、天平宝字四年（七六〇）には官人を真備のもとに遣わして兵法を学ばせている。孝謙上皇は仲違いした仲麻呂を追い詰めるなかで、天平宝字八年一月に軍学・兵法の才をかって真備を中央政界に呼び戻した。そして期待された通りにすべて先回りして仲麻呂を袋の鼠にし、九月に琵琶湖西岸で討ち果たした。その功績を評価されて公卿の一員となり、七十二歳で地方豪族出身者では破格の右大臣に。宝亀二年（七七一）には、一時、政界首班の座についた。立身出世物語の典型である。

真備への反感は、もちろん強かった。おおむねは嫉妬だが、いま一つは実害である。何ごとによらず真備の発言が求められ、結局その判断にそって決まるとなれば、官司内の上司の立つ瀬がない。それならば自分の意見をいうことなく、最初から真備が決すればよいが、そうなると自分は何のためにいるのか。存在価値がなくなってしまう。自分を顧みて羞じらっていれば波風もたつまいが、ふつうは僻みから反感を覚える。実害というのは、彼が要職を占めてしまうと、ほんらいなるはずだった藤原氏などの公卿のポストが減り、自分の出世が何年分か遅れる。他人が栄華で輝いているとは、自分の行く道を邪魔されている証である。早く退場してほしい。それがいつわらざる気持ちである。

それはそれとして、たしかに唐には留学生として、また遣唐副使として、二度赴いた。だが留学生として将来し献上した物品は知られているし、副使に選ばれたのも事実だが、中国滞在中の具体的な言動はまったく知られていない。そのはずである。

ところが「吉備大臣入唐絵巻」には、真備の具体的な行動や実績が鮮やかに描かれている。

第三段では長い階段が取り付いた中国風の高楼と食物を持った唐服の人々が描かれ、つぎの場面では真備と赤鬼が空中を飛んでいる。第六段では真備が碁を囲んでいて、ついで対局者が皇帝の前に跪いている場である。説明によれば、この話は遣唐副使として入唐したときの話で、第三段は真備が幽閉されていて、唐の役人が食物を差し入れていた。第六段では真備が碁の名人と対局していたが、皇帝に敗れたと名人本人が報告しているところを描いている、のだそうだ。

だが、一国の外交使節団の副使が幽閉されたというのなら、たいへんな外交問題である。いったい何の罪を得たというのか。といっても『続日本紀』には、そんな話など欠片も見られない。そのおりの遣唐使の武勇譚は、何といっても遣唐副使・大伴古麻呂が朝賀の席順について、新羅との順位を変えさせたこと。そしていま一つは、大使・藤原清河が諦めた鑑真の日本招聘を、あれこれ構わずに乗船させて実現してしまったことだ。真備の幽閉など、まったく聞いたことがない。

この話のもとは、『江談抄』(大江匡房著。十二世紀初頭までの成立)巻第三(一)にある。

留学中の真備の学識が高名となり、唐人は恥じて真備を高楼に押し込めた。そこに棲んでいる鬼（阿倍仲麻呂）が害をなそうとしたが、阿倍の子孫の消息を聞いたものの害しなかった。ついで『文選』三十巻を読誦する力を試されたが、一両日で暗誦して切り抜けた。また唐人は文人の教養である囲碁で勝負をかけるが、真備はとっさに唐側の碁名人の石を一つ呑み込んで唐を負かした。呑み込んだことが占いで判明し、唐人はその証拠を見つけようと下剤をかけたものの、真備は秘密の行法でこれを腹のなかに封じ籠めた。ついに真備の勝ちと判定され、怒った唐人は食物を断たせたが、鬼が夜ごとに食を与えていた。どうしても真備をギャフンといわせたい唐人は、僧・宝志（宝誌）に命じて鬼や霊などが知恵を貸さないよう結界を作らせ、皇帝の前に真備を呼び出して漢字の羅列された文（野馬台詩、一〇七頁参照）を読ませた。並んでいる文字の意味はとれなかったが、どこからか降りてきた蜘蛛が引く糸のあとを追って読むと、意味が諒解できた。蜘蛛といえば、私たちには気味の悪い虫であり、倭人や蝦夷は穴居生活をする土蜘蛛とかいわれて蔑む譬えとして使われてきた。しかし蜘蛛にも霊力というか魔力というかを感じる思念もあったわけで、また真備は住吉の神と長谷観音に祈ったというから、神か仏のお使いの姿が蜘蛛だったのだろう。結局、唐人は真備をふたたび高楼に押し込め、なお帰国を阻もうとした。そこで真備は百年以上経過した双六の筒・賽子・盤を鬼に用意させ、秘術によって日月を封じた。そこで唐朝もやむをえず真備の帰国を認めた、という話である。

とんでもない作り話だが、「吉備大臣入唐絵巻」はここに採られた話をもとに描かれている。この話を知らない人が見ても、何をしているか、どういう場面か、想像もつかない。歴史の基本的な知識だけでなく、各時代にどう人口に膾炙していたか。それを知らなければ、文物は理解できない。

夢はまぼろしでなく、夢解きをすれば現実になると思っていたか

私たちが夢といえば、二つ。寝ているなかで日常的に見る「幻の光景」としての夢、そして実現できていない希望的な状況として懐く夢。前者は不思議な生理現象でみずからの意思でも左右できないが、後者は自分で自在に築き描くことができる。そんな使い分けとなろうか。

夜ごとに見る夢を不思議に思うのは現代人も昔の人も同じで、いまでも夢に出てきた人が自分を気にしているんだといい、その人からテレパシィ的なものが送られている結果だと思う人たちがいる。いまもそうだから、昔の人は夢という不思議な体験に超自然界からの啓示を感じ取ろうとまでした。酒井紀美氏著『夢語り・夢解きの中世』（朝日選書）には、そうした夢にまつわる中世びとの対応ぶりを描いた話がまさに満載されている。

十九世紀の童話作家・アンデルセンの『七つの夜』では、五〜六歳だった甥が夢を見て「森のなかの白い家に廊下のような階段が巡らされていて、その先にあった扉から伯父さんが出て行った」といい、「伯父さんはその家で何をしていたの」と聞かれた、とある。その甥には、夢と現実との間に差がなかったのである。しかしそうした差をつけない理解は、ふるくからあった。

『大鏡』（平安後期の成立）には、藤原兼家が「兄の兼通の堀河邸から東の方角にたくさんの矢が放たれ、それがことごとく兼家の東三条邸に落ちた」という夢を見て、それを夢解きした話がある。嫌っている兄の邸から自邸に矢が射込まれるのだから、不吉なことが予想される。そこで夢占いに、

その意味を問うた。すると占い師は「天下が兼家の邸に移って来る。いま堀河邸に仕えている者がそっくりこちらに来るようになる兆しだ」と、この夢を解いた。その通りに、関白・内大臣である兄の栄華の影で失意の時代を過ごした兼家だったが、娘の詮子が一条天皇、超子が三条天皇を産んで外戚の地位を確立し、一転して栄華を極めることになる（地・「太政大臣兼家」）。ついでながら『江談抄』には、兼家が大納言のときに雪で白く覆われた逢坂の関を通り過ぎる夢をみて、雪は凶夢だろうと案じた。占い師は「吉夢で、斑牛が献上される予兆」と解いただけだったが、大江匡衡は「逢坂の『関』と雪の『白』は、関白のこと。かならず関白になる兆しだ」と解いた。夢は、ほんらい知り得ないことを報せてくれるもので、神仏の齎してくれる先行情報だった、というわけだ。

もっともこの夢解きという作業が大事で、これに失敗するとお告げが台無しになるらしい。『曽我物語』によると、藤九郎盛長は「（主君である）頼朝が矢倉嶽に腰を掛けて盃に酒を受けていたが、飲み干したあとで箱根権現に参拝し、左足で外ヶ浜、右足で鬼界ヶ島を踏んで、左右の袂に日月を宿し、三本の松を頭に戴いて、南向きに歩いていた」という夢を見た。それを聞いた平景信が、矢倉嶽に腰掛けたのは関東八ヶ国を本拠とし、外ヶ浜・鬼界ヶ島を踏んでいるのは津軽半島から硫黄島までつまり日本全国を支配するという意味だと解いた。これは、夢解きが成功した例である。

これに対して『大鏡』には、若き日の藤原師輔が「朱雀門の前で、両足を広げて東西の大宮通に踏んばり、北を向いて内裏を抱きかかえたという夢を見た」と語った。すると近くにいた小賢しい女房が「いかに御股痛くおはしましつらむ（どんなに股が痛かったでしょう）」と愚かな夢解きをしてしまったために吉夢の価値が無くなり、師輔は摂政関白になれずに終わった、とされている（地・「右大臣師輔」)。夢は見ればよいのでなく、その解き方で価値が生ずるものらしい。

そうはいうが、こうした話はいわば日常的に行われているおべんちゃら。不遇(ふぐう)の人に「いつか、いいことがありますよ」とヨイショして慰(なぐさ)め、そのまま不遇ならばそれだけのことである。もしも好転したら、「ほら、だからあのときいったでしょう」と持ち出せばいい。後者のケースだけが逸話(いつわ)として語り継がれるから予言はすべて当たったかのようだが、じつは浜の真砂(まさご)ほどの数の予言が当たらないまま打ち棄(す)てられていく。そういうことにも思える。

神仏からの夢を介したお告げは、偶然に起こる。しかし事と次第によっては、回答を急(せ)かしたい場合もあろう。とはいえ自分の都合(つごう)に対応してくれるはずもないから、日時・場所を限定してむりやりお告げを受けようと身勝手な行動に走る。それが清水寺(きよみずでら)・長谷寺(はせでら)・石山寺(いしやまでら)や石清水八幡宮(いわしみずはちまんぐう)などの宗教施設に参籠(さんろう)し、そこで見た夢を神仏のお告げと見なすというアポなしの「押しかけ取材」だ。

『八幡愚童訓(はちまんぐどうきん)(乙)』(十四世紀初頭ころ成立)に、養女をとった夫婦の話が見られる。美しく成長する養女に心惹(こころひ)かれていく夫を妬(ねた)み、石清水八幡宮に参籠して養女の生命を奪ってくれるよう祈った。そのとき女の傍(かたわ)らにいた僧侶が、「八幡神など三神が談合して『娘の命は奪えない。それなら夫の命を奪おう』と話が纏(まと)まり、貴布禰(きふね)神が八幡宮の北門から北に向けて大音響とともに鏑(かぶら)矢を放った」という夢を見た。思い当たらない僧侶は、横の女に祈った内容や事情を聞いて代理に見た夢だったと知る。そんなとき都からの急使が夫の危急を報(しら)せてきて、三日後に腫物(はれもの)が原因で死んでしまった、という(五、後世事)。本人が夢を見るのがほんらいだろうが、参籠している者はみな同類とされたようだ。ともあれいつか偶然にではなく、参籠中の夢のなかにかならず回答があるとみなされた。

こうした効果への期待感が高まるなかで、夢の売り買いや奪い合いまで生じている。

『宇治拾遺物語』（巻第十三・五）には、「ひきのまき人」という吉備真備らしき人の話がある。まき人は夢占いをさせようと夢解きをする女のもとを訪れていたが、そこに国守の息子がきて見た夢の話をしていった。女は「それはすばらしい吉夢で、ゆくゆくは大臣になるでしょう。でも決して誰にも話してはいけませんよ」と言い添えた。それを立ち聞きしていたまき人は、「夢は取るということがあると聞いている。若君の夢を取らせてくれ」「国守は四年で都に帰るが、自分は地元に長く居住する郡司の子なのだから、私をこそ大切にすべきでしょう」と頼み込む。女はしかたなくさきほどの話とまったく同じに語れればといい、その夢を同じように解いてやった。そして報酬となる衣も与えられた。これによって、夢の所有者がかわってしまい、備中守の子はろくに出世できず、まき人は大臣まで昇進した、という話である（「夢買ふ人の事」）。

この話では、他人の見た夢でも物品のように扱われ、奪い取ったり買われたりして所有者が移転していくものとみなされている。同じように語ればその人の夢となり、後に語った人のものとなるというのは不思議にも思える。だがこれは「誰にも聞かせてはならない」という注意が、本人のせいではなかったとしても、守られなかったせいだろう。さらに臆測すれば、夢は目の前にいる誰に語ってもよいが、問題はそれを夢解きした内容を知られたことだったのでないか。夢は夢解きによってはじめて吉夢・凶夢になるのであり、それは夢解きした人によって財産にも反故にもされる。そういう諒解があったから、夢解きした人がその所有者を改めることもできる。そういう意味であろう。

ようするに夢という今日でも不可解な現象を、占い師は財源とし、聴く者は活力源としたのである。

朝廷の仕事が儀式運営ばかりになったのは、藤原忠平のせいか

江戸時代になれば、天皇・朝廷は将軍配下の一大名とさして変わらない。享保年間（一七一六〜三六）の禁裏御料は山城・丹波で約三万石、仙洞御料が山城・丹波・摂津で約一万石、家来にあたる公家たちの家領などを合算して総石高十二万〜十三万石というところだ。だから江戸時代にも、天皇は退位して将軍の家臣となったらどうかという意見を持つ者までいたとか。しかし朝廷には「将軍に政務を委任しているのであって、政務の実権はほんらい自分が持っている」という自覚が強くあった。それがどうしてなのかは、その淵源に溯らなければ理解できまい。

たしかに、平安時代の政府閣僚にあたる公卿たちは会議で儀式の話ばかりしている。いや、ほとんどそれしかしない。

たとえば藤原行成の『権記』正暦三年（九九二）を一覧すると、一月は元日節会／小朝拝停止・摂政宴飲・天文密奏・御斎会結願、二月は釈奠停止、三月は石清水臨時祭試楽、四月は内裏灌仏会、五月は左兵衛荒手結、六月は円明寺供養、七月は太政大臣薨去にともなう警固の解陣・相撲召合／抜出、九月は重陽節会、十二月は神今食・中和院行幸・平野社行幸・大僧正の輦車宣旨・荷前の記事がある。あるいは藤原道長の『御堂関白記』長保二年（一〇〇〇）をみると、一月は元日節会停止・白馬御覧・彰子立后日時勘申・触穢・外記政始・叙位・除目・蔵人／殿上人定、二月は殿上所充・東宮御射儀／蹴鞠・大原野祭神馬使出立・法興院／内裏触穢・月食・『扶桑集』献上・諸社

奉幣使定・彰子立后・祈年穀奉幣・勧学院の歩み、三月は受領治国叙位・小除目・仁王会・内裏修善結願・官奏・内裏春季御読経定・中宮御封宣旨、興福寺別当任命・興福寺維摩会講師任命・石清水臨時祭、四月は賀茂祭・平野臨時祭の宣命・中宮春季御読経。以下、記事は続いていく。

もちろん当時の日記は行事の先例を子孫に記し伝えるもので、自分の気持ちを吐露したり、読み返すための覚書きでもない（拙著『日本史の謎を攻略する』第三章29）。しかし、地方諸国の収穫の豊凶や地震災害などの報告や審議は、よほどの大事でなければ見られない。風害・蝗害などによって収穫が減れば、とうぜん免税措置を講じる。そうした審議があって、前例を調べさせて対処する指示があってしかるべきなのに。『御堂関白記』寛弘三年十二月十七日条には大粮申文が上申され、去年の不堪佃田の報告も見られるが、「常と同じ」というだけで何の対策も立てていない。その一方で石清水・賀茂・平野の祭りや読経・相撲・重陽節句など、人々の生活に関わらないことは繰り返し取り上げられる。平安時代の天候は順調で、災害に見舞われなかったのか。いや、そんなわけがない。

奈良時代や平安前期ならば、地方諸国の政務状況はちゃんと中央政府に報告され、公卿はそれをめぐって審議していた。たとえば『続日本紀』の天平七年（七三五）五月条では、二十日に畿内・七道諸国の外散位（職務のない有位者）と勲位保持者が国庁に上番する数を定数制としてそれ以外の人は財物納入で代行させて続労とする。二十一日には畿内・七道諸国では国司が詮擬した郡司のほかに、孝徳朝以来の譜代の家から四〜五人を簡んで補佐させせよ。譜代の家の出身でなくとも、智才・武才があれば、それでもよい。十二月一日までに式部省に集めよ、とかある。二十三日にも、京・畿内・二監の「百歳已上に穀一石、八十已上は穀八斗、自余は穀四斗」を支給させているし、また諸国から貢進させている力婦は、その房戸（直系家族）の徭役を免除し、さらに田二町を給付して養物に充てさせよという。つまり式部省に呼び集めたり、全国に適用させる命令を、つぎつぎ発布している。もちろん飢饉・疫病が起こった八月には、十二日には「使を遣して疫民に賑給し、幷せて湯薬を加へ」させ、二十三日には大宰府から「管内諸国に疫瘡大きに発り、百姓悉く臥しぬ。今年の間、貢調を停めんと欲す」と申請があったので、ただちに許可している。ほんの一例でもわかるように、地方から政務報告と申請があり、それに対して免税や祈祷などが指示された。しかし上掲の日記にはそうしたやりとりが見られず、行事をこなすだけで、地方政治・社会への関心も結びつきもろくに窺えない。

　というわけだが、こうした様相になったのは十世紀冒頭の、おそらく藤原忠平政権下の政治改革によるものだった。残念ながらその命令の条文などは伝わらないが、要するに中央政府が国政の課題を一つづつ吟味し判断するのではなく、諸国の行政はそれぞれの国例で処理されることになった。地方諸国は、中央政府から統治を請け負い、みずからの政治力・政治判断で統治する。国税までもがそうで、名単位の正税官物や公出挙量の減免税も増税も国司の裁量で、最終結果として一定の税を政府に納入しさえすればその過程はよほどのことでなければ問われなくなった（拙著『前掲書』第三章27）。

　これによって中央政府は全国で統一的に施行させる法令を考える必要がなくなり、そうしたことは議題に上らなくなる。免税の可否・多少や税目の適否についても、諸国の国例で決めるので、中央政府には申請もされないし許可も求められない。こうなると、中央政府で残る仕事は行事だけになる。だから彼らは、全国が争乱状態であろうとも意に介せず、ままごとのように小さななかで政務と称する会議・人事を平安時代から江戸幕末にかけてやってきた。だがそれは、形式だけのものでなかった。

職務分割・請負制度は、国政のすべてにわたった。強制執行のための武力もその一つで、政府の軍事部門を請け負う民間業者が平氏や源氏だった。そう考えると、いかに鎌倉幕府が全国の武士をまとめていようと、それは軍事請負業者の統括組織にすぎない。江戸幕府が全国の頂点に立とうが、それもその時代の国政の一部分を請け負った民間業者の姿にすぎない。だから、ペリーが来航してからの混乱は、武力鎮圧の仕事を請け負っている征夷大将軍が始末すべき仕事である。江戸幕府は、もともと天皇・朝廷に代わる政権ではない。家政婦（夫）が家に入れば、家事全般を仕切って、職務を達成するために自宅内のすべてのものを使用することが許される。そのように委任されているからである。だが委任した期間、委任した仕事をしているうちのことであって、家のなかを切り盛りしえているからといって、家政婦（夫）が家の主人になったわけじゃない。これを江戸幕府の例でいえば、外交・内政のすべてがもともと征夷大将軍の自由にしてよかったわけじゃない。天皇・朝廷に権限のそもそもの源泉があることが再認識されやがて天皇親政・王政復古として復活するのも、委任し請け負わせたのがもともと天皇・朝廷だったからだ。

　尊王攘夷論による江戸幕府いじめは、堀田正睦が雄藩諸大名の日米修好通商条約調印の不同意に直面し、苦し紛れに勅許の権威で鎮めようとした。それが裏目に出て朝廷の政治力を回復させてしまい、井伊直弼が幕府独裁に戻そうとしたができなかった、と理解されている。形式的な屁理屈に、雄藩・公家の思いが絡んで大事にされていったように受け取られているが、それはもともとただの形式的な建前やうわべの表向きの論理だったともいえないのかもしれない。平安時代以来、国務を分割して民間業者に丸投げしすぎていた。それを八〇〇年後に取り戻した。そうもいえる、ということだ。

藤原道長がみた山田寺の仏頭はどうして興福寺にあるのか

藤原道長は娘の彰子・妍子・威子を一条天皇・三条天皇・後一条天皇の中宮として天皇家の外戚となり、天皇権限を制御する地位を独占。摂関政治の最盛期を現出させた。活躍の舞台は京都だが、奈良にも縁がある。たとえば寛弘四年（一〇〇七）二月には春日詣に出掛けており、閏五月と八月とに吉野・金峰山に詣でている（『御堂関白記』）。これは、彰子の懐妊を祈願する旅だった。八月には道長がみずから書写した法華経・無量義経・阿弥陀経などを納めた経筒を埋め、山中に経塚を築いた。このとき埋めた経筒（国宝）は、金峯神社境内から出土している。吉野はやや遠いとしても、奈良は平安貴族が気軽に企画しうる小旅行先だった。その一つとして、治安三年（一〇二三）十月、道長は紀伊国金剛峯寺つまり真言宗の中心道場である高野山への参詣を志し、そのついでに南都七大寺やところどころの名刹の巡拝を思い立った。そして十七日には東大寺大仏を拝礼し、十八日には興福寺北円堂・南円堂、元興寺、大安寺、法蓮寺を廻って、明日香方面へ向かった。同日中に山田寺の堂塔、本元興寺（飛鳥寺）、橘寺と見てから竜門寺に泊まり、その後吉野から高野山に入ったのである。

このうちの山田寺について、道長は、「堂中、奇偉の荘厳を以て、言語云ふに黙せり。心眼も及ばず」（『扶桑略記』）すなわち「堂宇のなかは霊妙で偉容な飾りで、言葉にならない。自分の心眼も効かない（ほど素晴らしい）」と評している。道長が眼にした山田寺は、昭和五十一年四月からの発掘調査で徐々に明らかになってきた。寺は南向きの四天王寺式伽藍配置で、回廊は塔・金堂だけを囲み、

山田寺跡（塔跡）

講堂は回廊北側に出されていた。また昭和五十七年から平成二年にかけての調査で東面回廊二十三面中のほぼ三面が創建当時の姿で出土し、和銅年間に再建された法隆寺より古い建築物と認められた。

山田寺は、中大兄皇子とともに乙巳の変を担った蘇我倉山田石川麻呂が創建した氏寺で、舒明天皇十三年（六四一）地を平し、皇極天皇二年（六四三）金堂を建て、大化四年（六四八）には僧が住まわされた。しかし大化五年三月に石川麻呂が讒言をうけて山田寺で族滅し、施主を失った。それでも持統天皇や阿閇皇女（元明天皇）ら皇族の支援を得たのか、堂塔の整備は進められ、天武天皇五年（六七六）に塔の露盤が上げられ、同十四年には本尊丈六仏の開眼会が催された（『上宮聖徳法王帝説』裏書）。道長はまだ見られたが、建久八年（一一九七）にはすでに荒廃していたという（『多武峯略記』）。

道長は、中門から講堂まで一直線に並べられた四天王寺式の堂塔やふくよかな肢体をもつ平安中期の仏像とは異なる古様な白鳳仏群に心打たれたことであろう。

ところで道長の見たその仏像の一部はいまも残っていて、私たちも見られる。それが興福寺蔵の旧山田寺仏頭（国宝）である。山田寺の仏像がなぜ興福寺にあるのか。それは平安末期の事件にかかわる。治承四年（一一八〇）平清盛の命をうけた平重衡が南都つまり奈良の興福寺や東大寺の僧兵たちの軍事行動を鎮めるために派遣され、結果として堂塔を軒並み焼き払ってしまった。兵乱の後、興福寺は東金堂の再建にあたって本尊をあらたに造らず、文治三年（一一八七）三月に山田寺講堂の本尊であった薬師如来像を奪って代用させた（『玉葉』）。しかしその東金堂も応永十八年（一四一一）に炎上して本尊は仏頭のみとなり、新本尊の台座内に入れ込まれた。それが昭和十二年の改修工事で発見された。頭部だけだが一〇〇〇年を経て道長が見たのと同じ物が見られるとは、それだけでも幸運だろう。

紫式部 17

『源氏物語』のなかの女性は、有頂天の幸福だったのか　それとも不幸だったのか

『源氏物語』といえば、その主人公の名は光源氏。筆者の名の由来でもある。まぁ筆者のことは親バカな願望にすぎない話だから措くとして、登場人物としての光源氏はこれ以上ない男子である。何よりも、その出自が桐壺帝の子であり、天皇の子という貴種中の貴種である。この時代、天皇こそが最高の貴種なのだから、その子として出生することが最高の設定である。そして光り輝く美男子。地位は臣下として最高の太政大臣になり、じっさいには冷泉帝の父であることから、さらに准太上天皇という臣下を超えた遇され方になる。その時代の人が考えうる、最高の男性である。こうしたスーパースターに見初められ、その愛を受けられるならば、あとさきなど考えないだろうか。ともかく、何でもいいから振り向かせて、できれば一度でもその愛をうけたい。一瞬でも愛されるのならば、それだけで無上の仕合わせだ、と。いや、それだけじゃない。この好男子は、一度愛した女性を棄てない。六条邸には四つの寝殿（正殿）があり、春の御殿には源氏と紫上、夏の御殿には花散里、秋の御殿には秋好中宮、冬の御殿には明石上を迎えたのである。妾だからひそかにマンションに囲っておくという陰湿さがなく、妻妾が同等の待遇でおおらかに同居する夢のような世界を用意してくれる。

こんなことは現実に起こらない。じっさいは右大将道綱の母のように、藤原兼家の愛を受けて子を生したのに、旦那の足は遠ざかり、愛は失われて親子もろとも放置される。男の気まぐれに翻弄されつづける生涯である。その点で『源氏物語』はさすがに紫式部という女性が記したこともあって、

女性としての切なるそして最高の願いを汲み取り、女性からの理想的な恋愛世界が描かれている。ここに描かれているのは、当時の女性の願える最良の姿だ、と。そう読み取っていくのが、定説である。

しかし筆者の父・聰は、そうは読み取らなかった。およそ物語本文の精確な語訳にしか興味がなく、本人が描いたものを現代に再現することに全身全霊を捧げているとしか思えなかったが、読み取るときに女性を思いやる男としての心をやはり働かせていた。この物語は何なのか、をずっと考え続けていたのである。『源氏物語』のなかの女性は、決して幸福なんかじゃない。ここに登場する女性たちはみな不幸に苦しんでいるのだ。晩年になって、そういう思いが強くなっていったようだ。そしてその思いを昭和五十九年七月に昭和女子大学の特別講義で吐露し、それを「『源氏物語』―不幸な女性たち」（王朝物語研究会編『論集源氏物語とその前後3』所収。のち『松尾聰遺稿集Ⅱ　「源氏物語」―不幸な女性たち』笠間書院刊に収録）として発表したのであった。

その説の内容を『源氏物語』に疎い筆者に代弁できるはずもないが、「一夫多妻の習俗が世に認められているというきびしい現実を見据えさせ、つらさ、切なさ、さびしさ、かなしさをこらえて、男の多情多淫に対しては、何気なく装いつつ、おのが妬心をほのかに示すだけにして、決して乱れることはないように行動」し、「敢えて苦悩をしのび、妬心を抑えて、それなりの小さなしあわせに、または遙か昔の小さいしあわせの回想に我慢している」が、「『小さなしあわせ』ということは、人生のトータリティから言えば、『小さからざる（大きな）不幸の生涯』を送らされた、ということになる」と評価する。そして光源氏と関係した十二人の女性の不幸な・不毛な愛の様相を、本文に即して一つ一つ確認していった。たとえば葵上亡きあとはつねに本妻として遇され、非の打ち所のないような待遇を受け続けた紫上ですら、明石に流されている不遇の間にも光源氏は明石の君と関係し、朱雀院の娘・女三宮との婚姻で本妻の地位を譲らざるをえなかった。愛の不信に悩んだ生涯だったに違いない、という。不幸のどん底に置かれた女性の怨念が、そこここに出てくる生霊・死霊という姿を取って表わされ、男性の身勝手な多情多淫の生活に対する批判となっている。しかし「おかかえ作家」であって雇用主である藤原道長らの目を意識せざるをえない紫式部には、そこまでが限度。不自由な束縛のなかでは、その怨念を物の怪として描くことしかできなかった。間違えていたら父に悪いが、まぁ、こんなところだろう。ただしこの説はかならずしも学界の多くの賛同を受けられず、父は「不幸な女性たち」を拡幅して上梓したかったようだが、その矢先に病を得て死没した。

　ところが、この説のような読み方をする人がほかにもいた。島内景二氏著『源氏物語と伊勢物語』（PHP新書）によると、『源氏物語』には女性へのメッセージが込められているが、それは「『このヒロインのように生きていれば、あなたは幸福になりますよ』という単純で直接的なメッセージはほとんどない。『このヒロインのように生きていれば、御覧のようななりゆきであなたは不幸になってしまいますよ。あなたが幸福になりたければ、絶対にこのヒロインのようにしてはいけません』という逆説的なメッセージがほとんど」であり、「破滅する女たち、苦しみに悶える女たちを書くことで、『女の不幸』を書きたかったのではないかとすら思える」（一七八〜九頁）。「紫の上が作者の推奨している『理想の女性像』であると誤解している向きも多かろう。実際はそうではなく、彼女ほど不幸な女性はいない」と断言する。たしかに紫上はもともと最愛の女性・藤壺の身代わりであり、しかも子を産まず、本妻の地位からも引きずり下ろされる。父の所説に、考えるべきものがありはしないか。

平安時代の相撲は、どうやったら勝ちなのか

相撲の起源は『日本書紀』垂仁天皇七年七月乙亥条に、「天下の力士」と豪語する大和国の当麻蹴速に出雲国の野見宿禰を対決させたところ、蹴速の肋骨や腰骨を折り砕いてしまった、とある。七月乙亥は七日で、七月七日の宮中行事である相撲節会が意識されている。とはいえ『続日本紀』に、養老三年（七一九）七月四日に抜出司が設置され、七日に天覧相撲をしたとあるのが初出記事である。そのころの節会の知識を基準にして、その起源を遡らせて作られた説明伝承であろう。

しかし飯田道夫氏著『相撲節会』（人文書院）によると、平安時代にはすでに七月七日の行事でなくなっていた。天皇が「召し仰せ」をしなければ、その年の相撲は行われなかった。となれば準備もその召し仰せがあってからとなるので、日程は七月が小の月ならば二十七・八日、大の月ならば二十八・九日の行事とされている。つまりやる日も・やるかどうかも決まっていないが、やるのなら七月か延引しても八月とは決まっている。これで年中行事といえるのかと思える、めずらしい行事であった。

開催と決まれば、相撲使を派遣して全国から相撲人を呼び集める。天平四年（七三二）度の『越前国郡稲帳』首部には「向京　当国相撲人参人　経弐箇日　食料稲二束肆把　塩壱合弐夕　酒陸升（人別日稲四把塩二夕）敦賀郡」（『大日本古文書』巻一―四六三頁）とあり、上京・帰郷のさいの食料費は各国府から准役人待遇で支給されている。けれどわざわざ上京しても、観念的な栄誉はともあれ、どれほどの具体的な恩典も与えられない。このために集まらなかったのか、『小右記』（大日

本古記録本）万寿四年（一〇二七）七月二十二日条には「中将実基来て云ふ、今日内取、膂力（力持ち）の者無く、皆以て尫弱（虚弱）。御前の内取に奉仕す可き廿人を書き出して持ち来る。其の外の卅余人は短小にして尫弱の者等也」といい、長元四年（一〇三一）七月二十九日条にも「三位中将来て云ふ、……左相撲人極めて無力と云々。未だ此の如き事を見ず」とまでいわれた。そこで還饗という慰労も行なわれ、『中右記』（史料大成本）嘉保二年（一〇九五）八月十日条では左右近衛府の大将が自陣の相撲人を接待し、全員に弓・絹、代表の最手には長絹三疋・阿佐良之二枚・色色の革十枚などが贈られている。還饗の初見は天暦三年（九四九）だが、それが労力に見合うものだったか定かではない。

『小右記』長和二年（一〇一三）七月二十九日の例では三十四人の力士が登録され、十七番組まれている。最後に出てくるのがチーム長で最手といい、次長が脇（腋）である。行司の係は近衛府で、左右の近衛大将が取り仕切る。左と右の争いの形を取るが、出身力士の東西対抗の意味でない。なお、係が近衛府だったので、近衛府配下の武人を相撲人とすることもよく行われたらしい。相撲人としてふさわしいと思っていたのかもしれないが、おそらくは最終的に人数が不足したからであろう。

さて勝ち負けだが、相撲は天皇の出座した建物の前庭で行われ、その周辺は公卿・衛府が取り囲んでいる。その内側で行なうだけで、円形のいわゆる土俵はない。つまり押し出しはない。唱名が呼び出し、相撲司が引き離したり褌を締め直したりの世話をし、出居が勝負を判定した。

足の裏以外の身体部分が地に着けば、それで負けとなる。例外として相手の陣に引き込まれた場合も負けとなるが、そのときには脇が加勢して阻むことも許されていた。判断が微妙な勝負には脇の意見が徴されたが、最終的には天皇の判断で、そのさいは位の高い左方を勝ちとするのが通例だった。

武士の起こりは、治安悪化からの自己防衛じゃなかったのか

武士は、よく暴力団に譬えられる。「保持する実力によって、揉め事を速やかに解決する」といえば聞こえはいいが、力尽くで自分の思うように有利なようにカタをつけてしまう。その一環として、カタギのものを力で脅して金品を巻き上げ、自分の力で築き上げたヤミルートで違法なブツを不法な金額で売りさばき、不当な利益を上げている。そういうイメージだ。

武士も「保有する軍事的強制力によって、揉め事などを解決する」のは同じで、理不尽・不当だと自分が思う状態を力によって自分にとって有利なように導いている。

もちろんいまは社会的に不当な行為があれば、まず警察が動き、それで手に負えない場合には軍隊（自衛隊）が出動する。暴力装置で反抗を封じ、社会秩序を維持していく能力が備わっている。したがって、我々が困ったからといって町の武装グループに実力行使をお願いにいかなくても済む。こうした警察・裁判の機能はどの社会にも見られ、律令国家には衛府・検非違使や弾正台、鎌倉幕府・室町幕府には守護や問注所、江戸幕府には町奉行や代官所がある。そこに訴えれば、不法な状態を止めてくれる。どの時代でもそうなっていた、かのようだ。

だが、それは違う。

前近代において、農民・漁民・商人など庶民レベルでのトラブルは、庶民レベルのなかで解決しなければならなかった。教科書に載っているような警察や司法機関は基本的に支配者間の紛争か支配者

が巻き込まれている懸案を処理するための役所であって、庶民間の紛争は受理されなかった。村内の家と家の間で起きたことは家長同士が話し合い、それでもダメならば村の長老たちが知恵を出し合って解決する。その決定に従わなければ、村から追放して強制的に解決した。

だから村と村との諍いで話の折り合いがつかなければ、自力で戦いあうほかない。国司による支配秩序が崩壊し、治安の悪化が進むなかでは、自力で他者・他村からの防衛を果たさなければならない。それに前近代では、かりに裁判所が裁いて勝訴したとしても、望むような状態にしていくには、結局はみずからが力を行使しなければならない。それならばまずみずからが武装し、自然発生的に武装集団を作る。その武装が常態化していくことの延長線上に専業の武士の発生史が描かれる。そうした経緯は、さして不可解でない。その彼らが源氏だの藤原だのの末裔と詐称したり、あるいは本当の王族・貴族の末裔を棟梁として担ぎあげる。それは穏当な推論と思われてきた。

ところがこの当たり前とされてきた筋書きは、どうやら私たちの思い込みだったようだ。

関幸彦氏著『武士の原像』（PHP研究所）によると「武力を備えた専業的武人がどのように誕生したのか。従来の通説的理解では、律令制の衰退にともない地方が乱れ、新たに力を蓄えた有力農民（田堵や名主層）が自衛のために武装したことに由来するというものだった。農民自衛論とでも一括できそうなこの観点は現在、大きく是正されつつある」という。

その理由としては、農民たちには血穢を避けたいという根強い価値観があり、自分たちから積極的に武士になろうとすることは考えがたい。また兵・武士が由来や素性を語るときに農民から武士化したという事例が一つも確認できない。だからだそうだ。どうやら学者たちの頭のなかで描かれたさもありそうに辻褄が合わされた話を、私たちは長く信じ込まされてきたらしい。

では、本当はどうなのか。どうも兵となって活躍するには、ただ武力を持てばいいのではなかった。兵としての武力と知恵のほかに、さらに「兵の家」の出身者であること。この三つが揃った人でなければ、兵としての社会的な承認が得られなかったらしい。

その出身元の「兵の家」として認められるのは、いったいどんな家なのか。

例をあげれば、『御堂関白記』に「件の頼親は殺人の上手なり」と記された源頼親だ。彼は源満仲の子で、頼光・頼信の兄弟である。満仲は鎮守府将軍となり、安和の変(九六九年)では藤原氏の武力となって活躍した。摂津の多田に住んで、多田源氏の祖となった人物である。頼光は武勇に名を馳せた有名人で、大江山の酒呑童子を退治した伝説的な武人でもある。頼信は河内源氏の祖で、鎮守府将軍になった。平忠常の起こした長元の乱(一〇二八年)を平定した武勲で知られている。頼親自身は大和源氏の祖で、手荒な手下を多く養って、興福寺・春日大社としばしば紛争を生じていたという。

つまり反乱の制圧や征夷事業などに起用され、そこで武勲をたててきた家柄がとくに「兵の家」といわれる。ぎゃくにいえば、兵の家の出身者でなければ、こうした武力行使は非難される。こんな特殊な家が成立するのは、この時代の国家システム全体が職務の請負制になっていたことが背景にあり、そのなかで武力行使という職務を請け負う軍事貴族の家柄が成立し承認されていたのである。

武士は、まず都の王族・貴族らが政府から武家権門として軍事的業務を請け負い、それが地方に浸透して配下に武士団が育成されていくなかで発生してくる。そういう上からの組織化によって形成される歴史を辿ってきた、ということのようだ。

源義朝と親・兄弟とが袂を別かったのは、作戦か恨みか

保元元年（一一五六）七月二日に鳥羽法皇が亡くなると、かねて子・重仁親王の即位を希望していた崇徳上皇と皇位を奪われたくない後白河天皇との反目が強まった。実現を期して崇徳上皇は左大臣で元内覧の藤原頼長と結び、源為義と嫡子・義朝と死亡した義賢を除く六人の子すなわち義憲・頼賢・為宗・為成・為朝・為仲と義賢の子・頼仲および平氏傍流の平忠正を招いた。これに対する後白河天皇は関白・藤原忠通や藤原信西（通憲）らと受けて立つ形になり、平氏の嫡流・平清盛と源為義の嫡子・源義朝を味方にした。十日の夜、義朝の夜討ち・焼き討ち策が功を奏し、崇徳上皇のいる白河殿は数時間で陥落し、後白河天皇方の勝利が確定した。奈良・平安時代の政界では、讒訴・密告を発端として、真相がよくわからないままに逮捕・処刑されて政治決着がつけられてきた。先手を取って罠を仕掛けた者が勝者になったのだ。それに対してこの保元の乱からは、正邪も真偽もなく、武力衝突の帰趨で勝者が決まることとなった。その意味で、この乱は画期となる出来事だった。

それはそれとして、保元の乱で清和源氏の内部は大きく分かれた。「為義とその子・孫」と「嫡子・義朝」とにである。なぜ、二手に分かれたのか。もっともこうした例は、後世にもよくある。慶長五年（一六〇〇）の関ヶ原の戦いを前に、真田昌幸と次男・信繁（幸村、大谷吉継の娘婿）は西軍に、長男・信之（信幸）は本多忠勝の娘を妻としていた関係もあって東軍に属した。戦後、昌幸・信繁は信之の徳川家康への必死の嘆願で死を免れ、紀伊高野山麓の九度山に蟄居することになった。あるいは同じ

関ヶ原の戦いで、小出秀政・吉政父子も東軍に属した秀政の次男・秀家の功労によって助命され、所領まで安堵された。秀政は豊臣秀吉の母・なかの妹の婿で、秀吉の死にさいして秀頼の補佐を頼まれていたため大坂城本丸裏門を番しており、石田三成の指揮下に入っていた。その関係で子・吉政も西軍につき、細川藤孝（幽斎）の丹後国田辺城の攻撃に加わっていたのだ。杉原長房は秀吉の妻・お寧の従兄弟だが、西軍についた。戦後はおなじく従兄弟で舅でもある浅野長政の嘆願で助命され、豊岡の所領も安堵された。どちらが勝つのか分からない戦いでは一族を分割して両者に味方し、負けた側についた親族の助命を嘆願すればいい。もし助命できなくとも、少なくとも一族が滅亡することはない。義朝も、父・為義の助命を切に願ったというし、ここもそういう悪知恵というか窮余の策だったのか。しかしそれにしても、一人対八人というのは、あまりに人数が偏っていないか。この分裂は、相続時によく見られる骨肉の争い・ほんとうの啀み合いによるものだったかもしれない。

啀み合いの舞台となっていたのは、京都宮廷ではなくて、関東地方であった。

平高望が上総介として赴任しやがて私営田領主になって土着して以来、関東一帯にその子孫が武士団を形成していった。高望の孫・貞盛（国香の子）の末裔に直方がおり、その末裔が源頼朝の妻・政子を出した北条氏である。また同じく孫の繁盛の末裔は秋田に拠点を移して城氏となった。高望の子・良文の末裔は、忠頼系の将常の流れが秩父氏・畠山氏・小山田氏・河越氏・豊島氏・葛西氏などおもに関東中部に分布し、将常の弟・忠常の流れが上総氏・千葉氏として国庁の在庁官人を束ねて房総半島に散った。忠通系の為通の末裔は三浦氏・和田氏となって三浦半島に入り、景通の末裔が大庭氏・長尾氏・梶原氏を称していった。頼朝が鎌倉幕府を開いたときに、その有力御家人となった氏々の名が多数見られるように、まずは平氏が広く盤踞したのである。

その上に、源氏が支配の手を伸ばしてくる。関幸彦氏著『源頼朝―鎌倉殿誕生』（PHP新書）によると、その様子は以下のようだった。

源氏は源義家の三男・義国の流れと弟・義光の流れがあり、前者から上野の新田氏・下野の足利氏が、後者から甲斐の武田氏／安田氏・信濃の小笠原氏・常陸の佐竹氏などが出た。いずれも貴種的な要素を生かしてその地域の豪族と婚姻関係を結び、勢力圏を作っていったのである。こうした勢力圏をまとめようと、義朝は上総・下総・相模を基盤として武蔵から北関東への進出を図ろうとしていた。ちなみに鎌倉はもともと平直方の邸地なのだが、源頼信の子・頼義を娘婿としたために源氏の拠点として相伝されることとなった。もちろん勢力圏は姻戚関係でのみ作られるわけではなく、相馬御厨の帰属をめぐる確執や大庭御厨をめぐる乱入事件などに関わるなかで築かれた主従関係もとうぜんある。これに対してその弟・義賢は上野国多胡郡に居住して北関東をうかがい、さらに舅の秩父重隆と結んで武蔵国比企郡から南関東への進出を目指していた。そして久寿二年（一一五五）八月に武蔵国比企郡の大蔵館で、南関東経営を継いでいた義朝の長男・義平に討たれた。義光系の佐竹義宗も、義朝の横死のあとには相馬御厨の支配権を狙うなど、源氏同士での地盤の争奪戦がなされていた。

要するに、源氏は決して一枚岩でなかった。嫡子と庶子がそれぞれ勢力圏を伸ばそうとし、叔父・甥の戦闘にもなった。関東地方での衝突などもあって、義朝を忌避してこぞって崇徳側についたのではないか。兄弟といえども仲間ではなく、倒すべき敵。少なくとも頼仲にとっては、義朝は不倶戴天の仇敵である。一族の分裂は命を救い合う知恵でなく、こうした利害対立の果てだったともいえる。

清和源氏略系図

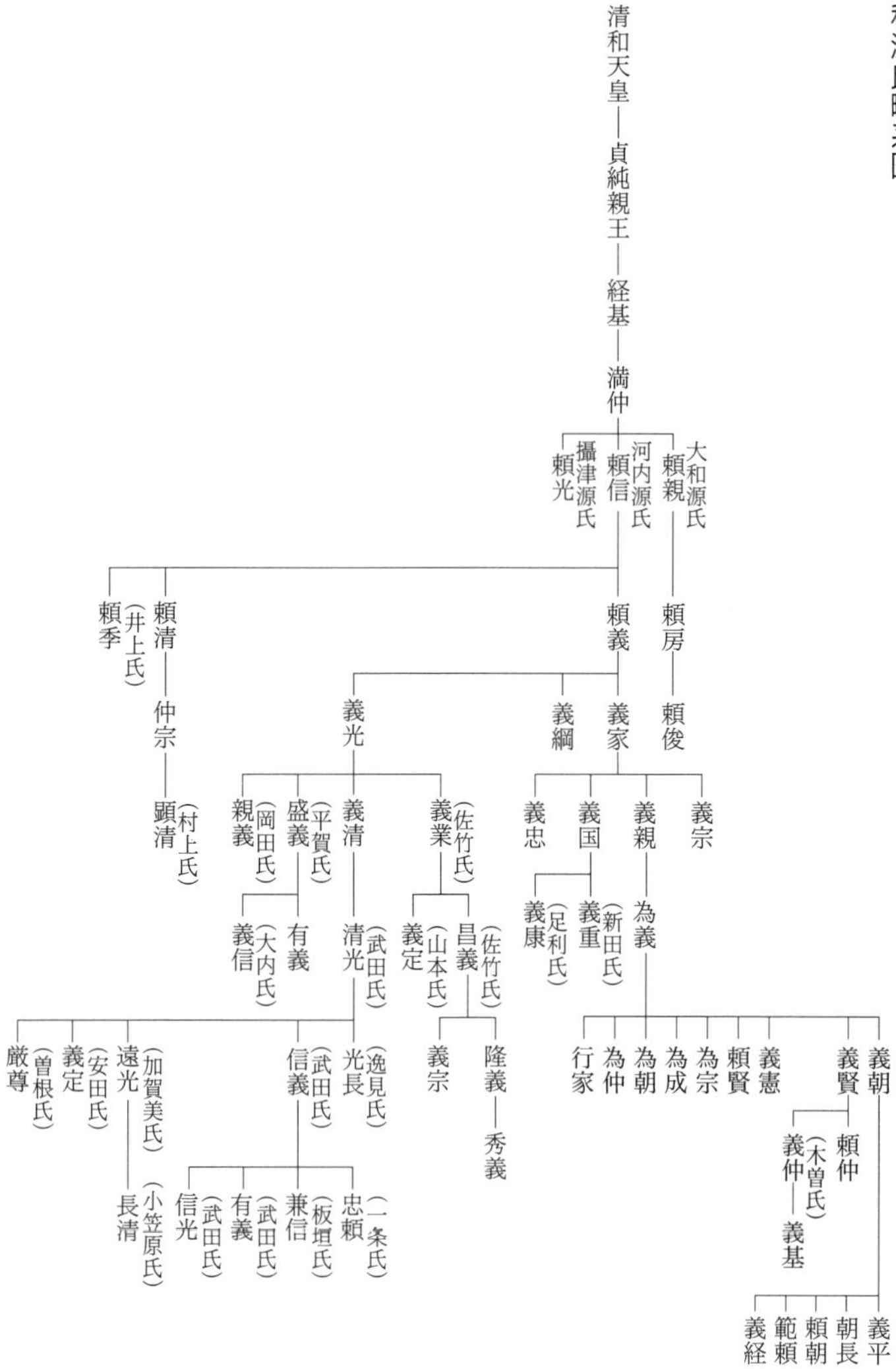
清和天皇
貞純親王
経基
満仲
大和源氏
頼親
河内源氏
頼信
摂津源氏
頼光
頼房
頼俊
頼義
頼清
（井上氏）
仲宗
顕清
（村上氏）
頼季
義家
義綱
義光
義宗
義親
為義
義国
義重
（新田氏）
義康
（足利氏）
義忠
義業
（佐竹氏）
昌義
（佐竹氏）
隆義
秀義
義宗
義定
（山本氏）
義清
清光
（武田氏）
光長
（逸見氏）
信義
（武田氏）
忠頼
（一条氏）
兼信
（板垣氏）
有義
（武田氏）
信光
（武田氏）
遠光
（加賀美氏）
長清
（小笠原氏）
義定
（安田氏）
厳尊
（曽根氏）
盛義
（平賀氏）
有義
義信
（大内氏）
親義
（岡田氏）
義朝
義賢
義憲
頼賢
為宗
為成
為朝
為仲
行家
頼仲
義仲
（木曽氏）
義基
義平
朝長
頼朝
範頼
義経

第二章
中世

後白河院は、日本第一の大天狗か稀代の暗主か

後白河上皇（雅仁親王）は、もともと天皇になるはずでなかった。院政を執っていた白河上皇（白河院）は権力にものをいわせ、子・鳥羽天皇を退位させて、その子・顕仁親王（崇徳天皇）を即位させた。顕仁親王は、かねてから白河院と鳥羽天皇の后・待賢門院璋子との間にできたといわれており、鳥羽天皇からは「叔父子」と呼ばれていたという。白河院が死没すると、鳥羽天皇は待賢門院の関係者を冷遇した。崇徳天皇が「皇太子には子・重仁親王を立ててくれるように」と請願していたのを知りながら、美福門院得子所生で生まれたばかりの体仁親王（近衛天皇）をつけたのはその一つだ。だが近衛天皇は十七歳という若年で死没し、後継候補の重仁親王・雅仁親王（後白河天皇）はともに待賢門院系であった。そのなかで、この両者でなく、雅仁親王の子・守仁王（二条天皇）が候補として急浮上した。守仁王は待賢門院系だが、子ではない。また母・大炊御門懿子がすでに死没していたので、美福門院の手もとで養育されていた。それに、賢いという評判もあった。それなら守仁王で決まり、のはずだった。だがそうなると、王の父・雅仁親王が生きているのに天皇にならないというのも、常識的でない。そこで本命はあくまで二条天皇の即位だが、形を整えるために後白河天皇がとりあえず即位することとなった。

後白河天皇が最初から候補にならなかったのは、待賢門院の子ということもあるが、いま一つは「今様ぐるい」とされる天皇らしからざる言動に原因があったようだ。和歌・漢詩ならよいが、今様

つまり下々の唄う当世風の流行歌謡を集め、数多くの絵巻物を描かせていたという。今様を『梁塵秘抄』としていまに伝える重要な功があったともいえるが、それは今日的な観点であって、その当時においてはただの変人である。少なくとも、天皇やその候補者が手がけるものではなかったのだ。

天皇にふさわしくない人物、と思われていた証拠がある。九条兼実の日記『玉葉』寿永三年（一一八四）三月十六日条に、かつての藤原信西（通憲）の後白河天皇評が引かれている。すなわち、

当今〈法皇を謂ふなり〉、和漢の間、比類少なきの暗主なり。謀叛の臣傍らに在るも、一切覚悟の御心無し。人これを悟らせ奉ると雖も、猶以て覚らず。かくの如きの愚昧、古今未だ見ず未だ聞かざるものなり。但し、その徳二つ有り。もし叡心、事を果たし遂げんと欲すること有らば、敢て人の制法に拘らず、必ずこれを遂ぐ〈この条、賢主においては大失なれども、今は愚暗の余りこれを以て徳になす〉。

とあり、背く心を持っている家臣が横にいても気づかず、それを教えてもなお分からない。ただ、やろうとすることがあれば、決められたやり方を気にせずに何としてもやり遂げる。賢主なら欠点・失策とすべきだが、後白河天皇ではこのくらいが徳といえる部分だ。こんな暗君は、中国・日本を通じて、また古今を通じて、見たことがない、と絶賛いや絶望的な評価である。

しかし、その一方で源頼朝が発した「日本第一の大天狗」という評価もある。「お調子者で、天狗になっている」というのとは違う。これには意図的に人を翻弄する意味がふくまれており、ようするに稀代の策士だ。自覚してそうした政治工作・人間操作ができる、大政治家・作戦参謀の一面があると高く評価しているのである。

たしかに後白河上皇は、二条・六条・高倉・安徳・後鳥羽の五天皇に対し、約三十年間も院政を執った。己が権力の維持にたけており、保元元年（一一五六）に藤原信西の補佐をうけつつ平清盛・源義朝の力を借りて崇徳上皇勢力を倒し、平治元年（一一五九）に信西が倒されると清盛を寵臣として登用しはじめる。二条・六条両帝は天皇親政を行なおうとしていたが、高倉天皇の即位を希望する清盛と謀って六条天皇を退位させ、院政の力を回復した。しかし清盛の力が大きくなってくると院の近臣や寺社勢力と組み、治承元年（一一七七）に平氏打倒を密議する鹿ヶ谷事件を起こした。治承三年には対立が深まり、清盛側によって鳥羽殿に幽閉されてしまった。清盛の没後、以仁王の令旨を奉じた反平氏勢力が決起すると、いち早く入京した木曽義仲を抱き込み、平氏追討を命じた。しかし義仲と対立すると、鎌倉にいた源頼朝と結んで義仲を排除しようと画策。入京して義仲を討った源義経・源範頼に、引き続き平氏の追討を命じた。文治元年（一一八五）義経は平氏を壇ノ浦で全滅させたが、そのさいの後白河院からの叙位・任官をめぐって頼朝と仲違いした。すると後白河院は、頼朝から離反した義経に頼朝追討を命令。頼朝は、北条時政を代官としてこの追討宣旨発令を詰って、その責任を追及した。これにはさすがに窮したものの引退などの政治責任は取らず、文治五年の頼朝による奥州藤原氏攻撃にさいしては追討宣旨も出さず征夷大将軍に任命もせず、私闘として処理した。武家勢力が台頭し、平氏政権・鎌倉幕府が成立していく治承・寿永の内乱の過程をかいくぐって、なお院政・朝廷の力を潰されることなく結果的に朝威を守り通した。その手腕を評価すれば、舌先三寸で人を操った稀代の策士といえるかもしれない。

棚橋光男氏著『後白河法皇』（講談社）は、「荘園・公領制＝経済システムの心臓部を握る交通・

情報ネットワークのサブセンター、そしてそれを担う社会集団＝零細な手工業者、交通業者、陰陽師・呪術者・遊女・舞人・白拍子・傀儡子集団の掌握、かれらとの太いパイプの敷設こそ、帝王後白河の政治課題」（一一〇頁）とされていたもので、それによって「中世王権の権力と権威の源泉……王権の人格、すなわち王者そのものの文化的カリスマ性」（一一三頁）を身につけたとされる。小林泰三氏著『後白河上皇』（ＰＨＰ新書）も棚橋氏の所説に賛同し、いまだ差別されていなかった非人たちの力を借りて集約された情報を力にした、と担い手を具体的に推測された。

しかし、ほんとうにそんな大それた情報網や太いパイプなどが確立できていて、後白河上皇はそれをもとに行動していた、とかいえるのだろうか。歴史上に名を残すほどの人が、何も考えず、いわれるがままにしていた。それなのに、なんとかなった。そうは書きたくないし、そういう評価では歴史的な意義も記せない。だからどの言動にも深い裏があり、あとのことを鋭く予測し見越してのことだったと思いたい。そういう思い込みというか、先入主的な願望がありはしないか。

というのも、たとえば今様を集め、絵巻物を集めて、その文化力のどこの部分がどう政治的に有効であったのか。和歌ではなく、なぜ今様や絵巻物なのか。それが結びつけられない。もし下々・非人を通じて情報を集めていたのだというのなら、どうして鎌倉に入れても貰えない、固有の軍事力をほとんど持っていない義経の凋落を見通せなかったのか。

筆者は、やはりのらりくらりの、自分のない「言われるがまま」の帝のイメージを懐く。その場しのぎで、誰にでも約束をして、定見がない。存外、この手の相手は難しい。ダーウィンの「生き残れるのは、強い者たちではなく、その場に適応できたものたちだ」という言葉が耳に残っているが。

『平家物語』は聞き手が求めた物語であって、史実じゃない

『平家物語』は、平清盛一門の栄枯盛衰を題材とした物語である。人口に膾炙した話に魅了され、たとえば大原御幸の話を念頭に京都・寂光院を訪れる。いや、かつて栄耀栄華の真ん中にいて一転して失意のどん底に叩き込まれた建礼門院（平徳子）を後白河院が見舞う話を知らない人がここを訪れたとしても、平凡な風景と建物には何も感動できるところがない。山里にあるただ古びた小さな寺だ。だから『平家物語』の語る世界を知らなければ、往時を偲んで佇むという思いを味わえないし、もともと訪れることもなかろう。そういうことなのだが、そのもとの話だとてしょせん物語にすぎない。

「すべて一門の公卿十六人、殿上人卅余人、諸国の受領、衛府、諸司、都合六十余人なり。世には又人なくぞ見えられける。……日本秋津島は、纔かに六十六箇国、平家知行の国、卅余箇国、既に半国にこえたり。其外庄園田畠、いくらといふ数を知らず。綺羅充満して、堂上花の如し」（巻第一・吾身栄花）とあり、平家一門に連なる人たちは大臣・貴族クラスにつぎつぎ昇り、一門はわが世の春を謳歌していた。この六十六ヶ国中の半数以上が平家知行国となったのは、後白河院を鳥羽殿に幽閉して院政を停止させて院の知行国を奪った直後。知行の国とは国司除目への推薦権を知行国主が握り、推薦の見返りを国司から得る制度である。それは、治承三年（一一七九）十一月二十日のクーデタによるものだ。こういう追究の仕方は、『平家物語』の記事が大仰でも作り事でもなく、ただしい事実を並べたドキュメントと証明したいからだろう。

だが、この書はノンフィクション物でもドキュメントでもない。

著名な話からすれば、熊谷直実の出家話がそうだ。元暦元年（一一八四）一ノ谷の合戦で敗走した平家の公達が浜辺に向かうだろうと予測した直実は、波打ち際から六十メートルほど馬を乗り入れている武者を発見。岸辺で組み合って、まさに討ち取ろうとしたが、見れば十六〜七歳の若武者。じっさいは、平経盛の子（清盛の甥）・敦盛であった。自分の子・小次郎の年齢でもあり、親心として助けてやりたいと思ったが、すでに後続の味方が迫っている。やむをえず自分で討ち取ったが、「あはれ、弓矢とる身ほど口惜しかりけるものはなし。武芸の家に生れずは、何とてかかるうき目をばみるべきと思い、「それよりしてこそ熊谷が発心の思はすすみけれ」となり、見つけた笛が機縁となって「遂に讃仏乗の因となるこそ哀れなれ」といわれる。敦盛を討ったことで武芸に嫌気がさし、仏門に入った、という筋書きになっている。しかしこの話は、事実でない。たしかに直実は出家して蓮性と名乗った。『法然上人行状画図』や『吾妻鏡』によれば、出家のほんとうの理由は、建久三年（一一九二）の熊谷・久下両郷の間の所領地の境界をめぐる相論にあった。源頼朝の面前で叔母の夫・久下直光と対決して争ったが、直実の弁明は不十分とされて不利な裁決になった。憤った直実は証拠の調度や書類を簾中に投げ込み、不満の意思を表わした。幕府の西侍で髻を切り、出家して出奔した。武芸に無情を感じたり、敦盛の菩提を弔ったりする繊細さを持つ人物ではなかった。敦盛を討った功績とのちに聞き知った出家の事実をむりやり結びつけ、聞き手の好む話に物語作者が仕立てたのである。

こうした聞き手の好みにあわせた話は、ほかにもある。日下力氏著『いくさ物語の世界』（岩波新書）には、長谷部信連の話の成長ぶりが紹介されている。

信連は後白河院の子・以仁王の侍臣で、治承四年五月十五日、王の謀反計画が発覚したことが知られると、王を宮から三井寺（園城寺）へと落ち延びさせた。そして自分はただ一人で宮に留まって、押し寄せる三〇〇騎の検非違使一行を相手に「これをみて同隷ども十四五人ぞつづいたる。長兵衛は狩衣の帯紐ひッきッてすつるままに、衛府の太刀なれども、……さんざんにこそきッたりけれ。かたきは大太刀、大長刀でふるまへども、信連が衛府の太刀に切りたてられて、木の葉の散るやうに、庭へさッとぞおりたりける」（『平家物語』〔覚一本〕巻第四・信連）という大立ち回りをし、さらに検非違使側が「宣旨による使者だ」と名乗っても、「山賊・強盗だってそう名乗るものさ」と取り合わずに強力の者など十四～五人を切り伏せた。しかし刀が折れ、生け捕りにされてしまった、という。

ところがより話の祖型に近い本文を持つ『平家物語』〔延慶本〕では六～七人を負傷させただけで、やがて以仁王の一行に追いつき、宇治で王の死亡を見届けてから自害した、とある。これだとだいぶ話が小さくなっているが、じつはそれすら虚偽である。右大臣・中山忠親の日記『山槐記』では、検非違使一隊が小門を押し破って入ろうとしたら、信連がなかから矢を射かけてきたために二～三人が負傷した、と記されているだけだ。また『吾妻鏡』文治二年（一一八六）四月四日条によれば以仁王の侍臣としての功績を評価されて鎌倉幕府の御家人に加えられており、亡くなったのも建保六年（一二一八）十月に能登国大屋荘においてであり、以仁王とともに自害などしていない。

『平家物語』は、平曲といって、琵琶の音に合わせ声明の音調で語られていた。もともとは書籍の形でなく、耳から耳に口伝えで引き継がれていった。その教わったままを語る人もいようが、聞く客があっての平曲だ。聞き手たちが涙し、その話をいますこし詳しく聞かせてくれとせがまれれば、心躍るような名場面を作り出し、感動的に脚色する。それが口頭伝承というものだ。その改変は語り手の作り出したものであって、時代考証などしない。後先も考えない。ほんとうのことなど探り当てても、面白くもない話などひとは聞いてくれない。面白くしない語り手は、客が振るい落とす。あくまでもこうした聞き手とのやりとりのなかで、話だけが、その主人公だけが成長していく。以仁王が決起し、それに追っ手がかかったとき、王のいた宮で何かなかったのか。そう問われれば、逃走の時間稼ぎのために「矢が二三本射掛けられた」ではすまない。場面にふさわしい大立ち回りがなければ。だから話だけでも「大太刀・大長刀・木っ葉」というような大仰な言葉を鏤めるのである。

義経の八艘跳びという著名な話も、じつはそうなのだ。

『平家物語』(巻十一・能登殿最期)によれば、その「矢さきにまはる者こそなかりけれ」と称賛される強弓の射手だったが、矢はすべて射つくした。そこでいかもの作りの大太刀を振りかざしつつ敵の大将つまり源義経をめがけて、といっても顔を知らないので立派そうな鎧兜を着けた武者姿を探しながら、舟から舟へと飛び移った。そしてたまたま義経の舟に飛び乗ったが、義経は「かなはじとや思はれけん、長刀脇にかいはさみ、みかたの舟の二丈ばかりのいたりけるに、ゆらりととび乗り給ひぬ」とあり、つまりとても敵わないと思ってあの勇猛果敢が売り物の義経が逃げ出した。そのさい六メートルほど離れた舟にたった一度飛び移った話が、つぎつぎと八艘も跳び移った話に成長した。ところがそもそもこの話の成立の前提となる相手方の平教経は、『玉葉』によれば一ノ谷合戦ですでに戦死していた。『吾妻鏡』によれば安田義定に討ち取られ、六日後に京の八条河原で梟首となっている。だから「そうあってほしい」という根も葉もない話であって、しょせん物語なのである。

平重盛はなぜ沈着冷静で賢明な人とみなされたのか

前項で、『平家物語』は聴衆の要望で歪むと推測したが、作話・捏造の理由はそれだけでない。巻第一・殿下乗合には、嫡男・平重盛が父・清盛を諫める話がある。

嘉応二年（一一七〇）十月十六日、重盛の子で十三歳、まだ従五位上・越前守だった資盛が随従の者たちとともに紫野などに赴き、鷹狩りをした。六波羅邸に帰ろうとしたとき、内裏に参内しようとしていた従一位・摂政の藤原（松殿）基房（二十七歳）と大炊御門大路の猪熊で出くわした。摂政のお供から「乗り物から下りるように」と注意を受けたが、資盛らは平家の威勢を嵩にきて無視し、駆け破って押し通ろうとした。摂政側はこれを無礼として、資盛らを馬から引き摺り落として大いに恥を掻かせてやった。六波羅邸に着いた資盛は祖父・清盛に訴え、清盛は「摂政であろうとも、清盛の身内を憚らずに遠慮しないとは。こんなことだから他人から馬鹿にされるのだ。摂政に恨みを晴らし、思い知らせてくれよう」と憤った。これに対して重盛は清盛に「源氏から馬鹿にされたというなら平家一門の恥かもしれないが、摂政の出向に出会って下馬しないのは、資盛の方が無礼」といい、関係者には「こちらから摂政殿にお詫びしたいもの」と言い聞かせた。しかし清盛は六十人ほどに指示し、天皇の元服式の打ち合わせに赴こうとしていたところを三百騎ほどで襲わせた。前駆・随身などを馬から引き摺り落とし、暴行を加え、髻を切り捨てた。この事件を事後に知った重盛は「父がどのように命じようとも、なぜ重盛に知らせなかったのか。資盛も分別すべき年齢であるのに、清盛の悪評を立てさせるとは不孝のきわみだ」と叱り、しばらくは伊勢に追い遣った。人々は君も臣もみな重盛の考えや計らいに感心した、という。

だがこの話は、当時の右大臣・九条兼実の日記である『玉葉』によれば七月三日の事件で、基房が法勝寺八講に行く途中で資盛の乗る女車に会い、基房側がそこでの無礼を咎めて車を毀したもの。基房は相手が資盛だったと知り、重盛に下手人を引き渡して謝罪したが拒絶されたという。『玉葉』は清盛の怒りに触れておらず、兼実の弟・慈円著の『愚管抄』には資盛への仕打ちを恨んだ重盛が執念深く報復したことを「不思議」として非難している。つまり重盛が加害者だったのに、『平家物語』では清盛の軽挙を諫める賢人・善人として描いている。これはたんなる思い違いなのか。

ほかに治承元年（一一七七）の鹿ヶ谷事件での、藤原成親の処分をめぐる諫言もそうだ。権大納言の成親は後白河院の側近で、子の成経や藤原師光（西光）・俊寛僧都・平康頼・多田行綱らとともに平氏打倒の陰謀を巡らした。連行された西光は清盛を「殿上の交わりを嫌われた人（忠盛）の子で、太政大臣まで成り上がった分を過ぎた奴」と居直ったので五条西で斬られ、その子の師高・師経なども処刑された。成親も連行・軟禁されたが、重盛は彼の減刑を求めた。重盛にとって成親は縁戚であり「彼大納言が妹に相具して候。維盛又聟なり。か様にしたしくなッて候へば申すとや、おぼしめされ候らん」が、そうした理由からでないと断った上で、「世のため、君のため、家のための事をもッて申し候」という。藤原時平の讒奏以来の失政、死罪復活の悪弊などを説き、「刑の疑はしきをばかろんぜよ、功の疑はしきをばおもんぜよ」という『尚書』の言葉まで駆使して、清盛の行き過ぎを諫めた、という。成親は助命されて配流となったというが、じっさいは難波で殺されている。

ともあれ、衝撃的に怒りにまかせる清盛を大所高所から冷静に宥め諫める賢者である。

板坂耀子氏著『平家物語』（中公新書）によれば、これはそういう役回りとされているにすぎない。じっさいの彼の姿ではなく、横暴な清盛に対して重盛には良識を語らせる。べつに重盛でなくともよいが、彼が早く死没しているためにそういう役回りを割りふるのに都合好かった。彼が死没したから平氏が傾いた、といえるからだ。こうした相反する役回りは、平宗盛に対する知盛（重盛・宗盛の弟）の言動もそうなっている。宗盛は愚鈍・優柔不断で平氏を滅亡に導き、賢明な知盛がその対極にあって正論を吐くとともに平家の運命を予知させていくことになる、という。

木曾義仲は信濃で挙兵し、寿永二年（一一八三）五月の倶利伽羅峠の戦いで平維盛・通盛軍を破って勢いづき、七月には五万の軍勢を率いて都に迫っていた。清盛没後の平家総帥となっていた宗盛は京都での戦いを避けて、天皇とともに西国に逃れることを選択した。もとより都の入り口を防衛線として、反乱軍との間に雌雄を決する選択もあった。肥後守貞能は宗盛に対して、「そもそもどちらにお落ちになるのでしょうか。西国に落ちれば、落人として討ち取られ、悪い名を流すだけです。都のなかで最期をお迎え下さい」と諫言する。ここに知盛は出てこないが、その前に知盛は「都を出て一日も経たないというのに人々の心は変わっていくものだ」と嘆いたあと「都のうちでいかにもならんと申しつる物を」（巻七・一門都落）といい、都のうちでどうにでもなろうと（宗盛に）申し上げたといっている。ここが勝敗の分かれ目で、決戦すべきとき。いまならば都にいる政権の正当な担当者であり、相手はあくまでも反乱軍。反乱軍を討つのならば、武士たちも賛同しやすく味方につくかもしれない。その好機をみすみす捨てるのだ。負けるかもしれない危険性のことばかりが頭のなかをよぎって、決戦に及ぼうとする度胸がない。戦う者の心理を斟酌した正当な指摘である。

ついで文治元年（一一八五）壇ノ浦の合戦のさなか。知盛は様子のおかしい阿波重能を敵への内通者と見抜き、斬首するよう宗盛に進言する。重能は子を生け捕りにされ、内応者に変じていたのであった。平家方は豪奢な唐船にいた貴人たちを変装させて兵船に移し、唐船を襲うであろう源氏方を囲んで討とうとしていた。しかし重能からの事前の情報で、唐船は見向きもされず、兵船だけが個別撃破されていった。知盛は「やすからぬ。重能をきッてすつべかりつる物を」（巻十一・遠矢）と後悔した、とある。これも知盛が賢明で、「臆したるな」（おじけづいたな）と声をかけただけで済ませた宗盛の愚鈍さが、明瞭なコントラストをつけて描き出されている。

また「法住寺合戦」（巻八）では義仲から源頼朝に対抗するために連合しようと提案され、都に戻るよう求められた。宗盛は喜んだが、知盛と時忠は「義仲にかたらはれて都に帰りいらせ給はん事、しかるべうも候はず」と反対され、平家に降伏するのでなければ受諾しないと返答させた。「請文」（巻十）でも、生け捕りにされている平重衡の身柄と安徳天皇の所持する三種の神器との交換を後白河院から提案されている。清盛の妻・時子の嘆願もあって宗盛は「誠に宗盛もさこそは存じ候へども」といい、世間の聞こえも悪いしという歯切れの悪い対応だった。これに対して知盛は「三種の神器を返しても、重衡を返してくるとは思えない」といい、拒絶させている。賢い。いや賢すぎる。

だが重盛・知盛のこれらの逸話は、重盛の例で見たように実話ともいえない。知盛の話も事実の必要などない。これは話の都合なのだ。『平家物語』は聴衆の反応で作られてもいくが、作者の都合によっても作られる。横暴と良識、愚鈍と賢明。そうした役回りが割りふられただけ、ということだ。

平重衡はどうして東大寺・興福寺を焼き払ったのか

治承四年（一一八〇）十二月、平清盛の子・重衡は興福寺・東大寺の僧兵を鎮圧するため、南都（奈良）に軍を進めていた。こうした事態になったのは、後白河院と平清盛の対立が原因だ。後白河院は二条・高倉両天皇の父として治天の君を称し、院政を敷いた。一方の清盛は前太政大臣（相国）だが、保元・平治の乱を通じて後白河院を擁立し最高権力者として政界に君臨していた。両雄並び立たずで、清盛は鹿ヶ谷事件など反平氏の策動を止めない後白河院に反撃を試みて、治承三年十一月に鳥羽殿に幽閉した。この措置に反撥した後白河院の子・以仁王は同四年四月全国に令旨を発して、反平氏の決起を呼びかけた。この令旨に呼応し、伊豆では源頼朝が八月に、信濃では木曽義仲が九月に、甲斐では武田信義が九月に、近江では近江源氏が十一月に挙兵している。以仁王が挙兵のとき園城寺や興福寺を頼りにしていたように、寺院勢力は反平氏に動いてきた。東大寺・興福寺は大和国の知行国主（国司の推薦権を持つ地位）となった清盛による新規の国内検注（検地）や寺領荘園への干渉について争っており、興福寺は元来藤原氏の氏寺であったから摂関家を抑圧する平氏を快く思っていなかった。

こうした反平氏包囲網を取り払うため、清盛は後白河院の幽閉を解いて妥協の姿勢を示す一方、畿内諸国には征伐軍を送った。九月には頼朝に対して平維盛の遠征軍を、十月には延暦寺・園城寺に対して平清房軍を、十二月には近江源氏に対して平知盛軍を、伊賀に平資盛軍を、伊勢に藤原清綱軍

東大寺南大門

をそれぞれ送り込み、頼朝を除いてはほぼ反平氏勢力の掃討に成功した。

この掃討戦の総仕上げが、南都の鎮圧であった。以仁王は宇治で自害しているが、目指した落ち延び先は南都で、その僧兵たちが支援してくれると信じていた。また近江源氏掃討戦でも、興福寺の東西金堂に属する堂衆たちは近江源氏と組む姿勢を示した、という。こうした動きをする南都の僧兵はどうしても一度は叩いておかねばならず、ここで清盛の命による重衡軍の派兵となった。

南都側は宇治から南下する重衡率いる四万の軍に対して木津・奈良坂・般若路に防衛線を張ったが、二十七日までに突破された。そしてその翌朝から市街に接しての激戦となり、戦いは夜に持ち越された。新月の暗闇のなかではたがいに敵味方の見極めがつかず、また伏兵も懸念されるので、重衡側は松明がわりに民家を一軒焼いて周囲を照らし出そうとした。それがおりからの強風に煽られ、市街地の民家を総なめにしながら東大寺・興福寺の伽藍を焼き尽くしてしまった。

『玉葉』は「春日社だけは類焼を免れたが、南都の諸寺がこうした災いをうけたのははじめてのことだ」と記すが、春日大社もじつは東西両塔を失っている。元興寺・新薬師寺の近辺だけが焼け残り、ほとんどの市街地はまさに灰燼に帰した。『平家物語』によれば、東大寺大仏殿の二階や興福寺の堂舎に籠もっていた僧侶や女子などが百人・千人の単位で焼死していったという。東大寺の毘盧遮那仏も焼け落ち、重源の勧進によって再建・再興が計られることになる。

この恨みは尾を曳いた。西走する平氏に対して、南都は重衡の身柄の引渡しを要望し続けた。『平家物語』の「法住寺合戦」では平家方に渡った三種の神器を取り戻すため、一ノ谷合戦で捕虜となった重衡と交換取引が提案されているが、平知盛は「神器を返しても、重衡は引渡されまい」と読んでいる。けっきょく、重衡は当初鎌倉に送られていたが、強い要求で南都に渡された上で処刑された。

安徳天皇は、「壇ノ浦合戦のあと」をどう生きていたというのか

安徳天皇は、元暦二年（一一八五）三月二十四日の壇ノ浦合戦のさなか、神璽を脇に抱え宝剣を腰に差した二位の尼（平時子）に抱きかかえられ、「尼ぜ、われをばいづちへ具してゆかむとするぞ」と問うも、祖母の尼は「浪の下にも都のさぶらふぞ」（『平家物語』巻十一・先帝身投）と答え、千尋の海底に入っていった。『吾妻鏡』にも「先帝、終に浮かばしめ御はず」とある。まだ八歳であった。

つまりは入水自殺をしたのだから、そのさきなどあるはずないのだが、各地には「壇ノ浦で死んだ『ことにしておいて』ほかの場所で生き延びていた」とする伝承が語り続けられている。

松永伍一氏著『平家伝説』（中公新書）によれば、安徳天皇には十一の後日談伝説がある、という。『平家物語』などに近いのは安徳天皇の遺体を廻る伝えで、①今川了俊著『道行きぶり』によれば「平知盛の娘・少将尼が長門国下関に留まり、家のあとを弔い、菩提所として安徳天皇の尊像を守っていた」とある。②『平家物語』では安徳天皇の遺体は失われたとするが、「由来書」によると三月二十八日に壇ノ浦で鮪取りしていたところ、網に安徳天皇と二位の尼の遺骸がかかった。ところが二位の尼が携えたはずの宝剣が見つからなかったので、義経は功績に疵がつくと思った。密命を受けた伊勢義盛は長門国地吉の里（下関市豊田町）の丸尾山に遺体を埋め、その山を皇野山、墓所を王居止と名付けた、という。あるいはこの網をかけた漁師は弥吉・甚兵衛といい、義経から適当に処置せよといわれて遺骸を故郷に運ぼうとしていたらとつぜん動かなくなった。そこに埋葬したので、そ

の場所が王居止と呼ばれた。あるいは遺骸は日本海岸の沢江浦（長門市三隅町）に漂着した、ともいう。

壇ノ浦の戦い前に戦線を離脱した（壇ノ浦にいたのは替え玉）とする伝承での行く先には、四国・大隅・因幡などがある。四国内では、③安徳天皇は平知盛（重盛の弟）らとともに屋島の近くに潜んでいた。そこに阿波国山城谷栗山（三好市）の城主・田口成良が一〇〇〇余を率いて迎えにきた。二ヶ月ほど滞在したが、成良の手兵や阿波国三好・美馬両郡の十一人の豪族らが護衛して土佐国香美郡韮生郷に移り、鉢ヶ森に隠れ棲むことになった、という。④韮生郷から松尾山を経て西進し、同国吾川郡池川へ。椿山を通ってから南下して名野川に行き、横倉山に行在所を建てて住み着いた。そのあたりを都と呼んだ。知盛らの棲む二十五軒の家も立ち並び、詩歌・管弦・蹴鞠などの王朝風な宮廷行事に興じたといい、天皇も妻帯までした。正治二年（一二〇〇）八月八日に二十三歳で死没し、鞠ヶ奈路（高岡郡越知町）の山腹に土葬されたという。⑤寿永二年十月、平国盛（教盛の子）は安徳天皇を奉じて讃岐国屋島にやってきた。同四年二月志度浦で源氏と戦って敗れ、国盛は讃岐から阿波に逃れた。その年の大晦日に東祖谷の大枝に移り、そこを軍事制圧。しばらくして阿佐常陸守に招かれ、阿佐に住み着いた。安徳天皇らは麻植郡の石立山に籠もっていたが、国盛の動静を知って祖谷に向かった。鉾伏・装束石・皇上の手橋・栗枝渡・天皇淵などの名を残し、さらに住み着いた川沿いを京上（三好市東祖谷）と名付けた。しかし洪水で宮殿ごと押し流され、十六歳で死没し火葬された、という。

南九州に逃げ込んだとする伝承では、⑥『硫黄大権現宮御本縁』によると、寿永四年（元暦二年。一一八五）二月十九日の屋島合戦のあと、幼い者をまとめて平資盛（重盛の子）に託した。それに平時房（時忠〔清盛の義兄〕か）・経正（清盛の甥）・業盛（清盛の甥）・清房（宗盛の弟）など一五〇〇余人が随い、船七十隻に分乗して八島を経て豊後水道を南下した。伊予高島で菊池行吉の出迎えを受け、その水先案内で三月十七日細島（宮崎県日向市）に到着。福原季長に付近を調査させたが隠れ家になる場所がなく、豊後にもなかった。一部の者は諦めてそこから日向の山奥に落ち延びたが、残りは四月五日に志布志湾に辿り着いた。しかし大隅半島から薩摩に向かおうとして流され、種子島北端の浦田に漂着した。大隅半島の内之浦（内裏の浦の意という）に戻り、また南下して大隅半島の大泊（肝属郡南大隅町）に。さらに五月一日に三〇〇人で硫黄島（鹿児島郡三島村。鬼界ケ島）の長浜ノ浦に到着し、ここに黒木御所を構えた。西岳に本陣を置き、各所に兵力を配置した。しかし安全のために安徳天皇を大隅半島の牛根麓（垂水市）に移し、肝属氏に保護を依頼。資盛・有盛（資盛の弟）・行盛（重盛の甥）らは奄美大島、季長は種子島、清房は屋久島に潜行した、という。一方で、硫黄島の長浜家は安徳天皇の子・隆盛親王を祖とする、ともいう。天皇の享年は『鹿児島外史』で八十七歳、『長浜古文書』では六十四歳か六十八歳かとする。この派生伝承かとも思われるが、⑦上代の十二月二十九日の大晦日に牛根麓に船が漂着。居世神門（垂水市）の農夫が、船中にいた七歳くらいの子を拾って育てた。欽明天皇の第一皇子だったが、皇位につく器量でないとして空船に乗せて流されたのだった。十三歳で死没したとする。近くには宮崎小路・中之小路・御門の小路・御着崎・御所の尾・御所の原・納言松などの地名がある。七人の山伏が探しに来たので逃がしてやったが、そのさいに麻の切株で怪我をし、それがもとで病没したともいう。南九州潜幸伝承からの派生かと思われるが、⑧宗氏は中世以来対馬を支配してきたが、もともと平知盛の子・知宗が大宰少弐・武藤資頼の養子に入り、寛元四年（一二四六）その子・重尚が在地の豪族・阿比留氏を討って地頭となったもの。その重尚とは安徳天皇と薩摩国の島津氏の娘との間に生まれた惟宗重尚のことで、惟宗氏の惟が落ちて宗氏となった、とする。対馬市厳原町久根田舎には安徳天皇の墳墓があり、昭和二年にはそれが陵墓参考地となっている。つまり安徳天皇がこの地で死没した、という伝承があったわけである。

壇ノ浦合戦のあと北九州に逃れたとする伝承では、⑨安徳天皇は二位の尼や郎等数人とともに肥前国佐賀郡山田郷に逃げ込み、二十歳に仏門に入った。宋に渡って修行したのち帰国し、この地に万寿寺を建立。神子和尚と名乗り、承久元年（一二一九）七月五日に四十三歳で死没した。近くに二位尼村の名称が残っていた、という。⑩安徳天皇は入水とみせかけて因幡国賀露ノ浦に脱出し、通りかかった宗源に案内され岡益（鳥取市国府町）の光良院に辿り着いた。しかし彼を安徳天皇と知るや、源氏の探索の目をくらませるために奥の峯寺に移され、さらに木地師たちの棲む奥の山里に隠された。夜が明けた場所を明野辺とか、都とした地を私都谷とか、死没したところを崩御が平とか、安徳天皇にちなんだ地名がある。光良院に葬られ、陵墓は陵墓参考地に指定されている。享年は十歳だったという。⑪元久元年（一二〇四）三月二日付とされる平保道著「由来書」によれば、安徳天皇は平清盛の子で、母は平義光の妹・深江とある。深江は天皇の四歳のときに死没したので、叔父にあたる平教盛に預けられて弓馬の術を学んでいた。寿永の兵乱で平家が危うくなると、知盛とはかって安徳天皇を女装させ、一般百姓の身なりにさせて伯耆国中津（島根県安来市）に安置した。周辺には馬留・一ノ仮屋・京都・朕原・天子ヶ仙・宮ヶ谷・二位ノ山などがあり、それらしい雰囲気が漂っている。平家の再挙をはかっていたが、建久四年（一一九三）三月七日に十七歳で死没した、とある。

縷々述べる必要もなかろうが、口伝・伝承の怖さを味わっていただけよう。

鎌倉新仏教は、どこが画期的だったのか

筆者が『要解日本の歴史』（清水書院）という教科書をかつて執筆したとき、最澄が近江国分寺で出家得度してから東大寺で具足戒を受け、そのあと延暦四年（七八五）七月中旬に「世間の無常を観じ、比叡山に登って禅行生活に入った」（『国史大辞典』六）とあるのを不思議に思った。無常観を懐いて出家するのならわかるが、出家しているならすでに無常に気づいていたのでは、と。もちろん現代人の感覚を持ち込んではいけないと心得ていたが、古代の仏教界に違和感を感じてきた。

古代の仏教思想は鎮護国家が基本であり、僧侶は国家の繁栄と安寧を祈願するものであった。そのために仁王経・最勝王経・金光明経などの護国経典を読誦する法会を設けた。僧侶は官僧つまり国家公務員であり、それゆえに課税を免除された。免税されるかわりに、経典を研究して仏教の神髄を把握し、もって国家の変事などに対して最良の対処をすることが義務づけられた。その活動の場は基本的に寺院内に限られるが、『令義解』僧尼令第十三条に「凡そ僧尼、禅行修道有りて寂静を意ひ楽ひ、俗に交らず、山居を求めて服餌せんと欲はば、三綱連署せよ」とあって、寺院の上層部にその必要が認められれば寺院外に庵を構えて禅などの修行が行なえた。この外部での修行期間は、官僧としての役務を免除された。最澄が比叡山に入ったのも、形としてはこの手続きを経たもののようだ。行基のように村民と接し彼らに助力しまた教化していくという違法なあり方とは異なり、最澄のは合法的な行動だった。とはいえ大方の官僧とは、なにかしらの差を感じてのことだったろう。

というのも仏教界に入ってくる人たちは、上層部はともかくとして、その多くが貴族になれない氏族の出身者だった。文字を読み書きできなければ僧侶になれないから、それなりの文化的教養は備えているが、かといって律令官界にいては中堅官僚か実務官僚の長までしか望めない。そこが、渡来系氏族や藤原氏以外のいわゆる寒門の出身者の限界である。そこで彼らは権力へのバイパスとして仏教界を経由し、権力の中枢に迫ろうとする。高僧となり、宗教勢力の長老として公家を外側から操る。仏教界は、それができる例外的な場であった。権力欲にギラギラと眸を輝かせ、他を押しのけて特権的な地位に這い上がろうとする僧侶。それが、最澄の周りにもたくさんいただろう。

権力への傾斜。世俗権力への擦り寄り。こうした世俗化の傾向は、平安中期以降にますます強くなっていった。そういう寺院内での眼にあまる権力争いや世俗化に対する嫌悪感が、心ある僧侶たちを鎌倉新仏教に誘う。いま一つの動機は、町中に溢れる庶民を見たことだった。それは寺院外に出たとき、山里に修行に出たとき、随所に垣間見られた。彼らを見てまた接して、彼らが救われたがっていることを知る。自分たちが寺院内でしている読経・祈禱や行事での懸命の勤行にもかかわらず、現に眼前にいる多くの人たちが不安に戦き、切実に救いを求めている。権力欲に眼が曇っていない僧侶なら、その光景に心を動かされるであろう。

松尾剛次氏著『鎌倉新仏教の誕生』(講談社現代新書)によれば、ここに官僧業務からの脱落がはじまった。官僧世界からの、つまり世俗的仏教世界からの「遁世」である。官僧は白い服を着ているが、彼ら遁世僧は「墨染めの衣」といわれる黒い服を身に纏った。慈円は官僧の代表ともいえる大僧正・天台座主であるから墨染めの僧衣を着たとも思えないが、歌には「うき世の民におほふかな(憂き世彼の民に覆い掛けることだ）」（「小倉百人一首」95）とあるから、遁世僧の立場で詠んだのであろうか。彼らは寺院内にいる官僧と異なり、国家の要求する行事に出ない。奈良時代や平安前期ならば僧尼令違反に問われておそらく還俗させられたろうが、平安中期にはそうした措置が取られなかった。ただし身分は僧侶のままでいられるとしても、寺院内で活動していないので、衣食住の保証がない。彼らの生活や活動は、各地の豪族や庶民からの施捨・寄付などによる独自な財源に支えられていた。しかし見方によっては、それだけ多数の庶民に密着し、期待されるものへの理解度が高かったわけである。

庶民が希求していたのは、現代人と同じで、死の恐怖からの救いだった。彼らに死をどうやって受け容れさせ、そして彼らの不安を除去してやるか。その活動を通して、遁世僧たちは彼らに応えていく教えを説きはじめる。それが阿弥陀仏の誓いを信じて「南無阿弥陀仏」と唱える浄土宗の専修念仏の教えであり、釈迦の正しい教えとされる法華経の題目さえ唱えれば救われるとする法華宗（日蓮宗）の教えであり、また浄土真宗（一向宗）や時宗（一遍宗）などである。また旧仏教界から疎外されてきた武士たちは、曹洞宗や臨済宗などの禅宗を受け容れていった。

この布教・説法の過程で、彼らは個々の庶民を現実的に救済するため、積極的に葬儀に関わっていった。これはいままでになかった行為で、官僧たちには思いつくことすらできない分野だった。

官僧が死者の出た家に入るなどして死穢に触れた場合、三十日間も業務に携われなかった。『小右記』（大日本古記録本）寛仁四年（一〇二〇）十二月十六日条には、大極殿で行われる仁王会について、触穢の人が供物を捧げることを禁じた、とある。『門葉記』（大正新脩大蔵経本、図像第十一巻所収）巻二十二・寛喜三年（一二三一）二月十二日条には、官僧の異常な行動が記録されている。後堀河天皇の中宮・遵子（藻璧門院）が、一条室町殿で秀仁親王（四条天皇）を出産しようとした。そのとき、安産祈願で招かれていた権少僧都・成真が「触穢を憚る禁忌故」（二三七頁）に普賢延命法の修法の結願前にとつぜん逃げ去った、という。生まれた瞬間に産穢を被るのではないかと危惧し、「その前に」と座を立っていってしまったのである。また『今昔物語集』（新編日本古典文学全集本）巻二十六・第二十「東小女与狗咋合互死語」には、穢れを嫌われた病人の惨めな姿が記されている。すなわち、庶民の家でも死が間近と見られたら、家のなかには置いておかなかった。家のなかで死なれては困るからというので、十二〜三歳の女性使用人が家から追い出された。そのために、犬に食われてしまったという話になっている。穢れは苛酷なほどに人々を縛り、怖れられていた。

しかし遁世僧たちは「往生人に穢れなし」「清浄の戒は汚染なし」と称して、葬送をみずから手がけた。あるいは十戒の一つ「不蓄金銀宝」に触れるためにできなかった勧進（寄付を募る行為）にも、また不浄視されて救済の対象外に放置されてきた非人・女人の救済にも、禁忌・不浄を克服しながら積極的に関わった。このうちの女性については尼としての得度・受戒の制度も整っていて、法華経の立場から女人往生・女人成仏説も知られていた。しかし東大寺・延暦寺は女人禁制であって、じっさいには女性の受戒など受け付けていなかった。承和九年（八四二）十二月に出家した淳和皇太后（正子内親王）が尼戒壇の開設を求めたが、実現していない（『慈覚大師伝』）。万寿三年（一〇二六）上東門院彰子（藤原道長の娘）が法成寺での受戒を望んだため、翌年に尼戒壇が設けられた。ただし、そのときだけ、彼女だけのものだったらしい。

とはいえ遁世僧がどのように穢れを超え、世間がそれを容認したのか。そこにはまだ疑問があるが。

霜月騒動の原因は、ほんとうに「御家人」対「御内人」の争いだったのか

霜月騒動といえば、鎌倉後期の弘安八年（一二八五）十一月におきた幕府内の政争である。執権・北条時頼の母・松下禅尼は安達泰盛の伯叔母にあたり、時頼と泰盛は従姉妹同士。執権・時宗の妻・堀内殿は泰盛の姉妹でかつ養女であり、泰盛は権力を握る北条氏嫡流の得宗家の深い縁戚として枢要な位置を占めていた。そもそも安達家は幕府草創以来の有力御家人の一家であり、泰盛自身も評定衆の一員として幕府の重職に名を列ねていた。時宗没後からしばらく権力の空白期間を生じていたが、泰盛は蒙古襲来後の最大の懸案を解決すべく恩沢奉行として政務を切り盛りし、この時期には実質的に幕政を一人で背負って立っていた。

これに対する平頼綱は、『系図纂要』（十九世紀中ごろ成立）に平資盛の曾孫の長崎盛綱の子とあるが、その経歴もよく分からない。ともあれ御家人ではなく、北条得宗家の家政機関職員の御内人を統括する内管領の職にあった。とくに時頼以降に得宗家が特殊な権力的地位を確立すると、御内人もそれに伴って力を伸ばした。評定衆といういわば会社の重役会議があるのに、得宗家という副社長宅の一室で得宗・内管領と一部の評定衆が寄合という秘密会議で先取りして決めてしまう。評定衆には事後報告のときもあった。そういう、御家人と御内人との間の幕政の決定権をめぐる確執である。

このそれぞれの代表者として泰盛と頼綱が争い、貞時の意を体した形で頼綱が泰盛邸を急襲して安達一族を滅ぼしてしまった、というわけである。これ以降は得宗家と内管領の専制政治となり、御家

人の力は弱まって、不満を懐く御家人たちはあらたな幕府の樹立を目指す。たしかに伯耆守護の三浦頼連、引付衆の二階堂行景・武藤景泰・大曽根宗長、小笠原家の惣領の伴野長泰、越前守護で足利家有力者の吉良満氏などが、また九州では少弐景資が殺され、このおりに全国各地で錚々たる有力な御家人たちが討たれている。室町幕府の成立に向けて、そういう大きな流れが展望されてもきた。

しかし村井章介氏著『北条時宗と蒙古襲来』（日本放送出版協会）によればそうした通説的理解とはやや異なり、御家人か得宗かではなく、将軍か執権かという政治の形が問われていたようである。泰盛は、御家人をあらたに多数作り出そうとしていた。それは、たしかにそうである。

蒙古の襲来にさきんじて、幕府は京都の朝廷より武士の動員権を授けられた。というのは、幕府はもともとみずから将軍に仕えて保護されたいと願う武士だけで構成された組織で、将軍と御家人が御恩・奉公の私的主従関係を取り結んでいる。一部地域の武士たちが集うて樹立した地域的武家政権である。だからこれに与しない・与したくないと思う武士（非御家人）もとうぜんおり、非御家人は同じく武士でも武家政権の構成員でなかった。平安時代と変わることなく、彼らは本所・領家である貴族・寺社の直接的な支配を受けてそことの上下関係を続けていた。この状態で蒙古襲来を迎えたが、こうした幕府に対策・防衛を命じれば、幕府配下の御家人しか動員できない。だが幕府はもともと東国中心の組織で、戦地となる九州地方にはほとんど御家人がいない。朝廷もまさか「派遣された鎌倉幕府の武士の奮戦を見ていればいい。おまえらは傍観していろ」とはさせられまい。そこで朝廷は、貴族・寺社支配下の武士に対し、御家人並みに幕府の軍事指揮に従わせることに同意した。これをうけて文永十一年（一二七四）十一月一日、幕府は関東御教書の形で守護に対し「国中の地頭御家人ならびに本所領家一円地の住人等をあい催し、禦戦せしむべし」（佐藤進一他編『中世法制史料集 鎌倉幕府法』／「追加法」四六三条）として、非御家人にも幕府の守護の指揮の下で戦わせるよう命じた。この幕府への服従の形は臨時のはずだったが、蒙古の襲来がいつ終わるかわからないなかでは永続的上下関係となる。だから非御家人が御家人化した、といえばそうだ。しかしさすがにそれだけでは、御家人化までしない。御家人化には、泰盛側からそうなるようにとの働きかけがあったのである。

　というのは、弘安の役後の弘安七年六月二十五日付で鎮西神領興行・名主職安堵令が出され、それによって御家人ではない九州の武士の名主職について鎌倉幕府がじかに安堵することになった。非御家人の経済的な根拠である荘官職の地位について、幕府がじかに保護・保証するというのである。それは幕府からの御恩をうけて生きることであるから、つまりは非御家人だった身分が幕府傘下の御家人と同一の待遇になるという意味である。戦いの指揮下で育まれていく支配・被支配の関係もあるが、泰盛はこの機会を捉えて幕府御家人の増強、幕府御家人への意識的な取り込みを明瞭に図っていた。

　こうして泰盛は御家人を増やしたのは、得宗家配下の陪臣で御家人でもないのに幕府内で権力を振るう御内人の力に対抗しようとした。そういうことだったのだろうか。

　いや、泰盛の策の狙いは、御内人の台頭を抑えることになかったらしい。

　泰盛の誅殺つまり霜月騒動は泰盛の子・宗景が謀反の罪で訴えられてはじまるのだが、その訴えの内容は「『宗景が謀反を起して将軍に成らんと企て、源氏に成』由訴ふ」（『保暦間記』）とある。従来藤原流としていた安達氏が、とつぜん源氏に改姓した。源氏に鞍替えして、源氏の棟梁がなるという征夷大将軍に就こうとしている、と受け取られたのである。村井氏はその臆測を捏造とは見なさず、是認している。すなわち、泰盛は皇族将軍の実質を強化して将軍に求心力を持たせた幕府体制作りを目指したが、それを諦めて身内から将軍を立てることを考えはじめていた、とされた。しかし内管領・平頼綱らにそれを見抜かれて誅殺された、ということになる。

だが平頼綱が御内人の力を伸ばすために、邪魔になる有力御家人を倒したのではないのか。前に掲げたように、たしかに霜月騒動では有力な御家人が倒されているではないか。しかし、これはおたがい様であって、じつは頼綱側にも多くの御家人が付いていたのだ。

ということはこの時期、将軍に従い将軍を頂点に置こうとする御家人グループと、御内人に従い執権・得宗家を頂点に置こうとする御家人グループの山が二つあった。御家人グループ同士の思惑の衝突であって、御内人と御家人の衝突ではない。真相は、そういうことだったようである。

私たちは、鎌倉時代といえば最初の将軍・源頼朝はともかく、その後はすべて執権・北条氏が中心になって政治が行われた。そう思ってしまっている。後鳥羽上皇も、「義時追討」を掲げていた。幕府の中心は、将軍ではなく執権だ。頼家・実朝もそうだが、摂家将軍・皇族将軍などはもちろんただの床の間の飾りである、と思う。鎌倉時代の執権は、将軍と同じと考えてよい、とさえも。だが、もしも同じだったのならば、摂関家から、また皇族から、わざわざ将軍に招くまい。どんなに執権が強い権限を持っていても、将軍を越せない。いかにしても将軍を越せないから、執権に留まっているのである。「執権を、幕府の将軍に就けよう」という声は、幕府一五〇年の歴史のなかでどこからも一度も出てきていない。この間には、大きな障壁が存在してきた。その意味を考えないと、霜月騒動の意味も誤解するし、また室町幕府を作ろうとする武士たちの行動も誤解されてしまうのではないか。

聖徳太子未来記などの予言説は、世の中をどう変えたか

聖徳太子（厩戸皇子）が「未だ来たらざる」ことつまり未来の状況を記した文を出現させる。そういう予言の書が平安後期から何回かにわたって出はじめる。その内容とは、こんなものだ。

人王八十六代のとき、東夷来たって泥王国を取る。七年丁亥の歳三月閏月有るべし。四月二十三日、西戎国より来たる。世間豊饒なるべし。賢王によって治世三十年、而して後、空より獼猴・狗、人類を喰ふべし。

とある。聖徳太子未来記の姿であるが、これは藤原定家著『明月記』嘉禄三年（一二二七）四月十二日条に「春より伝へ聞く所の太子の石の御文、今日始めて見る。末代土を掘るごとに、御記文出現す。河内国太子の御墓のほとり、堂を造立せんがために石を曳くに、瑪瑙石曳出だし畢んぬ」とある。聖徳太子らの墓を有するとの伝承をもついまの上ノ太子の叡福寺の境内から出現したもので、「末代掘るごとに」というのは、天喜二年（一〇五四）以来何度も出されてきたかららしい。

右の文では意味が取れないが、定家は、

人王八十六代の時、東夷責め来たりて傾く。七年丁亥の歳閏三月有り。其の四月十七日、西戎国来たり責むるといえども賢王の国たるべく、三十年豊饒ならん。其の後、猿猴・狗、人命を亡ぼすべし。

と読み変えている。記事の八十六代は後堀河天皇で、「東夷責め来たり」とは後鳥羽院の起こした承

四天王寺

久の乱が鎌倉幕府軍により大挙制圧されたことを指すようだが、丁亥年すなわち嘉禄三年四月二十三日に西戎が来攻するとあるのは意味不明である。過ぎてしまった承久の乱を「予言」で当てたとするのは簡単だが、未来記だから未然のこと・起きていないことに触れねばならない。そこで四月に西日本の異変を説いたが、四月が来てしまったので、定家に首をかしげられている。

聖徳太子の未来記は叡福寺で出土し、四天王寺に齎されて展観された。権威付けのためである。四天王寺は大連・物部守屋を討ったときに聖徳太子が発願した寺院で、太子に縁が深い。さらに寺の西門は阿弥陀浄土の入口となっているという信仰があって、平安時代以降には貴族などの人気がことのほか高かった。叡福寺もそれにあやかろうと、聖徳太子未来記の出現地つまり太子ゆかりの地だと喧伝しはじめた。もっとも叡福寺にある墓がほんとうに厩戸皇子夫妻と母・間人皇后の墓かどうか、確たる証拠などないのだが（小野一之氏「聖徳太子廟は誰の墓か」「歴史読本」四十一巻二十号）。

『明月記』天福七年（一二三二）十一月二十三日条には、

　近日、天王寺に、また掘出だせる新記文の披露有り。今月の内に参詣すべきの由、挙首群集すと云々。〔新記文、毎年の事か〕

とあり、新記文が出土するのは毎年のこととされ、話はいささか新鮮味に欠けそうだ。ただ記文が頻出する背景には承久の乱後の不穏な世情があり、「末代悪世武士が世になりはて」（『愚管抄』）て武士勢力が増大した。記文によって将来への不安をさらに煽り立て、「このさきどうなる」を知りたい参詣者をいや増しにしようとする画策だったともいう（和田英松氏『皇室御撰之研究』）。

そのなかで、未来記がその威力を発揮したとする伝えもある。

『太平記』（六、正成天王寺の未来記披見の事）によれば、元弘二年（一三三二）八月三日「不肖の身として、此一大事を思立て」楠木正成は四天王寺を訪れ、宿老の寺僧にある願い事を申し出る。すなわち「誠やらん、承れば、上宮太子の当初、百王治天の安危を勘て、日本一州の未来記を書置せ給て候なる。拝見若不苦候はば、今の時に当り候はん巻許、一見仕候ばや」と。すると寺僧は、『前代旧事本紀』三十巻のほかに一巻の秘書があるという。それが未来記であり、正成は「人皇九十五代に当りて、天下一乱して主安からず。此時、東魚来りて四海を呑む。日、西天に没すること三百七十余箇日。西鳥来りて東魚を食ふ。其の後海内一に帰すること三年、獼猴の如くなる者天下を掠むること三十余年。大凶変じて一元に帰すと云々」とあったのを読み解く。つまり後醍醐天皇のときに、北条高時が四海を併呑しているが、やがて西日本の勢力に滅ぼされる。日没は後醍醐天皇の隠岐配流のことで、日数からすれば、来春には還幸して帝位に戻る。「正成が勘へたる所、更に一事も違はず。是誠に大権の聖者の末代を鑑て記し置給し事なれ共、文質三統の礼変、少しも違はざりけるは、不思議なりし讖文也」つまり予見記事が事実にその通り符合している、と絶賛している。正成が後醍醐天皇のために鎌倉幕府の大軍を相手に戦うという信念は、この未来記に支えられていた、とする。

康永元年（興国三年。一三四二）三月、常陸の関城にいた北畠親房が旗幟を鮮明にしない結城親朝に宛てて送った書状にも「聖徳太子御記文の如くんば、御運を開かるべきの条、尚今年凶徒滅亡疑ひなし」とあり、北朝が滅亡すべき根拠として用いられている（林幹彌氏著『太子信仰』評論社）。

ところで、聖徳太子がなぜ未来を見通せると信じられたのか。『日本書紀』にはもとより賢明さを謳われているが、『聖徳太子伝暦』（九世紀末ごろ成立）では推古天皇二十六年（六一八）五月に「太子、大臣已下に謂ひて曰く、海表之国、軍を興し大に戦ふ。西方の大国、将に東方の小国を滅ぼさんとするも、小国待ち拒む。……大隋の運、今年盡く可くも、我国は事無し。唯挙動を聞くのみ」とし、隋の滅亡と李氏の建国を予見している。こういう類の太子伝説が、巷間に流布していたからである。

そういえば、こうした種々の未来予言説に心を動かされそうになった人もいた。

中国梁の僧・宝志（宝誌）に仮託された詩文に、「野馬台詩」がある（次頁参照）。それは十字・十二行になっており、まともには読めない判じ物だが、ある順で読めば意味をなす予言の書となる。その文中の冒頭「東方姫氏の国」は日本で、「白龍游びて水を失ひ」は称徳女帝の行状で、「黒鼠牛腸を喰らふ」の黒鼠は僧・道鏡。「黄鶏代りて人を食ひ」は酉年生まれの平将門が朱雀天皇に代わって天下を治めようとしたことだ。あるいは白龍は白壁王（光仁）天皇の意で、黄鶏も光仁天皇のことする解釈もある。ともあれ実在する人に当てて、読み解かれた。「野馬台詩」がそもそも未来記として成立していたわけでなくとも、読まれ方によって予言の書へと祀り上げられていったのである。

水	丹	腸	牛	龍	白	昌	孫	塡	谷	終	始
流	盡	鼠	喰	游	失	微	子	田	孫	臣	定
天	後	黒	食	窘	水	中	動	魚	走	君	壌
命	在	代	人	急	寄	干	戈	膾	生	周	天
公	三	鷄	黄	城	故	後	葛	翔	羽	枝	本
百	王	流	赤	土	空	東	百	世	祭	祖	宗
雄	英	畢	與	茫	爲	海	國	代	成	興	初
星	稱	竭	丘	茫	遂	姫	氏	天	終	治	功
流	犬	猿	青	中	國	司	右	工	事	法	元
飛	野	外	鐘	鼓	喧	爲	輔	翼	衡	主	建

野馬台詩（中心部の「東」から読みはじめる）

その文末の方に「百王流れて畢り竭き、猿犬英雄を称す」とある。室町時代には天皇家がちょうど一〇〇代・後小松天皇となっており、この代で天皇家が滅びるという予言にも読める。そして申年生まれの足利氏満（鎌倉公方）と戌年生まれの足利義満（将軍）が英雄として登場し、義満が国王に取って替わる。そういう予言と受け取ったというのだ（今谷明氏著『室町の王権』中公新書）。義満は親しい公家に問い合わせ、この百王説の解釈を興味深そうに聞いていたとか。日本国王への登壇という野望の粉飾に使えそうだと思ったともいえるが、おそらくは考えすぎだろう。

ただ予言の内容がいくらまやかしでも、それが行動の心を支えるなら、現実的な力をなお持ちうる。

後醍醐天皇はどうして吉野に籠もったのか

私たちは一般的に、鎌倉幕府が開かれてからは武士の時代で、それが江戸時代まで続く。建武新政や南北朝動乱は、天皇・貴族ら朝廷勢力の描いた徒花、と思っていないか。だがそれは結果を知った上で過去を振り返るからであり、その当時を生きた人々はそう思っていなかった。

後醍醐天皇は、鎌倉幕府が定めた持明院統と大覚寺統の両統が皇位に迭立（交互に即位）するという原則を不当な干渉とみなし、父権による院政も理念的に好ましくないと思った。「政治はすべて天皇が決める天皇親政こそ本来」との信念のもとに、鎌倉幕府と対峙する。そして退位せよと迫る幕府の圧力を排するため、その打倒を画策した。おりしも蒙古襲来の戦費負担や恩賞問題で信頼を失っていた幕府は動揺し、その構成員（御家人）であった足利尊氏・新田義貞らが反旗を翻したことで元弘三年（一三三三）に幕府は倒壊した。そのさい尊氏らは後醍醐天皇側につく形をとったが、天皇親政を支持していたわけでなかった。尊氏にとって幕府は必要だが、眼前の鎌倉幕府は嫌だっただけ。したがって尊氏の征夷大将軍就任・幕府再興をまったく認めない後醍醐天皇とはしょせん相容れず、建武二年（一三三五）八月尊氏は建武政権を見限って支配体制から離脱した。

同年十一月、尊氏は新田義貞誅伐を名目に反旗を翻した。京中合戦では北畠顕家の軍に逐われたものの、西走後は勢力を盛り返して湊川合戦で勝利し、光厳上皇を奉じて京都に入った。後醍醐天皇は山門（延暦寺）に逃れていたが、建武三年十月には京内・花山院に戻り、十一月には光明天皇に三種の神器を授けて譲位の形をとった。しかしその十二月とうとつに吉野に潜幸し、いわゆる南朝を開いて北朝（尊氏・室町幕府）と五十余年の抗争を続けることになる。

後醍醐天皇の当初の行在所（仮御所）は金峯山寺の僧坊だった吉水院（現在は吉水神社）だが、ついで塔頭の実城寺を金輪王寺と改めて行宮にし、後醍醐天皇没後の正平三年（一三四八）高師直の襲撃をうけて賀名生に約六年留まった。その後、後村上天皇・後亀山天皇など三帝が黒木御所（西吉野村黒渕。崇福寺跡）を行宮としたというが、あまり明瞭でない。この南奥には吉野朝が勅願寺とし楠木正行が決死の出撃を前に「返らじとかねて思へば梓弓なき数にいる名をぞとどむる」（『太平記』巻二十六・正行吉野へ参る事）と記したという扉のある如意輪寺があり、境内の本堂後方には「魂魄は常に北闕（京都の内裏）の天を望まん」（『太平記』）との遺言で北向きに葬られた後醍醐天皇陵（吉野町塔ノ尾）がある。

後醍醐天皇は北朝と対抗するにさいし、なぜ潜幸先として吉野を選んだのか。事情を記したものはなく、そう明瞭でない。古代から古人大兄皇子・大海人皇子など失意の人が一時的に身を匿してきた場所ではあるが、それを踏襲しただけでもあるまい。考えられる第一の理由は、京都にほど近いわりに戦略的に守りやすく攻めにくい場所であったからか。比叡山に逃れたのではあまりに近すぎ、早期に軍事的に決着させられる。第二に、吉野山は修験道の聖地であり、多くの修験者が出入りしている。かれらは山岳修行の場を通じ、醍醐寺など仏教寺院の系列下に組織されていた。寺院のトップは天皇や貴族たちと結びついており、そうしたかねての人間関係で金峯山寺の衆徒はこぞって後醍醐天皇一行を受け容れたのであろう。加えて、修験者を通じた情報収集と調略も期待されたに違いない。

奈良吉野金峯神社

今川了俊 30

『太平記』って、南朝側の歴史書じゃないの

『太平記』といえば、後醍醐天皇に味方し南朝側に立って戦った人たちの物語である。それは筆者一人の思い込みでなく、『角川日本史辞典　第二版』（角川書店）にも「小島法師の著というが不詳で、南朝に縁の深い僧の作に多くの人々の手が加わっている」とある。それに、話の展開もそうだ。

建武三年（一三三六）五月、京都を逐われて一時は九州まで落ちていた足利尊氏軍が盛り返し、京都に迫ってきた。後醍醐天皇は新田義貞を播磨に遣わしたが、勢いに押されて一度も戦わず、要害の地を求めて兵庫に退いた。ついで楠木正成に増援が指示されたが、正成はあえて京都を主戦場にするよう提案する。尊氏は京都に入ろうとしているのだから、義貞を京都に退かせよう。それを追って京都に入った尊氏軍を、正成軍が河内から進んで義貞軍とともに挟み撃ちにする。その間、後醍醐天皇は山門（延暦寺）に避難していてもらえばよい。「軍旅の事は兵に譲られよ」（巻十六・正成兵庫に下向の事）と献策した。しかし貴族たちは「山門に年二度も臨幸させるのは、帝位を軽んじるもの」とどうでもいいことを主張し、「後醍醐天皇の聖運は天意に適っているので敗れるはずがない」との観念論を振りかざして取り合わない。やむをえず戦死を覚悟して、正成は弟・正季とともに五〇〇騎を率いて下向した。このとき摂津の桜井で、随行・従軍しようとする十一歳の子・正行を河内に戻らせ、「金剛山の辺に引き籠って、敵寄せ来たらば命を養由の矢さきに懸けて、義を紀信が忠に比すべし。これをなんぢが第一の孝行ならんずる」（同前）つまり中国の故事を引いて主君の身代わりになって

矢を受ける覚悟を持ち、後醍醐天皇を身を賭して守るよう言い聞かせる。その場面こそが「桜井の別れ」である。そしてその直後の五月二十五日に正成は湊川の戦いで敗れ、自害したのだった。

あるいは、大塔宮護良親王の話もそうだ。後醍醐天皇の第三子で、元亨三年（一三二三）には尊雲と称して天台座主に就任した。元弘二年（一三三二）以前に還俗し、僧兵などを纏めて後醍醐天皇の起こした倒幕運動の中枢を担った。楠木正成や護良親王が挙兵したのを、鎌倉幕府は鎮められずにいた。その無力ぶりを示したことが、幕府崩壊を招く。その意味で彼らの奮戦しつづけた功績は大きく、戦後に護良親王が征夷大将軍になったのも当然であった。だが足利尊氏・直義は天皇親政を嫌い、幕府組織の再建を目指し、そのために征夷大将軍の職を奪おうと画策。尊氏は護良親王の台頭を喜ばない後醍醐天皇の妃・阿野廉子と結び、親王を讒訴。謀反の嫌疑をかけて、鎌倉に幽閉させた。建武三年七月に北条高時の子・時行が中先代の乱を起こし、鎌倉が陥落した。そのとき時行軍に応戦していた足利直義は、鎌倉を退去するときの混乱に乗じて護良親王を殺害した。直義は「なほもただ当家のために、始終仇と成らるべきは、兵部卿親王なり。この御事死刑に行ひたてまつれといふ勅許はなけれども、このついでにただ失ひたてまつらばや」（巻十三・兵部卿宮薨御の事）つまり足利家に仇をなすから天皇の許可はないが思い切って死刑にしてしまいたいと願い、部下の淵辺伊賀守（源五）を親王のいる土牢に送る。親王は「なんぢはわれを失はんとの使ひにてぞあるらん」と見破り、淵辺の刀を奪い取ろうと走り懸かった。しかし淵辺に膝を打たれ、起き上がろうとしたところをのしかかられた。そこで淵辺が首を取ろうと刀を向けたが、親王はその刀の先を口に含み、刃先を一寸ほど折った。そののち脇差しで殺されるものの、死後も刀を口にくわえ、目を見開いたまま閉じなかった、という。まさに、恨みを留める形相である。

挙げればたくさんあるが、いずれも南朝方の功臣たちの活躍が描かれている。この護良親王の最期の場面には、北朝方の理不尽な処刑とそれになんとしても抵抗する姿が活写されている。北朝方にとっては汚点であるし、敵方の涙を誘い、不当な仕打ちに対する敵討ちの気を起こさせるような描写など残させたくなかろう。そう思われるから、この書は南朝方の縁者の手になると考えられている。

それに今川了俊（貞世）の『難太平記』（一四〇二年成立。群書類従本）には「太平記に書たり……。此記の作者は、宮方深重の者にて、無案内にて押て此の如く書たるにや」（六一二頁）とあり、作者は宮方に深い縁者と推測している。同時代人の決定的な証言。そうみなしてよい、と思うところだ。

ところが松尾剛次氏著『太平記』（中公新書）によれば、北朝方の監修による書物だという。

というのも『太平記』（新潮日本古典集成本）の末尾（巻四十・細川右馬頭西国より上洛の事）は、

> ここに細川右馬頭頼之、その頃西国の成敗を司って、敵を滅ぼし人をなつけ、諸事の沙汰の途轍、少し先代貞永・貞応の旧規に相似たりと聞えけるあひだ、すなはち天下の管領職に据ゑしめ……外相・内徳げにも人の言ふに違はざりしかば、氏族もこれを重んじ、外様もかの命を背かずして中夏無為の代に成つて、めでたかりし事どもなり。（四九〇〜一頁）

とあって、細川頼之の登場で政情不穏・社会不安が解消して喜ばしいことになった、と結んでいる。たしかに南朝方に立っての叙述だったなら、「嘆かはしき事どもなり」とするはずである。

また、幕府中枢による検閲・改訂が行なわれていたことが確実である。『難太平記』によると、

> 錦小路殿（直義）の常に御物語有しは、此二ヶ度は既にはや御せむどとおぼしめし定しを、両

人の異見うしろあはせなり。きよき武者の心は同じかるべしと思ふに、此ちがひめは今に不審也と仰有し也。此事などは殊更隠れ無き間、太平記にも申入度存ずる事也。若さる御沙汰やとて今注し付くる者也。（六一五頁）

とある。建武二年に駿河の手越河原の戦い（静岡市駿河区手越原）と兵庫の魚御堂の戦い（神戸市兵庫区中之島）での細川郷房と今川範国（了俊の父）の意見がまったく反対なことを不審とし、『太平記』に申し入れたいと思う。また上位者からの「御」沙汰があるかと思うので今記しておく、としている。作者・了俊は九州探題となって南朝方の懐良親王勢力の跋扈した九州全域を短期間で制圧した室町幕府の功臣であり、駿河国守護でもある。その了俊がことさらに御沙汰と敬意をもって記す上位者とは幕府高官であろうから、幕府高官がじかに編纂・改訂を施し監修していると推測できる。

『太平記』はすでにできあがっていたわけではなく、『難太平記』などの要求を承けて、改訂・修正もしている。足利高氏（尊氏）が後醍醐天皇方にとつぜん寝返ったのは、原『太平記』では幕府軍の大将・名越高家が討たれたからとされていたようだが、了俊の指摘を承けてか、現在の書にはない。

また延元三年（暦応元年、一三三八）に奥州の北畠顕家（南朝方）が三十万を率いて京都に入ろうとしたとき、青野原の戦い（岐阜県大垣市）では土岐頼遠だけが奮戦したかのように書かれているが、父・今川範国も奮戦した。そのことは「作者尋ねざる間、又我等も注さざる間、書ざるにや」（六一八頁）とあり、幕府の作者が尋ね「我等」が書き出して編纂されていくものだったのである。

ただし松尾氏は、南朝方がやたらに活躍する『太平記』を北朝方がわざわざ編纂している理由について、その意図は南朝方の怨霊の鎮定にあるとされた。だが、その判断にはなお異論もあろう。

『太平記』にもある、読み手（書き手）の都合による歴史の改竄とは

『平家物語』には聴き手の希望や語り手の都合で、事実とは異なる脚色がいろいろこらされた。復讐をした人が諫言したことになったり、死んだ人が活躍したり……。それは22・23で述べた通りだが、それは物語だからともいえた。しかし同様なことは、『太平記』にも見られる。

たとえば、巻十「稲村ヶ崎干潟と成る事」にある稲村ヶ崎での感応伝説がそれだ。

新田氏の祖は源義家の子・義国で、足利氏の祖・義康とは兄弟であった。鎌倉幕府への支持・協力は早かったが、北条氏の姻族となっていった足利氏にはかなり待遇で水をあけられていた。そうしたこともあって、鎌倉末期に楠木正成らの反乱の討伐軍への参加を求められて出陣はしたが、千早城攻めの場から仮病を使って退去。ところが元弘三年（一三三三）得宗・北条高時が守護として支配する上野国内で戦費調達のために有徳銭を徴収しはじめると、義貞はその苛斂誅求ぶりを見かねて、徴収使を押しとどめまた斬り捨てた。ここで鎌倉幕府への反乱に踏み切ったわけで、討伐軍の北上の機先を制するために鎌倉への進撃をはじめた。足利軍も合流し、鎌倉街道を南下するなかで分倍河原（東京都府中市）で幕府軍と対峙し、これを撃破。鎌倉を攻囲したが、なかなか攻めきれなかった。というのも鎌倉は要塞都市で、切り通しは馬一頭・人一人しか通れない狭さにされ、防御に易く攻撃に困難な地形になっていた。しかも鎌倉周辺の崖も人工的に切り立ったように作為してあった。西側の極楽寺坂の切り通しを攻めあぐねていた五月二十一日夜半、義貞は海上を拝み龍神に祈り、「臣が忠

義をかんがみて、潮を万里の外に退け、道を三軍の陣に開かしめたまへ」と念じて金作りの太刀を海中に投げ入れた。すると天が感応し、「稲村ヶ崎にはかに二十余町干上が」ったという。そこで多数の軍兵が乱入し、鎌倉幕府は滅亡した。感動的な名場面である。

ところが松尾剛次氏著『太平記』（中公新書）によると、稲村ヶ崎の戦いは五月十八日のことであった。この日の軍忠状（軍功証明書）は、ほとんどが十八日に鎌倉の前浜で戦ったとしている。しかもこの夜半ならば干満が最大値になる大潮の日であり、もともと干潮時には稲村ヶ崎を人馬が廻ることができる。義貞は配下の者からの入れ知恵を採用し、演出したのだ。

ではなぜ三日もずらしているのか。それは、劇的な効果を持たせるためだったらしい。二十二日に鎌倉が陥落し、総帥の北条高時は東勝寺で自尽した。神の助けを承けて稲村ヶ崎を干上がらせたのだから、そのあとも疾風怒濤のごとくに快進撃し、相手はあっという間に滅亡しなければ。そのためには、何日もかかってはいけないから、とされる。もしかすると、十八日では自然現象を利用したにすぎなくなるので、あえて日時をずらして、神の助けならではと強調する意図があったのかもしれない。

あるいは『太平記』（新潮日本古典集成本）巻二十一「法勝寺の塔炎上の事」に、康永元年（一三四二）三月二十日のこととして法勝寺の火災が記されている。

岡崎の在家（民家）より、にはかに失火出で来たつて、やがて焼け静まりけるが、わづかなる細屑一つ、遙かに十余町を飛び去つて、法勝寺の塔の五重の上に落ち留まる。しばしが程は燈籠の火の如くにて、消えもせず燃えもせで見えけるが、寺中の僧たち身を揉うであわて迷ひけれども……さる程にこの細屑乾きたる檜皮に焼け付きて、黒煙天をこがして焼け上る。猛火雲を巻いて翻る色は非想天（無色界の第四天で、諸天中の最高の天。有頂天）の上までも上り、九輪の地に響いて落つる声は、金輪際の底までも聞えやすらんとおぞただし。

稲村ヶ崎

とある。出火した民家の火の粉が飛んで、五重塔の檜皮に燃え移った。その火はさらに風に乗って、金堂・講堂・阿弥陀堂・鐘楼・経蔵・総社宮・八足の南大門・八十六間の廻廊をも焼き払った。

この法勝寺での火事を承けて「ただ今より後いよいよ天下静かならずして、仏法も王法も有りて無きが如くにならん。公家も武家も共に衰微すべき前相を、かねてあらはすものなりと、歎かぬ人は無かりけり」とし、この火事が公家・武家の衰微する前兆とみなされ、世間の人々に悪い予感を憶えさせていたことが記されている。松尾氏によれば、公家が衰微する象徴的な出来事とはつまり後醍醐天皇の死没であったようだ。そこで、このすぐあとに「先帝崩御の事」がことさらに叙述されている、と考えられている。

というのも、後醍醐天皇の死没は『太平記』で延元二年（一三三七）八月十六日とされているものの、じつは延元三年（暦応二年）の出来事である。その一年の齟齬についてはどうでもよいのだが、問題はその配置された順番である。法勝寺の火災は王法衰微の前兆だと言いたくとも、王法を体現している後醍醐天皇の死没はほんとうはそれより四〜五年前である。それだけの年数差のあった出来事だが、前後の無理を承知でことさらに順を入れ替え、法勝寺の炎上のあとに後醍醐天皇の死没を配置した。たしかに年号を書き換えてまではいないが、この順に読ませれば、それは読者・聴衆に対して、間違えて読み取り・聞き取るよう仕向けたあらわな作為といえる。「勉強しなかったので留年することになった」というのを「留年したので勉強しなくなった」と書き直したようなものだ。

『平家物語』だけでなく『太平記』も、やはり書き手・話し手の都合で作為的に内容が書き換えられている。それを承知した上で、物語的事実と歴史的事実とを分けて読み取らなければいけない。

日記なら同時代史料・一級史料としてそのまま信用してよいか

日記はほんらいだれにも読まれることのない自分にむけた記録、自分だけが読者とされる私的独白である。編纂者の作為や世間の思惑などが入らず、信憑性・記録性が高いと思われてきた。ただし石川啄木著『ローマ字日記』では、秘め事としたい女性関係の記述をローマ字で表記している。妻・堀合節子がローマ字を読めないと思っており、その目を意識しての作為らしい。また昨今は「日記には、彼と一緒に食事したと書いておこう」とかの願望を書いて自分を慰めたり、他人に読ませて自分を正当化したいがために虚偽の事実を書き込む人もいるという。

そうはいうものの、前近代において、日記の史料価値は高い。想定される読者は自分だけであるから、虚偽の事柄をことさらに記す動機がない。さらに、ある物事の同時代にいた人の記述であるつまり同時代史であるからだ。

摂関時代に頂点を極めた人といえば、藤原道長であろう。その同時代の右大臣・藤原実資が記した日記『小右記』（大日本古記録本）には「天下□〔之カ〕地、悉く一の家の領と為り、公領は立錐の地も無き歟。悲しむ可きの世也」（万寿二年〔一〇二五〕七月十一日条）とあり、一の家つまり摂関家の道長に荘園が集中している、と批難する。この嘆きを道長への批判と聞かれたなら、激しい攻撃を受けたかもしれない。その一方で道長が娘をそれぞれ三人の天皇の后として政権基盤を盤石にしてご満悦のなかで「此世をば我世とぞ思望月の虧たる事も無と思へば」と詠んだのに対し、実資は「御歌優美也。酬答するに方無し。満座只此の御哥を誦す可し。……諸卿響応し、余言数度吟詠す。太閤和解して殊に和を責めず」（寛仁二年（一〇一八）十月十六日条）ともあり、「この世は自分の思うままの世であり、欠けるところがない」とまで誇った歌を、追従して唱和している。鼻高々で傍若無人な振る舞いを批難しもしない。抗いがたい力の差に圧倒されている光景である。また政治的地位や立場だけではわからない道長の得意満面な意識が、実感をもって伝わる記事である。

あるいは藤原定家は、源頼朝の勝利で終わる治承・寿永の乱や後鳥羽上皇の起こした承久の乱など、戦乱に明け暮れた時代を生きた。しかしその日記『明月記』（国書刊行会本）治承四年（一一八〇）九月条には、源頼朝の決起が伝えられて、平維盛が追討使として東国に下向するかとかの噂が立つなか、「世上乱逆追討耳に満つると雖も、之を注さず。紅旗征戎吾が事に非ず」と記した。これは『白氏文集』の「紅旗破賊吾が事に非ず」を援用した表現で、朝廷の深紅の御旗を押し立てて戦争するような事柄は、文芸の道に生きる自分とは関わりのない、と身を退いて眺めたものだ。時代の結節点・大事件のさなかにいた貴族が、どのような思いでその推移を眺め身を処していたか。その政治意識を窺う、恰好の資料である。

日記は、あとで思い出して書く資料とは違う。思い出して記述するのは、思い間違いはもちろんだが、それ以降に知ってしまった知識が入りまた配慮も生じて、不正確さが増す。その点、日記は、まさにそのときに知り得た知識だけで書くし、なによりその日に記された理解として貴重である。

だから、「日記は絶対的な一級史料だ」としたいのだが、かならずしもそうともいえなそうだ。室町中期の日記に、醍醐寺座主満済著『満済准后日記』と万里小路時房著『建内記』がある。

ここには、天台座主・准三后・前大僧正の青蓮院義円が還俗し、将軍・足利義教となる過程が描かれている。義円・相国寺永隆・大覚寺義昭・梶井門跡義承の四人のなかで、だれを将軍とするかが決められず、神前で臣下が籤を引くこととなった。『満済准后日記』（続群書類従本。補遺一）応永三十五年正月十八日条では、

> 管領以下諸大名、各一所に参会して、昨日神前（石清水）に於て取る所の御鬮、之を開き了んぬ。管領（畠山満家）之を開くなり。青蓮院殿たるべき由、御鬮也。諸人珍重の由、一同に之を申す。

とあって、前日に神前で引いておいた籤を一同が参会した場で開けた。義円が選ばれたのは、だれもがここではじめて知ったことになっている。管領以下諸大名だれもその結果を知らないなかで開封され、そのときの緊張感が読み取れる。しかし『建内記』（大日本古記録本）同正月十八日条では、

> 神前御棚の上に於て畠山入道（満家）之を執る。両度之を執る。青蓮院也。次で他人をして之を取ら令むるの処、又、青蓮院也。三ヶ度同前と云々。（四十二頁）

とある。これだと八幡神の前で畠山満家が開けてしまい、その場にいた他人もその抽籤結果を知っていたことになる。管領たちには、その結果だけを知らせたことになる。

どっちだって同じと思えそうだが、だれもいない神前で満家が開けたのならば、三回分全部を開けて、青蓮院だとしたのかもしれない。他人が引いても同じというのも、候補者の名が記された籤四通をすべて青蓮院としたものにすり替えた上で引かせたのかもしれない。その推測を広げていけば、満家はもともと青蓮院を推戴するつもりであって、反対勢力を抑えるためにあえてした政治工作と見なすこともできそうだ。そう思わせるほど、『建内記』は具体的で見てきたような書き方である。

しかし今谷明氏著『籤引き将軍　足利義教』（講談社）によれば、これは『満済准后日記』の記述がただしい。『建内記』のやり方では、たしかに不正をする余地がある。『満済准后日記』の記述ならばむずかしい。かりに満家が作為しようとしても、名前の書き手は満済であり、筆跡はにわかに偽造できない。一通だけ取っても、残る三通が開封されずにあることを確認するだろう。なにより満済は開封された場にいたが、時房はそこに参加していない。あきらかに満済の記事の方が信憑性が高い。

時房の記述は又聞きで、伝奏の勧修寺経興などからの伝聞情報だったらしい。

なぜ籤を三度引いた、と思われたのか。それはそうした社会通念が働いていたかららしい。『管領九代記』にも、青蓮院義円と賢王丸（足利持氏の子）の名を書いて三度籤を抽いて三度とも義円と出たと記されている。巷間では、三度ともそう出たのならそれが神意だと確信してくれた。そうした通念に合わせて、確信を持たせるために籤は三度ともそうだったという作話をして流した。その噂を拾った記事であろう。三という数への信仰は世界的な広がりがあり、中東アラビア世界でも三度の約束を取るという。三三九度もそうだが、形の三角は壊れにくい形だから、ともいう。

それにしても、もし『建内記』のみが残って『満済准后日記』が失われていたら、私たちは同時代人の記した日記だからという理由で『建内記』の記事をまるごと信用しただろう。そしてそのやり方では、畠山満家の偽計による擁立との疑いが否定できなかったろう。かりに一級史料とされる日記でも、伝聞記事はこわいのである。いかに日記でも、じかに見聞きしたものならば信用できるが、「政府公報」「記者発表」などの正式な情報源が確立していないなかでの伝聞情報は危険である。もっとも政府公報や記者発表が正しいのかと反論されれば、返す言葉もないが。

南北朝合一となったのになぜ後南朝は収まらないの

明徳三年（元中九。一三九二）閏十月に和議が成立して、南北朝は一つに統合された。であれば後南朝などできようはずもないが、そうなったのはこの和議が大ペテンだったからである。

和議を進めてきた足利義満の提案は、南朝（大覚寺統）の後亀山天皇を京都大覚寺に迎え、南朝の正統性を認め譲国の形で皇位を北朝（持明院統）の後小松天皇に譲る。今後は、後小松天皇のあとに後亀山上皇の子、そのあと後小松天皇の子が即位するいわゆる両統迭立の原則とする。そういう内容だったから、南朝側は合意した。

ところが合意は口先きだけで、応永元年（一三九四）後亀山天皇への太上天皇奉呈には「登極していない天皇への尊号は先例がない」と異議が出され、南朝天皇の正統性を否認する動きも起きた。さらに同十九年に後小松天皇が譲位すると、その子・称光天皇が践祚した。後者は、合意条件への明瞭な違反である。後亀山上皇はこれに先立って同十七年十一月吉野に赴いたものの、同二十三年九月には和解して京都に戻った。そして後亀山上皇の没後の正長元年（一四二八）七月称光天皇は嗣子がないまま死没したが、その跡継ぎもやはり持明院統の伏見宮（後花園天皇）とされ、これを不満とした大覚寺統の小倉宮（聖承）は伊勢に脱出した。伊勢の北畠満雅は小倉宮を奉じて反幕府の兵を挙げて応援したが、敗死。やむなく帰還した小倉宮は、嘉吉三年（一四四三）五月に死没した。

これでことは終熄したと思われた同九月、金蔵主・通蔵主兄弟の宮を擁した尊秀・日野有光ら数

丹生川上神社

百名が内裏を襲うという禁闕の変を起こし、後花園天皇は難を逃れたものの、三種の神器うちの剣と璽が後南朝側に奪われた。両宮や首謀者は死亡し、神剣は戻ったものの、神璽（勾玉）はしばらく行方不明となった。後南朝といわれる勢力の動きは以降も断続的に続き、文安元年（一四四四）八月、南朝の皇族・円満院宮円胤（説成親王の子か）が吉野郡北山で挙兵し、同四年十二月に鎮圧された。享徳年間（一四五二〜五）には皇族が兄弟で決起し、北山にいた一ノ宮（伝自天王）は禁闕の変で不明となった神璽を奉じ、（丹生）川上の二ノ宮（伝忠義王）とともに南朝再興を企てた。これは播磨守護・赤松満祐の遺臣たちによって長禄元年（一四五七）に鎮定され、神璽も京都に戻された。文明元年（一四六九）には、また兄弟の皇族が奥吉野と熊野で決起した。一人は後村上天皇の裔で小倉宮の子と称しており、同三年七月に応仁の乱の西軍大将・山名宗全に壺阪寺から迎えられて上洛し、東軍の後土御門天皇に対峙させられた、という。同十一年には出羽王が京都を通過して高野山に向かったとの報もあるが、その系譜関係はよくわかっていない。こうした宮たちの血脈の不明確さが、信雅王の末裔で南朝の正統天皇と自称する熊沢寛道の出現という昭和の騒動に繋がっていく。

義満の違約がそもそもの原因だが、秘密結社のような小勢力で風前の灯火だった南朝に多くを譲る必要などなく、抱き込んでしまえばあとは何とかなるとの見通しだったのだろう。南朝側も、彼我の力の差のわりに条件があまりに好いことを疑わなかったのは甘すぎた。

後南朝には違約をただす名目はあるが、それでも趨勢は決まっており、支持者は限られていた。もともとの南朝も同じだが、後南朝勢力も相手と対抗するさいに大義名分を整え飾るための材料としかならなかったようだ。

「よく知られた童話やお伽噺」は、じつはよく知られていないって

「眠れる森の美女」の話といえば、森で長い眠りについている美女・いばら姫がいた。王女誕生のときに招待されなかった仙女が恨み、その子の死を予告した。しかし招待されていた仙女は、その呪いを一〇〇年の眠りに置き換えてしまう。十五歳の誕生日に、王女は城内の古い塔にある一室で糸巻きの針（魔女の形象）を指に刺してから眠りにつき、王城・宮殿ごと壁にとまっている蝿も竈の火まで固まって眠り込んだ。そののち別の王家が支配するようになり、王城に入ってきた王子（フィリップ）は、姫の美しさに惹かれてキスする。そのときちょうど一〇〇年が過ぎ、彼女は目覚める。王子は自分の城に迎え、彼女を王妃とする。そうした玉の輿伝説というか、夢あふれた美しい恋愛物語である。しかしこれは二十世紀の冒頭に脚色された話で、本来の話とはだいぶ違う。

この話のおおもとは十四世紀ごろオリエントにあり、十七世紀にイタリアのバジーレが『ペンタメローネ』に取り込んだ。それがドイツのグリム兄弟によって「いばら姫」として採録されるのだが、その採録前の話は、フランスのシャルル・ペローによって「眠り姫〈Sleeping Beauty〉」として『昔々の物語ならびに教訓』（一六九七年）に収録されている。それには、王妃になってからさきの物語があった。出会ってから二年後、王子はいばら姫との間に朝姫・昼王子という二人の子を儲けていた。王子はその母が人喰い鬼の血を引いていたので、城に呼ぶことも、結婚したこともいわずにいた。しかし王子の父が亡くなって王位を継承したので、王子は三人を城内に招いた。そこに隣国との間に戦争

が勃発したため、王は出征。王の母は、姫と二人の王子を連れて別荘に出かけた。ここで王の母は料理長を呼び「明日の夕食には、朝姫を料理して運んでくるように」と命じた。料理長にはいたいけな姫を殺せなくて、裏庭の子羊を食膳に供した。姫は自分の家に匿った。数日後に王の母は昼王子を調理してくるように命じ、料理長はこんどは子山羊を料理した。さらに王妃をも調理するようにいわれ、こればかりはしかたないと覚悟を決め、短剣をふりかざして王妃を襲った。王妃は「殺されれば、子どものもとに行ける」といって、抵抗しようとしなかった。あわれに思った料理長はいままでの事情を話し、王妃たちと子を自分の家で再会させた。王の母には子鹿の肉を出して、ごまかした。しかし王の母は息子の帰国前にもっと人間を食べておこうと附近を物色し、王妃たちを見付けてしまった。翌朝、城の大広間に毒蛇を入れた大きな樽を持ってこさせ、三人を縛り上げたまま放り込もうとした。そこに王が凱旋帰国した。すべてを悟られた母は、「ああ！　この悔しさ、忘れまいぞ」といって樽のなかに落ちていった、という。グリムはこれを採らなかった。そのために私たちの脳裡には、「眠れる森の美女」といえば美しい出会いの部分しか印象に残らない。

それは、日本のお伽噺についてもそうだ。

「♪指に足りない一寸法師　小さい躰に大きな望み」という小学唱歌「一寸法師」（巌谷小波作詞・田村虎蔵作曲）で著名な一寸法師の話がある。この歌のおかげか、『御伽草子』という室町時代にできた書に載るいわゆる古典なのに、逆境からの立身出世の典型的な話として日本中によく知られている。とくによく知られているのは、姫を襲おうとした鬼と闘う場面だろう。声はしているが姿の見えない一寸法師だったが、鬼に見付けられて摘まれて呑み込まれてしまった。ところがその鬼の体のなかで、腰にさしていた針（一寸法師にとっては刀）で口・鼻・目・食道・胃へとあたり構わず突きまくった。その痛さに堪（た）えかね、鬼は一寸法師を吐きだして逃げてしまう。鬼の放り出していった「ほしいものを何でも出せる」という打ち出（うちで）の小槌（こづち）をふるって、一寸法師はりっぱな若者の姿になった。さらに金銀などの財宝を打ち出し、姫と仲良く暮らしていった、ということになっている。

しかし一寸法師が姫と行動をともにすることになった理由は、よく知られていない。

一寸法師は生まれたときの一寸（約三センチメートル）のままで、いっこうに大きくならなかった。そこで近所の子たちに苛（いじ）められ、大人（おとな）からも奇異な目で見られた。そのうちじつの父母からも薄気味（うすきみ）悪いとされ、「いづかたへもやらばや」（『室町時代草子集』。どこへでもやってしまいたいの意）と父母が話しているのを聞いてしまう。親にこう思われるのも残念と家出し、見返してやりたいものと京に上（のぼ）った。三条（さんじょう）で宰相殿（さいしょうどの）という人にめずらしがられ、りっぱな邸（やしき）に雇ってもらうことになった。一寸法師（十六歳）はこの家の美しい姫君（十三歳）を好きになっていて、何とかして手に入れたいと思う。そこで神前に供（そな）えてあった米粒を、眠っている姫の口のまわりに塗（ぬ）りつけた。そして泣いているところを宰相に尋（たず）ねられ、「自分の取り集めておいた米を、姫君が取って召し上がってしまわれた」と言いつけた。姫の口には米がついており、宰相は「かかる者を都に置きて何かせん、いかにも失ふべし」（このような者を都に置いてどうしようか、何とかして殺してしまおう）となり、一寸法師に殺す役を仰せつけた。継母（ままはは）だったこともあって、家の者は取り立てて引き留めない。一寸法師は「どうにでも取りはからうようにとの仰せをうけた」と姫君にいい、あなたは自分のものと宣言した。つまり一寸法師は姫君を陥（おとしい）れ、姫君の生殺与奪（せいさつよだつ）の権利を手にした狡猾（こうかつ）な男なのである。

これが「眠れる森の美女」「一寸法師」などの、ほんらいの筋書きであった。

ところで一寸法師のもう一つのテーマは、異界との接触である。彼は名の通りに一寸という極端に短い背丈しかなく、当時は差別された異形の人である。そうした見方は、親たちの会話にも窺えよう。一方の姫君は、社会の成功者として宰相の家にいる。一寸法師は、成功者側の姫君を、自分の側つまり異界へと引きずり込む。姫を手に入れるために出世するのではなく、差別される自分とおなじく社会からはずれた人にして、自分に合わせた。そしてその異界から離脱して、成功者になっていく。そういう屈折した話である。頂点にいる成功者も何らかのきっかけで異界に追い遣られるとも読め、また「白雪姫」が追い遣られて七人の小人と暮らすのも同類の話と諒解できるだろう。

童話やお伽噺は、子どもに話せるような世界じゃない。そうも思える。

そういえば、『御伽草子』の浦島太郎の話もそうだ。

二十四、五歳だった浦島太郎は、ある日亀を釣り上げたが、その亀に恩を教えて助けてやった。その数日後に亀が変身した姫に誘われて竜宮城に赴き、そこで三年ほど夫婦として暮らす。太郎が父母のいる故郷に帰りたいというので、姫（亀）は玉手箱を渡して「あひかまへてこの箱をあけさせ給ふな」つまり箱を開けちゃダメといわれた。太郎が故郷に戻ってみるとすでに七百年も経っていて、風景も人も変わっていた。愕然とした太郎は、玉手箱を開けてしまい、畳まれていた七百年の歳月が元に戻って老人になりはてた、という。ところがそのあと彼は鶴になり、仙人の棲む蓬莱島で姫と一緒に「鶴は千年」の残りの三百年を過ごす。しかし巌谷小波は「約束を守ることの大切さ」を子どもに教えるため、鶴になった話を削除した。大人のさかしらな作為が、話を破壊してしまったのである。

黄金の島ジパングの根拠は、中尊寺金色堂や金閣寺だったのか

「黄金の島、ジパング」という伝説は、世界的に著名である。十字軍がイスラム勢力の背後にキリスト教が行き渡った理想の王国があると信じていたように、黄金で作られた屋根・柱・調度品などに囲まれて暮らす人々が東の果てにいるという話は、ヨーロッパ人を東方探検に駆り立てる一つの動機となった。世界が結ばれていくには、たんなる征服欲や好奇心だけでなく、こうした途方もない大嘘の伝説が信じられていることがあり、とんでもない動機が歴史の歯車を動かしている。廉価な金属から最高の価値を持つ黄金を作り出すのが錬金術の目的だが、その虚しい努力が今日の科学のもととなっている。客観的には愚かな夢で不純な動機だが、綺麗事だけでは人の心は動かせないようだ。

では、ジパング伝説はなにがもとで、何をどう誤解すればこんなことになるのか。というのも日本がそんな伝説を生じるほどの産金国だったとは、とても思えないからだ。

著名なのは、東大寺毘盧遮那大仏の話である。大仏の全身に鍍金すべき手順だったが、肝腎の黄金が用意できない。唐・新羅・渤海などから購入するほかないと思い、石上乙麻呂を大使とする遣唐使の派遣が計画されてもいた。国内では、かつて対馬から産金の報せがあり、それを承けて大宝という年号を建てたことがある。『続日本紀』大宝元年（七〇一）三月甲午条には、「対馬嶋、金を貢ず。元を建てて大宝元年と為す」とある。中国天子の世界秩序に対抗し、それとは異なる日本天子の治政を象徴すべく建てられた元号で、日本中に使用が義務づけられた最初の画期的出来事であった。命名

された大宝とは、大いなる宝つまり黄金の意味である。ではこれが日本での最初の産金になったのかというと、そうでない。同年八月には冶金に関係していた雑戸（役所の専属民）の三田五瀬を良民にした上で、正六位上・封戸五十戸・田十町を与えた。まさに大喜びをしあったが、のちに五瀬の詐欺だと判明した。産金をひたすら期待していたことに付け込まれて詐欺にあい、糠喜びをしたという愚かで苦い思い出しかない。日本から黄金は出やしない、と諦めかけていたところだった。

そこに天平勝宝元年（七四九）二月、陸奥国小田郡から産金の報らせが届き、手はじめに九〇〇両（約三十四キログラム）が献上された。これがほんとうの産金第一号である。以降、陸奥の砂金は継続的に採取され、日本が金を産する国となったのは事実である。ただ、世界有数の産金国になっていたのかといえば、そうでもない。古代から現代までの産金量は約一〇万トンだそうだが、日本の産金量は室町後期までで推計二五五トン、江戸時代が推計一〇〇トン、明治以降が一二五〇トン。合計しても世界の産金量の一・六％にすぎない。柱や屋根に惜しげもなく黄金が使われる、金銀の豊かな国というイメージを裏付けるような資料などない。

宮崎正勝氏著『黄金の島ジパング伝説』（吉川弘文館）によれば、この風評が立ったのは、遣唐使一行や留学生・留学僧らが砂金を所持し、その砂金で売買の決済をしたため。ほかの国の人たちよりも砂金での売買決済量が目立って多かったので、日本人は砂金を多く所持し、したがって日本国は豊かな産金国だというイメージを持つこととなった、という。

『延喜式』巻三十大蔵省・入諸蕃使条には「入唐大使（絁六十疋・綿一百五十屯・布一百五十端）、副使（絁四十疋・綿一百屯・布一百端）、判官（各絁十疋・綿六十屯・布四十端）、録事（各絁六疋・綿四十屯・

布廿端）、知乗船事・訳語・請益生・主神・医師・陰陽師・画師（各絁五疋・綿四十屯・布十六端）」などとある。中国滞在中の生活費は唐側が世話してくれるはずだから、これらの日本宮廷からの下賜品をもとにして唐での遊興や物資蒐集にあたった。そのようにみえる。

しかし『続日本後紀』承和三年（八〇四）四月壬辰条によれば、遣唐大使・藤原常嗣には天皇の御衣一襲・白絹の衣服二条などとともに砂金二〇〇両（約七・五キログラム）、副使・小野篁には御衣一襲・赤絹の衣服二条とともに砂金一〇〇両が入唐前に与えられている。留学中の学生・僧侶にも、たとえば承和六年二月二十七日に円載が天台山に向かうさい、平安宮廷は「東絁三十五疋・帖綿十畳、長綿六十五屯、沙金廿五大両を賜ふて学問の料に宛つ」（『入唐求法巡礼行記』1、第五章、東洋文庫）とし、『続日本後紀』承和十一年七月癸未条には「天台請益僧円仁・留学僧円載等、久しく絶域に遊び、応に旅費に乏しかるべし。宜しく円載の傔従僧仁好の還る次でに附して、各黄金二百小両を賜ふ」とある。援助方法は、基本的に砂金を送ってやることだった。

日本人たちは、特産物や商品を持ち込んで銭貨に換えて唐の品物を買うのが基本ではなく、おもに砂金で買い漁った。もともと日本には唐で高値で売り捌けるような優秀でかつ珍異な産品がなかったのだが、唐の商人には市場内にまだめずらしかった砂金をもたらす国として記憶に残った。それが唐の商人から市場に来ていたイスラム商人に伝わり、かれらの間で「豊かな砂金を持つ」から「金で御殿を作っている国」と増幅される。その呆れるほど増幅された話が廻り廻って元王朝にいたマルコポーロの耳に入り、『東方見聞録』に記されることとなった、というわけだ。

そういわれりゃ、壁・柱が金に覆われた金閣が新築された応永四年（一三九七）は、マルコポーロのアジア旅行より一〇〇年もあとだ。できてもいないものについては、噂のしようがない。中尊寺金色堂だって、奥州藤原氏の祖霊の菩提所である。いまなら庶民にも修学旅行生にも見せるが、かつては誰もが覗けるような施設でなかった。それが、誰もが知っている有名な建築物として中国に伝えられていたはずがない。私たちは、江戸時代以来の名所巡りを経験した、現代感覚で物を見すぎている。

ところで、この話には続きがある。

黄金の島の存在をイスラム商人から伝え聞いたヨーロッパ商人が中国まで辿り着いたとき、ジパングの実態を知るイスラム商人たちはすでに中国市場から立ち退いていた。そしてなによりも、お目当ての日本が産銀国に変身し、むしろ明から金を買う国になっていた。もはや砂金をもたらす国ではなくなっていたのだ。そのなかでユーラシアの東の果てに黄金の島があるという伝説だけが、一人歩きした。ヨーロッパ商人たちは、日本が産銀国で金を買う国であるなら、日本は黄金の島ではなく、その東方にお目当ての産金国があるのだろう。話をそう聞いて、なお思いを馳せたのである。

そしてポルトガル・スペイン・オランダの各国が、日本の東の海をあてどなく探索しはじめる。ポルトガルの船乗りが悔し紛れの出任せか、「日本近海で金銀島に漂着した」というとんでもないガセネタをかまし、それが探索の意欲に火を点けた。スペインはマニラとメキシコを結ぶ航路の中継地探しを兼ねて、黄金島を北緯二十九度、銀島を北緯三十五度と定めて探索させた。またオランダも北緯三十七度半、日本の東方三四三オランダマイル付近を金銀島の所在地と断定。襟裳岬の真南で、福島県沖あたりの海域である。一六四三年、その所在確認を任務の一つとして、二隻の探査船を出させた。いまになって顧みれば欲にかられての徒労だが、それが世界の人々を結びつけていくことになった。

世界史の舞台に参加したときに贈られる最初のプレゼントは、疫病だって

松本清張著『熱い空気』では、妻に出張と称して出てきた大学教授・稲村達也と義妹・寿子が熱海の旅館で不倫の一夜を過ごす。ところが宿泊客がたまたまチフスに罹っていて、同宿者にも罹患の危険性がある。やがて二人とも発症し、その関係がばれる。そういう筋書きだった。眼に見えない病原体によって感染する病いには、たしかに恐怖心を煽られる。

天平九年（七三七）の奈良の都には、死骸が充ち満ちていた。天然痘が流行したのだ。天然痘は赤裳瘡ともいい、高熱が出て、身体の至る所に赤い斑点ができる。やがて斑点のなかに膿がたまり、それが瘡になり、瘡が取れて治癒する。しかし発熱中の死亡も多く、治っても瘡のあとが痘痕となる。流行中には造籍ができずに班田収授が一年延期され、中央政界を牛耳っていた藤原武智麻呂など不比等の四子が相次いで死亡して政界に思いがけない空白が生じた。

この流行病は、前近代には三十〜四十年ごとに周期的に流行している。淵源を辿れば、『日本書紀』欽明天皇十三年（五五二）に百済の聖明王から仏像と経論が欽明天皇に渡されて仏教が公伝した、とある。この直後に疫病が流行し、敏達天皇十四年（五八五）にも流行った。この疫病が天然痘で、仏像などを運んできた百済の役夫のだれかが日本人にうつしたのであろう。「仏教を受け容れたので国つ神が怒ったのだ。その祟りだ」として、崇仏派への攻撃には恰好の材料とされた。そして天平七年に九州ではじまった天然痘は二年後に平城京を席巻して東国に及び、列島を縦断した。その三年後の

藤原広嗣の乱で、広嗣は「時政の得失を指し、天地の災異を陳ぶ」（『続日本紀』）とし、この病いを「聖武天皇の独善的な政治姿勢を天が咎めている」と非難するさいの一つの根拠とした。

梅毒は唐瘡ともいい、中国から持ち込まれた。これは梅毒トレポネーマという細菌が惹き起こす病気で、まずは全身のリンパ節が腫れ、発熱・倦怠感・関節痛などになる。その後三年から十年で皮膚や筋肉・骨にゴム状の楊梅の実のような腫瘍ができ、腫瘍が多臓器に広がって脳・脊髄・神経系なども侵されれば麻痺性痴呆脊髄癆に至る。感染は一四九二年に西インド諸島のイスパニオラ島（ハイチ）に着いたコロンブス探検隊員がアメリカ先住民の女性からうつされ、翌年帰国するやバルセロナで流行。一四九五年にフランス軍がイタリアに進駐すると、そのスペイン人傭兵からナポリのイタリア人に伝染した。フランス病とかナポリ病とかいわれる理由である。こうして、短期間にヨーロッパ中に広まった。さらに大航海時代の勢いに押され、ポルトガルの海外進出とともに一四九八年にはインドに伝染し、さらにマレー半島を通って一五〇五年には広東で流行を見た。これが倭寇など日明間の貿易業者との接触を通じ、三條西実隆の『再昌草』（私家集大成本／中世Ⅴ上巻）には永正九年（一五一二）四月十三日「道堅法師、唐瘡をわづらふよし申たりしに、戯に／もにすむや我からかさをかくてだに　口のわろさよ世をばうらみじ」（二二一五）と記し、竹田秀慶『月海録』にも「永正九年壬申、人民多く瘡有り。浸淫瘡（搔瘡性の湿瘡のこと）に似たり。…之を唐瘡・琉球瘡と謂ふ」（富士川游著『日本醫学史』）とあって日本に上陸していた。江戸時代には江戸勤番になると罹るので、江戸患いと呼ばれた。吉原や岡場所などの遊女が多く感染しており、一八六〇年にはロシア船長は娼婦の検診を求め、一八六八年にはイギリス軍への感染を防ぐ目的で横浜に駆梅院が創設された、という。

文化・経済の交流は、政治の人為的な壁に阻まれることもある。仏教は朝鮮半島の高句麗には小獣林王二年（三七二）六月、百済に枕流王元年（三八四）九月に入っているが、日本には五三八年（五五二年説もある）まで伝えられないでいた。先進的知識を与えたくないとの国策のせいだろう。だが、ウィルスや細菌にそうした障壁は通じない。さまざまな国が世界史の一部に組み込まれたことを身をもって実感する最初は、病気への感染だったかもしれない。なんとも嬉しくない話だが……。

人の間に大流行してしまうこの病原体は、じつはもともと人が持っていたものでなかった。天然痘は、もともと牛の病気だった。牛からは、ほかに結核・ジフテリアをうつされている。麻疹は犬のジステンパーがもとで、インフルエンザは豚と鶏から、ハンセン病は水牛から貰った病気である。牛・豚・犬・鶏などは人間が飼い慣らした家畜であり、早くから人間のそばにいる。だから、彼らを家畜としていくなかで、その病気も自分のなかに取り込んだわけである。ペットブームの今日ではこうした危険性はさらに高まり、鸚哥・鳩・鸚鵡などの糞便にふくまれる病原体を吸い込めば、オウム病（呼吸困難・意識障害）にもなる。ミドリ亀など爬虫類のペットが保有していたサルモネラ菌が、胃腸炎から髄膜炎などを起こす。人との接点の少なかった動物のなかにいた病原体でも、宿主がペットとされるなかで人間世界に取り込まれ蔓延する危険性が十分ある。人が動物を身に近づければ、その動物の病原体も近づけて身に負う。狂犬病は咬まれたときの唾液からウィルス感染するので、咬まれた記憶が残る。しかし同じく咬まれても、蚊がもたらすマラリア・チクングニア熱（脳症・劇症肝炎）・ウエストナイル熱（髄膜炎・昏睡など）、蚤が媒介するペスト（黒死病）などは気付きにくい。またキタキツネや野犬などの糞便にある虫卵を口にすればエキノコックス症（多包条虫症。肝機能障害）

になり、犬・鼠の尿にある病原体に触れればレプトスピラ症（黄疸・腎機能障害）になる。

病原体を負った動物を近づけなくとも、人間の群れる習性が病菌の蔓延を促すこともある。石弘之氏・安田喜憲氏・湯浅赳男氏共著『環境と文明の世界史』（洋泉社新書）によれば、人間が森林を開発して伐り倒してしまうと、土壌侵蝕によってその土が流れ出し、下流にある港を埋めてしまう。河口にできた湿地にはマラリア蚊が発生し、港に集住している都市民にマラリアが流行する。あるいは人間の排泄した糞便が放置されると、コレラなど消化器病の原因となる。十八世紀のヨーロッパでは、糞便や大量の生ゴミが道路に投げ捨てられていた。これをアジアからきた鼠が餌にし、繁殖した。森林を開発して畑にしたので、熊鼠が住みやすい環境を提供していた。鼠は狼や猛禽類の梟などの好餌だったのだが、キリスト教では狼や梟を悪魔の使いと敵視して人間が駆逐してしまったので、鼠がのさばった。その鼠に付着していたペスト菌が人の間に大流行した、というわけだ。

前近代には有効な治療手段がなくて流行するごとに甚大な被害を被ったが、流行病というのはつねに致死率が高すぎない。ウィルスや細菌による病気がもしも死亡率一〇〇%だと、人とともに病原体が共倒れになるので流行を繰り返せない。したがって強い病原体は死滅しきるが、弱い病原体はいつまでも人間に保存される。そして免疫のない人が育ってくると、また姿を現して流行することとなる。それが周期的に流行する理由である。条件はほかにもあり、遊牧民の間には流行しづらい。数十人単位で暮らす遊牧民では、流行してもその病原体が体内で病人ごと死滅してしまう。だから定住者の多い都市が成立しないと、病原体は生き延びられない。ペスト菌は五十万人ていどの人口がないと保存されない細菌だという。疫病は、人間がみずから好んで呼び込んだ。そういうこと、のようだ。

フクロウは、東洋と西洋でどれほど評価が違っているのか

梟は、東洋であまり好まれていない。

春秋時代までの詩編を集めた『詩経』には「鴟鴞鴟鴞既にわが子を獲るわが室をやぶること勿れ」とあって、梟に自分の雛を奪われた小鳥の立場での詩詠がある。また前漢の武帝によって左遷された賈誼が詠んだ「鵩鳥の賦」という叙情詩の序には、「梟は不祥の鳥」と記されてもいる。明時代の『本草綱目』（李時珍著）には梟を嫌う理由として、「梟は成長すると、やがてその母を喰らうという悪しき習性を持った鳥である。それだから古えの人は夏至のころにこれを捕らえて磔にした。梟という字は、鳥が木の上に磔にされて懸けられている様子をあらわしたもので、梟を木の上にさらす習慣を形にしたものである」としている。人によって殺された姿がその鳥を表わす字となったとはいささか不可解で、たぶん後講釈であろう。鴟鴞も梟のことだが、鴟は闇のなかから這い出る魔性の鳥を意味し、鴞は低音の濁声と解釈されている。だが、これも字のなかに魔性の鳥という意味が籠もっているのではなく、ある時代の社会習慣を承けての付会だろう。

字の成り立ちはともかく、悪鳥・魔性の鳥と見られていたのは事実で、梟雄といえば生家や主家を踏み台にし食い物にするなど手段を選ばずにのし上がった権力者の意味である。これは、右のように梟の雛が母を食うという不孝な育ち方をするとみなされているからである。またさらし首のことを梟首と書くのも、罪深いこの鳥が木の上に磔にしてさらされている姿と似ているからという。筆者

は梟がほんとうに母を食べて育つとは寡聞にして知らないが、夜行性なので不気味に受け取られ、肉食のせいでそうした残虐なイメージが増幅されたのであろうか。

梟を嫌う習慣は東南アジアにも広まっていて、福本和夫氏著『フクロウ―私の探梟記―』（法政大学出版局）はインドネシアで梟の評価が相反したまま混合しているさまが紹介されている。市街地図には学校の印として梟のマークが使われている。これはオランダがインドネシアを三五〇年近くにわたって支配した結果、行政には支配者の感覚が優先されたからである。しかしもともとインドネシア語で梟を意味するブルン・ハンツーは、直訳すれば幽霊鳥の意味である。また現代インドネシアの教養ある若い学士でも、梟が夕方に家の周りを飛ぶと、その家に死人が出ると信じているという。それほどに、インドネシア土着の民俗意識における梟への嫌悪感は、なお根強く維持されている。

東洋では不気味とされて嫌われた梟だが、他方、古代ギリシャでは賢者、知恵の象徴であった。飯野徹雄氏著『フクロウの文化誌―イメージの変貌』（中公新書）には、その経緯が記されている。

もともと梟が単身でそうした栄光を獲得したのではなく、女神アテネのお使いとみなされたからだ。女神アテネは、もともと地母神・農業神であった。だがアテナイ市の地域守護神であるため、そこが都市国家に成長すると武神の性格を兼ねあわせ、文化が興隆すると学芸・技能の神と見なされていった。これにともなって梟は技芸・知恵をもたらす象徴的存在と目された。となれば「アテナイのフクロウ」のはずだが、巷間では「ミネルヴァのフクロウ」と呼ぶ。それは、ローマ帝国が紀元前三世紀ごろまでに北イタリアのエトルリアを併合したからだ。エトルスキ人の商工業の守護神・ミネルヴァがローマ人によって崇敬され、それがやがて支配下に入ったギリシャのアテネ神と同格となって同一視され、融合・合体していった。このためアテナイ神にほんらい従っていた梟（コキンメフクロウ）も、ミネルヴァの従者と目されるようになった。ところで、そもそも梟がなぜアテナイ神の従者となったか。それはアテナイ神がもともと農業神だったからだ。農場を荒らす野鼠・土竜などの害獣や害虫を捕食・駆除してくれる。だから益鳥とみなされた。もっとも梟だけが特別に神聖視されていたのではなく、鵞鳥や鶴などの鳥のほか、犬・鹿・蛙・亀、さらには蜜蜂までもが信仰の対象とされていた。またアテナイ宮殿には森が多くて近接しており、宮殿内にしげく梟がいたことも影響したらしい。

それならばローマ帝国内では梟が重視されてきたのかというと、そうではなかった。それは小アジアに発祥しやがてローマ帝国内を席巻したキリスト教が、梟を魔女の使いとして嫌ったからである。『旧約聖書』イザヤ書第三十四章・詩篇第一〇二篇によれば荒廃した地に棲む凶鳥とされ、レビ記第十一章には食べることを忌むべき鳥と特記されている。どうやら古代ユダヤに胚胎したきわめて根深い嫌悪感が、キリスト教に取り込まれたようである。「フクロウとパン屋の娘」という著名な寓話があり、パンを恵んでくれと頼むイエスに、母は大きな生パンの塊を窯に入れようとした。しかし吝嗇な娘は生パンを小さく千切り、窯のなかで大きくなるとさらに小さくしようとした。そのとき、娘の身体は梟の形になり、狼狽の鳴き声をあげて飛び去った、という。キリスト教の発展とともに、この偏見は帝国内からその周辺国へと広まった。中世ヨーロッパの梟は、黒猫・烏・蛇・蜥蜴・蛙・蝙蝠とともに、魔女の仕事の一部を代行する使い魔として嫌悪されたのである。

キリスト教によって貶められた梟が名誉を回復できたのは、十四世紀末からヨーロッパに起きたルネサンス（文芸復興）のお蔭である。この運動によって、ギリシャ・ローマの古典文化がとうとつに見直されることとなった。梟についてはギリシャの昔にでなく、キリスト教以前に戻った。「ミネルヴァの梟は迫り来る黄昏とともに飛び立つ」（G・W・F・ヘーゲル）という言葉は、時代の終末が迫ればあたらしい時代の幕開けにふさわしい知・思想が生み出されるという意味だが、ここでの梟の譬えは知恵の象徴として肯定的に使われている。梟は知恵と工芸の女神であるミネルヴァの使いとして復権し、ルネサンスの思想は大航海時代の船に乗せられて世界に普及していったのである。

ところで肝腎の古代日本だが、梟への偏見はもともとなかったようだ。『日本書紀』仁徳天皇元年正月己卯条に、かつて仁徳天皇が生まれたとき、産屋に木菟（梟）が入った。同じとき、重臣・武内宿禰の家の産屋にも鷦鷯（ミソサザイ）が入った。そこで両者の赤子の名を交換して、仁徳天皇が大鷦鷯皇子、武内宿禰の子を木菟宿禰と称することにした、とある。名の交換は生涯の友を契る意で、好い意味である。武内宿禰も木菟の闖入を「吉祥なり」と評している。とはいえ敵対する熊襲には八十梟帥とし、梟の字を用いてもいる。その後も中国文化の影響をつよく受けて、修辞・用字を通じて中国の悪感情に色濃く染まっていった。いまは西洋思想の導入で叡智の象徴とみなされるようになり、不苦労とか福朗とかに字を当てて吉鳥と持て囃されてもいるが、いまだ好悪は交錯しているようだ。

梟は一例だが、洋の東西で事物を見る眼・感覚には大きな差がある。海外旅行は、国や民族がいや人間が異なれば、同時代に生きていても生活慣習や感覚がいかに異なるかを学ぶ好い機会である。一方で歴史の勉強は、同じ国に生きてきた人でも時代が異なれば生活習慣や感覚がいかに異なるかを学ぶ好い機会となろう。私たちのいまの正邪・良否・好悪の感覚は、決して最良・最善でも不動でもない。絶対的正義も、不動の感覚もない。すべては、形を定めることなく流れているのかもしれない。

天皇宣旨（綸旨）の免責慣行ってな〜に

天皇の言葉は「綸言汗の如し」と例えられ、汗のように一度出たら引っ込められない。それほどに重い意味があるとされている。したがって、悔い返すこと・撤回することができない重い意味を持たせられたその言葉については、その伴う重い責任も取らなければならない。そうなると戦争をはじめると決めて詔勅を出した昭和天皇も、その命令責任を問われておかしくない。それなのに辛い戦中・戦後を生きてきた父・聰は「天皇はかわいそう」で済ませていたが、筆者にはその免責の表現が何とも不思議に感じられたものだった。

というのも鎌倉初期の文治元年（一一八五）十一月上旬、源頼朝の代官・北条時政らは治天の君と称され現実の皇権を握る後白河院を激しく詰った。理由は、頼朝と対立して京都にいた源義経が「大功ある者や無辜の叔父を誅殺しようとする頼朝を追討する宣旨を賜りたい」と奏聞すると、これに応えて十月十八日源義経に「偏に武威を耀かし、已に朝憲を忘」れた頼朝を征伐するよう命じたからだ。十一月三日にはその政治的・経済的な行動の裏付けとして、義経を九州の、源行家を四国の地頭に任命している。地頭として武士を動員し、段別五升の兵粮米を財源とせよ、という意味だ。追討令の発布を知った頼朝軍が上洛をはじめると、義経はこれを邀え撃とうにも二〇〇騎ほどしか同調者を集められず、京都を離れて身を隠すこととなった。後白河院は「宣下無くば宮中に参じて自殺す可きの由言上するの間、当時の難を避けんが為、一旦勅許有るに似たりと雖も、曾て叡慮の與る所に非ず」すなわち大事にならぬようその場を凌ぐための勅許で院の意思ではないと弁明したが、頼朝は「行家・義経謀反の事、天魔の所為たるの由、仰下さる。甚だ謂無き事に候。……頼朝数多の朝敵を降伏せしめ、世務を君に任せ奉るの忠、何ぞ忽ち変じ、指せる叡慮に非ずして、院宣を下されんや」（『吾妻鏡』文治元年十一月十五日条）といい、追討の院宣を出した後白河院の責任を問うた。すると今度は向きが正反対となり、義経を追討せよとの院宣が頼朝に出される。政治的信念があるのか。後白河院のこうした無節操な変節ぶりを、頼朝は「日本第一の大天狗」と表現した。こんな二枚舌は、上に立つ者がやることでない。そう思うから、臣下の分を超えて激怒し、難詰しているのである。

承久三年（一二二一）五月の承久の乱のさいには、現実的な責任が問われている。「十四日午刻、按察使・光親卿に勅して、右京兆（北条義時）追討の宣旨を、五畿七道に下さるるの由と云々」（『吾妻鏡』）とあり、後鳥羽院の院宣によって戦いがはじまった。内訌中の鎌倉幕府は北条派と反北条派に分かれ、開いている花も落ち枯木に花も咲くといわれた宣旨の絶大な効力により反北条派が義時を追討して院のもとに首を届ける。そうなると思っていた。院のもとには西国中心に二万騎が馳せ参じたが、幕府側は組織維持の一点では結束を保った。そして木曽川や宇治川の防御線を圧倒的な兵力差で押し潰し、十九万騎（『吾妻鏡』）の兵力が京都に攻め上った、という。京都に乱入した幕府軍は貴族の邸や寺社などの隅々まで捜索の手を入れ、やがて上皇らを逮捕。後鳥羽院は義時追討の宣旨を取り消して「今度の合戦は叡慮より起らず、謀臣等の申行ふ所なり」と弁明し、一転して藤原秀康・三浦胤義の追捕を命じた。そして「今に於ては、申請に任せて宣下せらる可し」（六月十日条）つまり以後は幕府の意向通りにすると北条泰時に申し入れた。しかし幕府側からは厳罰が科せられ、後鳥羽院・順徳院・土御門院は隠岐・佐渡・土佐に配流。仲恭天皇（九条廃帝）も退位し、責任を取る形になった。宣旨を出した責任は重く深く追及される、という認識が生きているからである。

ところが戦国時代になると、この考えは明らかに転換されている。天皇は、宣旨の発行責任を取らない。今谷明氏著『信長と天皇』（講談社新書）によると、元亀元年（一五七〇）十二月、織田信長は越前朝倉義景・近江浅井長政・三好三人衆・比叡山延暦寺（山門）・本願寺（一向一揆）らに取り囲まれ、進退窮まった。そこで足利義昭を通じ、正親町天皇に勅命での講和を依頼した。天皇はそれまで信長側に立って朝倉征伐などの綸旨を発していたが、一転して中立の仲介者として朝倉らとの戦闘行為を停止させるよう動いた。天皇の調停が功を奏して「江濃越一和」がなり、信長は包囲網をかいくぐって生還できた。従来の経緯を見れば天皇は信長軍の一部分とみなされておかしくなく、どうみても公正な第三者でない。朝倉への矛盾する対応も、ここでは一切問題になっていない。あるいは天正元年（一五七三）七月に足利義昭が信長によって京都から排除されたとき、彼を征夷大将軍にしていた天皇の任命責任も問題にならず、また天皇から任じられた将軍を追放した信長の責任も問われていない。天皇は前言との矛盾・齟齬を問われず、新権力者を征夷大将軍にする。それだけである。

こうした天皇の言行のありようは、明応二年（一四九三）四月からのことらしい。

この年細川政元は将軍の後嗣に堀越公方足利政知の子・清晃（のちの義澄）を擁してクーデタを起こし、将軍・足利義材（義稙・義尹ともいう）を廃立・幽閉した（明応の政変）。後土御門天皇はこの事態に激怒して退位しようとしたが、権大納言甘露寺親長が「所詮代々武家申すの旨、変転の儀ありと雖も、只申す旨に任さるるの条、古来の事也。追て叡慮の……出さる可きの条然る可の由申し了ぬ」

（『親長卿記』明応二年四月二十三日条、史料大成本）として、武家から云ってくることが変転しても、それは追認すればよいと説得し、退位を思い止まらせた。つまり天皇は時の権力者に操られるがままに動くべきだ、というのだ。古来とはいえないが、この時点ではこのルールが権力機構のなかつまり朝廷と武家の間では暗黙裡に承認されていた。だからこそ、こうした慰留・諫言が成り立っている。

文亀元年（一五〇一）前将軍・義稙を保護している中国地方の守護大名・大内義興に対して、後柏原天皇は細川政元に強要されて追討の綸旨を発した。だが永正五年（一五〇八）義興が新将軍として義尹を擁して上京すると、これを受け容れた。綸旨によれば義興は追討すべき朝敵のはずだが、軍事力で現実に入京されてしまえば何も問わない。また義興も、追討の綸旨を出し、将軍の廃立を認めた責任など問わない。それが朝廷・幕府のルールになっている。今谷氏は「戦国時代には、武家による天皇の利用について、結果は免責されるというルールが確立した」とし、前言を翻してもそれ以前の命令責任を問われず関係者の退位・辞任の必要がないので「将軍が京都を逃亡しても、天皇は内裏から絶対に動かなくなった」（九六〜七頁）という。天皇は擁立する武士によって左右されるが、擁立した者の都合で出した綸旨の政治責任は負わない。だから安徳天皇と平宗盛のように、擁立する武家勢力と一体となって運命をともにしたりしない。免責が決まっているから、内裏にいるままで済ませる。

こうした世間の慣習が確立していたからこそ、太平洋戦争の開戦の詔勅を出した天皇の戦争責任については免責された。国民的にはそうした理解もできそうで、父の発想もそうした国内に広くあった合意を背景にした思いだったかもしれない。ただそれは日本国内での諒解事項であっても、その感覚・理屈をアメリカ人や連合国の幹部に解らせるのは至難の技であろうが。

中世に頻発する湯起請は、盟神探湯の復活なのか

室町中期、第六代将軍・足利義教は湯起請による決裁を頻発させた。

たとえば伏見宮貞成親王著『看聞御記』(続群書類従本) 永享三年 (一四三一) 七月六日条には、

> 抑も聞く、米商売之者六人、侍所召し捕へ糾問す。湯起請を書かせらると云々。此の事此の間 (去月以来) 洛中辺土飢饉にて、忽ち餓死に及ぶと云々。是れ米商人の所行也。露顕之間、張本六人・余党数十人召し捕へらる。厳密の沙汰と云々。

とあり、六月以来の京都とその周辺で餓死が続いた。その原因は飢饉でなく、米商人の買い占めのせいだとして、おもだった米商人が逮捕された。その十日条には、「米商人張本六人、侍所召捕り糺明す。湯起請を書かせらる。皆其の失あり。糺問之間、白状す」とし、その供述内容は、「諸国の米運送之通路を塞ぐ。是れ所持之米を沽却せんが為也。又、飢渇祭三ヶ度行ふと云々」とあり、諸国から京都に米が入るのを抑え、値段が高騰したところで自分の所持米を売り払った。京都の人たちが飢渇することを祈りまた米価が高騰することを予祝して、飢渇祭まで執行した、という。これには京都の町政を管轄する所司代も結託して甘い汁を啜っていたらしく、

> 与党商人もみな召し捕へらる。張本六人籠舎せられ、斬らるべしと云々。所司代この事によりて面目を失ひ、職を辞退すと云々。

とある。「面目を失」ってとはあるが、職務怠慢の科でなく、関係者として辞職させられたのである。

今谷明氏著『籤引き将軍　足利義教』（講談社）によると、これには前段階があった。

> 洛中の米商売の事、近日以ての外の雅（我）意に任せ、商人等其の沙汰を致すの間、御法を置かれ、古米六升・新米八升売る可きの由、仰せ出され了んぬ。……翌日より、商人悉く商売を止む。口々より入洛の商米を追ひ帰し了んぬ。（『満済准后日記』永享三年七月八日条、続群書類従本）

とあり、満済のもとに評定衆の摂津満親や右筆方五名の報告が届いている。それによれば、京内の米商人が身勝手な商いをするので、幕府は古米三と新米四の比率で混合して安く売るよう命じた。しかし商人たちは初日こそ従ったものの、二日目からは商売を停止して抵抗し、京内に米が入らないようにした、というのだ。飢饉を米価高騰の好機と見、さらに流入量を抑え、閉店で抵抗して幕府を黙らせようとしたのである。これに対して幕府は、商人たちを侍所に拘禁して調査した。「商人等申す旨、口々の米追帰す儀は曽て存知せずと云々」と不知を切ったので、亭子院で湯起請をとった。その結果は「大略は手共焼くと云々。然るに米商人の首領は四人歟候」つまりみな手を焼け爛れさせたので有罪となり、その火傷の具合から首領は四人と見なされたようである。

事件の概要はそうだが、この決定的証拠、裁きの根拠は湯起請の結果である。「みなその失あり」と出たからであり、四人が首領とされたのも爛れ方の違いであろう。ではその湯起請とは何か。

やり方はこうだ。神前や社頭に、原告・被告または容疑者などを招き入れる。刑事雑務を行なう人たちつまり判断する人たちが着座し、彼らの見守るなかで、巫女・陰陽師などがその場所を祓い浄める。ついで、大きな釜に水を入れて、沸騰させる。正邪・当否の判断だけなら一人だろうが、係争事件の場合は関係者が複数なので、ここで執行順を抽籤で決めておく。取り手となった者は起請文を書いて焼き、その灰を溶かした水を呑んだあと、熱湯のなかの石を取る。そのあと三日間留め置かれ、手の火傷の状態が検査されて判断が下された。二者間での係争は、両方とも失ならば物件を没収。また両者に失無しと見られるなら、中分つまり折半としたそうだ。

このやり方は、どこかで聞いたような気がしないか。そう、これは古代の盟神探湯と同じだ。発言の正邪が判らないとき、二者の主張の真偽が人間に見極められないとき、ただしい人は神に守られるとの信念のもとに、神の意思が反映されると思える行為をしてみる。すなわち熱湯に手を入れたら、とうぜん火傷を負って爛れる。しかし神が守ってくれるなら、ふつうには起こらない特異な現象つまりふしぎなことに火傷をしないという結果で神意が示されよう。まさに神意裁判、神裁である。

なぜこの時代に、古代の神意裁判がまた出現するのか。文献的には、継体天皇二十四年（五三〇）九月に近江毛野が加羅で頻発させすぎて批難を浴びたとの記事が最後で、それから途絶えている。律令国家は神裁を認めておらず、奈良・平安時代には神の意思を反映させるような規定すらなかったのに。

今谷氏は、足利義持執政期には晩年の応永三十二年（一四二九）八月二十四日条（『看聞御記』）に一件見られるだけなのに、義教は永享三年以降頻発させている。とくにまだ取り調べの方法や余地があろうのに、あえて湯起請を行なうよう訴訟指揮をしている、という。七例ほど挙がっているが、そのうちの『看聞御記』永享八年三月二十二日条の例では、

（近江）山前観音寺山相論の事、今朝奉行（飯尾肥前）伺ひ申すの処、両方湯起請を書かしめ、其の失に依りて落居す可きの由、仰せ出さると云々。

とあり、境相論では吟味を徹底させることなく、湯起請で決着させることになった。それは幕府の

方針となり、『建武以来追加』(『中世法制史料集』二、室町幕府法)永享十一年六月八日付けで、

一、常在光寺と朝倉六郎繁清・楢葉近江守満清と相論す近江国田上内堺湯起請の失の事

右、湯起請の失之浅深は、牓示姧曲之多少による者歟。(下略)(二七七頁)

とし、両者に失が出ても、湯起請の結果を反映させて判断するように決められている。ほかの六例も、幕吏を派遣するなら調べ直させてもよいのに、ただちに湯起請を取るように指示している。そうまで義教が湯起請に重きを置きまたこだわるのは、彼が神前での籤引きで将軍職に選ばれたことが関係している。神によって選ばれた将軍だから、神の決裁を重視した、という結論となるようだ。

盟神探湯の復活は、「蒙昧時代に於ける人類共通の制度」であったが、仏教の勃興とともに神秘主義の悪弊とみなされ、それが九〇〇年間醸成されて室町時代に噴き出した、との見解もある(中田薫氏)。しかし『日本霊異記』『今昔物語集』などの民間伝承を採録した書物や東寺の荘園関係の記録類にも見られないことから、古代的な神裁はいちおう跡を絶っていたとするのが大方の見方のようだ。

とはいえ『日本霊異記』『今昔物語集』は仏教説話集で、神意裁判を認めない立場だから、採られなくてとうぜん。他方鎌倉幕府法は、証人・証文を精査検討した上、決着できなければ起請文を取るとの判定方法をもともと認めている(『中世法制史料集』一、鎌倉幕府法二九四/建長五年十月一日付など)。参籠起請といい、一定の籠居期間中に起こる失を神意と判断する。これでは長くかかるが、湯起請はすぐ決着を見る簡易版である。武家法の基礎は在地の習いに根ざしたものだったから、一般の風習として温存され、室町時代に在地の風習として表出したとする蓋然性はなおあろう。

大和の支配権はどうして興福寺から筒井に移っていったのか

平安中期以降中世まで、大和は興福寺の一円支配地といってよかった。興福寺・春日大社を氏寺・氏神とする藤原氏が知行国主となり、中世には興福寺が守護を事実上兼ねていた。興福寺は堂塔の建立を進めながら、ひときわ多くの所領寄進を受け続けた。これにより奈良盆地の多くの公領・荘園が興福寺に寄せられ、延久二年（一〇七〇）には一五〇余箇所の雑役免の荘園が登録されている。

この興福寺の庶務を手がけたのが衆徒（大衆）である。寺には院家という寺院内寺院が数多くあり、それらが寺内での発言力を強めようと衆徒を奪い合ったので、衆徒の地位が向上した。また大規模になりすぎた寺の運営に衆徒の力は必要で、相まって彼らの発言力はしだいに大きくなった。衆徒は僧体だが、在地の名主ら国民（国人）を春日神人などに組織しながら在地武士と化していった。鎌倉末期には筒井（戌亥脇党）・越智（散在党）・十市（長谷川党）・箸尾（長川党）・平田党・楢原（南党）・山内党などがグループをなしていた。

南北朝時代には興福寺大乗院は北朝、一乗院は南朝に味方し、北朝方に筒井、南朝方に越智・箸尾がついて戦った。応永二年（一四一四）には衆徒二十六人・国民（国人）二十七人が将軍・足利義持から私戦を禁じられているが、ということはつまり彼らが大和の代表的武力だったわけである。応仁の乱でも国内は二手に分かれ、筒井を軸に箸尾・成身院・布施・十市・楢原らが東軍に、西軍には越智を軸に吐田・曽我高田・古市らが属したが、双方に気のない戦闘に終始した。その後、細川政元や河内守護の畠山基家と結んだ越智家栄・古市澄胤が足利義澄を将軍に立てることに成功して、幕府に出仕。筒井もそれに続いた。しかし古市氏の優位を嫌った国衆は反古市で一揆を形成し、古市と組んだ細川政元の配下・赤沢朝経の大和侵攻を阻むため永正二年（一五〇六）には春日社頭で盟約をなした。ただその結束も畠山家の内紛に巻き込まれて瓦解し、享禄年間（一五二八〜三二）には柳本賢治や赤沢幸純など他国衆が侵攻し、これによって寺の権威が地に墜ちた。侵攻したよそ者たちは、興福寺にどれほどの権威も感じなかったし遠慮しなかったからだ。天文五年（一五三六）河内守護・畠山氏配下の木沢長政が信貴山、翌年二上山に築城。長政が戦死すると官符衆徒棟梁の地位にあった筒井順昭が優勢となり、簀川・越智・十市・箸尾を圧倒して一国支配がなりそうだった。しかし天文十九年に順昭は病没。永禄二年（一五五九）三好長慶配下の松永久秀が信貴山城を改修して本拠地とし、ついで奈良北郊に多聞城を築いて北大和の支配を企てた。これへの対応をめぐって国衆は分裂し、古市・箸尾・十市などは久秀の麾下に入り、筒井・越智・片岡らは同じく三好長慶の旧配下だった三好三人衆と結んだ。順昭の子・順慶は幼くて堺まで逐われたが、成人後は三好三人衆をバックに久秀と戦い、戦局はしだいに有利となった。ところが久秀は上洛してきた織田信長の軍門に降り、その部下として永禄十一年（一五六八）大和の支配権を認められたので、順慶は信長を敵に回す形となった。形勢不利となったが、元亀二年（一五七一）久秀は将軍・足利義昭の画策した武田・本願寺らの反信長包囲網に加わって、信長と反目。この機に、順慶は明智光秀を通じて信長に取り入った。順慶は辰市の戦いで久秀に勝ち、天正五年（一五七七）織田軍とともに信貴山城に久秀を滅ぼした。天正四年、順慶は信長から守護の地位を認められ、悲願の大和統一を果たした。

興福寺東金堂（手前）と五重塔（奥）

足利義昭の京都追放は幕府滅亡の画期となりうるか

天正元年（一五七三）織田信長は、権力の回復を目指して対立していた十五代将軍・足利義昭を京都から追放し、「ここに室町幕府は名実ともに滅亡した」。『詳説日本史 改訂版』（山川出版社）は、そう書いている。

ことの成り行きは、こうだった。兄・足利義輝が第十四代将軍だったのだが、永禄八年（一五六五）三好三人衆に謀殺されてしまった。このために、出家して興福寺一乗院に入っていた義昭が一転して脚光を浴びた。いや、脚光といっては誤解される。将軍に就かせないように策が巡らされ、一乗院に幽閉されてしまった。とりあえず脱出して近江の和田惟政の館に入り、若狭の武田氏や越前の朝倉氏のもとを転々とした。しかしだれも自分を将軍にすべく上洛しようとしないので、痺れを切らして尾張・美濃に台頭してきた織田信長に期待を寄せた。期待通り、永禄十一年九月に信長は義昭を奉じて入京し、十月には十五代将軍に就けてくれた。ともあれ、これで室町幕府は再興した。

しかしここから、義昭と信長の思惑の違いが鮮明になっていく。

義昭は周防の毛利氏と豊後の大友氏との間を取り持ち、越後の上杉氏と甲斐の武田氏との和平工作を進めるなど、将軍として国内静謐に向けた役割を果たしはじめた。信長には副将軍や管領などの職を打診し、臣下として組み込もうとしていた。

これに対して信長は将軍を擁立しただけで、ただの傀儡政権として操るつもりでいた。義昭に自在に権力を奮われては困るし、臣下として将軍を支えるつもりなど毛頭なかった。ここに両者の確執がはじまった。

永禄十二年一月に信長は「殿中の掟」を定めて義昭を牽制し、元亀元年（一五七〇）一月にも条書を突き付けて、重要な政治事項は信長が行なうことを承知させた。さらに元亀三年九月には「異見十七箇条」を提示して、義昭の政治的行動を繰り返し抑止しようと図った。これに対して義昭は反旗を翻し、武田信玄・上杉謙信・朝倉義景・浅井長政・石山本願寺（顕如）などに呼びかけて反信長包囲網を構築した。元亀三年十月に武田信玄が三河・遠江に侵攻すると、これに合わせて天正元年二月に挙兵した。しかし武田軍は信玄の病没で進行が止まっており、義昭は四月に正親町天皇の斡旋で和平を結んだ。それでも、七月に槇島城（京都府宇治市）に立て籠もってふたたび挙兵したが、わずか十七日しか持ちこたえられずに降伏した。このときは実子・義尋を人質として差し出し、みずからは顕如の斡旋を受けて三好義継のいる河内国若江城（大阪府東大阪市）に退去した。これによって義昭は京都から追放され、室町幕府は滅亡した、というわけである。

義昭は、たしかに京都からは出た。そしてこのさき京都において、将軍として命令を出すことはなかった。それは事実である。だが京都でなければ、将軍としてなお命令を発していた。相変わらず室町幕府の十五代将軍として振る舞っており、周囲の人たちも将軍と認めていた。それでも京都に居なければ、室町将軍と認められず、幕府は滅亡してしまったことになるのだろうか。「京都の町は　それほどいいの♪」（作詞・脇田なおみ／作曲・藤田哲朗）か。

渡邊大門氏著『戦国の交渉人』（洋泉社歴史新書）によれば、そのあとはこうだ。

毛利氏は義昭の思惑とは異なり、信長との対決を避けようとしていた。そこで天正二年十二月に毛利氏が信長と義昭の和平を仲介したが、成立しなかった。義昭は紀伊・由良の興国寺に転居した。おりしも、同盟関係にあった浦上宗景と宇喜多直家が決裂し、毛利についていた宇喜多に対抗して、浦上は織田についた。また尼子氏への支援を疑っていたこともあって、毛利輝元は信長と反目する状態になった。

そこに義昭が紀伊から移ってきて、天正四年に備後の鞆に入った。義昭は毛利輝元を副将軍に任命し、幕府の体裁を整えはじめた。もちろん毛利本家と小早川・吉川が主力だが、毛氈鞍覆・白傘袋などの使用を毛利家の家臣たちにも許し、守護・御供衆クラスの待遇を与えた。地方領主たちを奉公衆に組み込み、武田信景・六角義堯・北畠具親などの元守護らを家臣に連ねさせた。経済的には、備後国沼隈郡に昌山様領として一三五〇石の料地が毛利氏から与えられ、周防・長門国内の鞆夫という夫役が使用でき、あとは地方領主などからの献金で賄っていた。

もとより地方政権であり、しかも命令してもそれだけの実行力はなかった。とはいえ紀伊の湯河氏をはじめ、石山本願寺・越後の上杉謙信・甲斐の武田氏のほか、遠くは相模の北条氏や薩摩の島津にも精力的に働きかけ、信長打倒を執拗に策した。毛利氏も中国地方に伸びてくる信長軍の勢いを止められず、このさい義昭を奉じた堅い包囲網によって信長の動きを牽制するほかなくなっていた。天正五年には毛利が信長攻撃を開始し、謙信もこれに呼応して、包囲網が功を奏するかのように思えた。しかし謙信が病没し、天正八年に石山本願寺までが信長に屈して大坂を退去すると、義昭には期待をかけられる相手がいなくなった。天正十年の本能寺の変後には毛利氏に画策を勧め、翌年の賤ヶ岳の戦いでも毛利氏を動かそうとしたが、いずれも失敗した。天正十三年には豊臣秀吉を義昭の猶子とし、将軍を譲るよう依頼される始末だった。結局天正十六年には入京して槇島に住み、出家して昌山道休と称していた。

以上の経緯からすれば、京都を逐われたあとは地方政権であって、将軍として命令しても実行力がなかった。つまり幕府としての意味がないということで、京都からの追放が幕府の滅亡でもあったと認めてよさそうだ。だが、やはり何かおかしい。京都を逐われたあとは地方政権というが、もともと京都にあっても「京都地方」の政権ではなかったか。それとも京都にいれば、地方政権ではないのか。命令に実行力がないというのも、別に指標とはならない。もともと応仁の乱以降、将軍の命令には実行力がなかったろう。また、これを逐った方の信長から見ても、将軍を追い出して京都を独り占めにしたら、その日から信長が天下に命令できるようになったのか。彼も「京都地方」の一地方政権ではないか。天皇の命令を意を体して頒下したとしても、それを実行させる力などなかった。逐われた方も逐った方も、何ほども影響を受けない出来事だった。つまりそれほど分権化していて、京都の政権のありようなど、どうでもよかったのである。

道中双六ではあるまいし、みんなが京都に上がることだけを夢見ていたわけではない。京都に上がりさえすれば、天下に命令ができる。そんなことは、なかった。京都のどこかに、そこに入りさえすれば全国に命令できるような魔法のホットラインがひかれた場所がある。そんなわけがないのだから。

その意味で考えるなら、室町幕府の滅亡は、幕府に取って替わる全国政権が出来上がったとき。つまり秀吉が政権を樹立したときとした方がよいのではなかろうか。

本能寺の変の裏に黒幕はいるのか

本能寺の変といえば、誰でも知っている日本史上の大事件である。

天正十年（一五八二）六月二日の未明、京都・本能寺に宿泊していた織田信長を、その臣下である明智光秀が襲撃して殺害した。「天下布武」を標榜し、あと少しのところで全国統一を成し遂げようとしていたが、信長はその壮途をとうとつに遮られた。天下統一という偉業は、豊臣秀吉・徳川家康にその功を奪われることとなった。これだけの大事件だというのに、事件を起こした理由も、その反乱計画も、まだほとんど明らかにできていない。それが現状である。

光秀は、信長からうけたさまざまな仕打ちに恨みを懐き、復讐として謀反に踏み切った。そう理解するのは難しくない。しかしどんな社会でも恨みを懐く人は多い。殺してやりたいほど憎んだとしても、だからといってじっさいに人殺しする人など滅多にいない。今日は会社に行きたくないと思ったとしても、だから行かなかったという人はほとんどいない。だから世の中は平穏裡に過ぎ、社会が成り立っているのだ。信長の酷薄と評される性格なら、敵からはもちろん、味方のなかからも恨みを買うことが多かったろう。それなのに、なぜ彼だけが謀反するのか。いや、なぜ彼しか謀反しないのか。恨みの内容は、徳川家康の接待での不首尾、長く自領としてきた丹波召し上げの危惧、対長宗我部工作の唐突な転換などがあげられるが、かりにそうだったとしても、それは「だから謀反に訴えなければならない」と思わせるに十分な理由なのか。

天下取りの野望はだれでも持っていた。下克上の風潮が蔓延していた世の中なのだから、謀反しても不思議でない。それはそうであろうとも。しかし天下取りを夢とするのならば、醒めずに夢を見続けられるような政権の維持計画を描いていよう。羽柴秀吉が大軍を率い、備中からはやばやと大返ししてきた。だから彼の計画が狂ったのは事実だ。だが天下取りが「かねての計画」だったなら、書簡を送って味方を糾合したのに、姻戚にあたる細川も筒井も、なぜほとんどだれも駆けつけようとしないのか。反乱計画はだれとも相談しないで、秘中の秘としておいたのか。それならばたしかに事前の機密保持は万全だが、「天下取りが計画できていた」とはいえまい。もちろんだれかに下相談をすれば、機密はどこかから洩れる。たとえば連携相手となってくれそうな武将がいたとして、その武将が承諾しても、その部下までついてくるかどうか。それを事前に打診した段階で、反対も起こりうる。反対派の部下からは、信長にじかに密告される危険性がある。だれもとはいわないが、弱小な勢力が巨大・強大な権力に刃向かっていくより、みずからの延命・一門の繁栄を巨大・強大な権力に託すことを安全と考える。いくら主従関係下でも、絶対的拘束力はない。利害関係が優先すると思う部下もいる。報酬の高い無謀な計画に荷担するより、安全性と可能性の高い方を選ぶ。つまり密告し、一身および一族の行く末と身の安全を考えた方がいい。そう思う人の多様な動きまで、自在に止められはすまい。それが怖ければ政権構想は持てないが、つまりそういう人には謀反ができないのだ。

光秀は表に立っているが、陰に黒幕がいて操っていた。そういう陰謀説もある。

鈴木眞哉氏・藤本正行氏共著『信長は謀略で殺されたのか』(洋泉社)によれば、その謀略の黒幕としては足利義昭・イエズス会・羽柴秀吉・徳川家康・毛利輝元・長宗我部元親・本願寺(教如)・

高野山・堺の商人・朝廷（正親町天皇）などの名があがっているそうだ。

しかしイエズス会・本願寺でも味方を得るためならその名を出すかと思うが、正親町天皇や将軍・足利義昭が黒幕だったのなら、信長を倒したあとの明智軍への勧誘にこの切り札を使わないはずがない。ところが現実には六月九日付の細川藤孝（幽斎。丹後宮津城主）宛て書簡で、「自分が予想外のことをしたのは、忠興（藤孝の子）などを取り立てるためだ」というのみである。こんな見え透いた小さな嘘よりも、相談ができているならまたその人の指示によって動いたのなら、自分の背後に頼りになる大きな勢力があるから、早く自分に味方した方が得だ、と説得すべきでないか。秀吉は摂津茨木城主・中川清秀に「信長父子は生きている」と書き送り、自分の後楯になる勢力が大きいと虚勢を張っている。それは嘘だが、効果があると思うから嘘をつく。ましてその話が本当ならば、光秀はその黒幕の名を出せば、あるいは包囲網がすでにできているのなら計画の一端でも示せば、諸将を呼び寄せるのに絶大な効果があるはずだ。たとえば「毛利軍が、長宗我部軍が、本願寺と一向一揆勢力が、あるいはイエズス会の指揮でキリシタン大名が京都に向かっている。すでに出動命令が出ている」といわれればそれだけで諸将の心は揺らぎ、強い背景がいると思って光秀側に付くこともある。それなのに、なぜそういわないのか。「それは黒幕がいないからだ」といわれれば、返す言葉がなかろう。

しかも鈴木氏・藤本氏のいわれるように、現実に毛利軍・長宗我部軍・本願寺勢力・キリシタン大名らがどれほども動かない。いずれも動いた形跡がなく、足利義昭を擁する毛利軍などは追撃するどころか羽柴軍と和睦・停戦し、光秀を窮地に陥れる方に協力してしまっている。長宗我部軍も光秀の謀反に呼応し畿内に向けて派兵できる好機だったのに、何もしていない。反信長という動機から黒幕を割り出す話は、現実の経緯がそれを否定している。両氏が指摘するように、ほかの説もそうだ。

家康説は、本人が命からがら堺から三河に逃げ延びているのだから、それだけで否定される。光秀と組んでいたとか黒幕だというのなら、いちばんさきに身柄を手厚く保護されてしかるべきだ。

秀吉説は、組んだ相手に殺されるというのは結論としておかしい。それなら秀吉とは組んだのでなく、信長を殺すようにそう仕向けられたのか。それは、話としてならありえそうだ。だが信長がほとんど丸腰に近く武装を解除した状態で京都・本能寺に泊まった。だから手もなくやられてしまった。そんな状態を、光秀や秀吉はどうやって予想しえたかあるいは人為的に造り出しえたのか。越前北ノ庄城主・柴田勝家は前田利家・佐々成政らとともに北陸の上杉景勝軍の前に釘付けになっており、秀吉は備中・高松城を攻囲しながら毛利輝元軍と対峙している。四国の長宗我部を討つために織田（神戸）信孝・津田（織田）信澄と丹羽長秀らは、大坂に軍を集結させ出動準備に忙しい。信長の嫡子・信忠は安土城にいたが、やがて少数の兵士とともに上京する。織田信雄は伊勢の松ヶ島城に戻っていた。ほかの信長直属軍である河尻秀隆・森長可・滝川一益らは、武田勝頼旧領の経営のために上野・甲斐・信濃に留まっていた。京都周辺に織田方の大部隊がいないのは、いや明智軍のほかにいなかったのは、まったくの偶然である。この状況は、光秀や秀吉が人為的に造り出したものでない。「そんな状況がいつか訪れる」とあてにして、反乱計画を立てる暢気で気長な奴などいない。それに信長や信忠がいますこし軍兵を引き連れていたら、明智の入京軍を誰何・阻止したところで戦闘がはじまる。その騒ぎに気付けば、宿泊地を完全に囲まれてしまう前に寺を脱け出して身を隠すこともできた。

政権構想もなく味方のあてもない、光秀による偶発的・発作的行動。いまはそう見ておくべきか。

北政所 43

豊臣秀吉の父方は、政権下でどう処遇されているの

徳川家康が江戸幕府を開いて全国政権を樹立したとき、いちばん頼りになるのはやはり血を分けた親子兄弟だった。だから紀伊・尾張・水戸の三藩を親藩とし、格別な存在と扱った。何といっても、親族は信用できる。なぜならいくら離反の腹づもりがあっても、相手側が裏切りを信じてくれない。滅亡を画策された場合、その一族は皆殺し・根絶やしにされる。どうせそうなるのなら、一族は運命共同体である。これは現代でもそうで、一族経営の企業では、創立からの社員より、創業社長の親戚が後継者に登用されていく。決して見限らない。そう期待するからだ。

羽柴（豊臣）秀吉も疑心暗鬼の人間関係のなかを生き抜いてきた戦国大名として、とうぜんそういう考えを持っていた。何よりも信頼できるのは、親戚である。

滝沢弘康氏著『秀吉家臣団の内幕』（ソフトバンク新書）によって、その様子を垣間見てみる。

秀吉の姉妹弟には、とも・朝日（旭）・秀長がいる。

姉・とも（瑞龍院日秀）は長尾吉房の妻となり、秀次・秀勝・秀保の三人を産んでいる。吉房は阿波の名門・三好家の養嗣子に入り三好を名乗ったが、秀吉を支える才はなかった。尾張・犬山城主十万石を領し、清洲城主にもなったが、秀次事件に連座して讃岐に追放された。子・秀次は、浅井家重臣の宮部継潤調略のために養子に出され、のち三好康長の養子にもなった。山崎合戦・賤ヶ岳に参戦したものの、小牧長久手の戦いでは奇襲に失敗。「無分別」と叱責されたが、天正十三年（一五八五）

に近江・八幡山城で四十三万石、天正十八年に清洲城に移って尾張・北伊勢の一〇〇万石を支配。秀吉の嗣子・鶴松が死亡したあと、天正十九年十二月に関白となって、秀吉の後継者に据えられた。しかし文禄二年（一五九三）八月に秀頼（拾丸）が生まれると地位が揺らぎ、生後三ヶ月の拾丸と秀次の娘が婚約して権力移譲の道筋も諒承した。それでも秀吉の疑念は晴れず、同四年七月に謀反の容疑で処刑された。秀勝（同名異人の秀勝が三人いる。ここは小吉秀勝）は秀吉の養子となり、丹波亀山十万石を領した。天正十五年の九州征伐では秀吉本隊の大将格で名を連ねた。甲斐・信濃を与えられ、のち岐阜に転封となり、岐阜宰相と呼ばれた。しかし文禄元年六月の文禄の役のさなか、唐島（巨済島）において二十四歳で病没した。秀保は嗣子のいない秀長の養子となり、天正十九年に大和郡山城主を継ぎ紀伊・大和を支配した。文禄の役では肥前名護屋に出陣していた。粗暴な性格で家臣を意味なく手討ちにしたりして、文禄三年ごろに十津川の療養先において十七歳で変死した。

朝日は当初佐治日向守（または副田吉成）に嫁いでいたが、徳川家康を上京させて臣従させようとする秀吉の政略のため、天正十四年に離婚させられた上で家康の継室として三河に送り込まれた。

弟（異父弟か）・秀長は長く秀吉を支え、智略にも優れていた。天正二年越前一向一揆の征伐にいた秀吉の名代として、蜂須賀正勝・前野長康・山内一豊・生駒親正・寺沢広正らを麾下に収めて伊勢長島の一向一揆征伐を戦い、織田軍の信長本隊の先鋒を務めた。播磨攻略に戦功著しく、以降山崎合戦・賤ヶ岳・根来征伐・小牧長久手の戦い・四国攻め・九州攻めに戦果をあげ、のち一一〇万石で大和郡山城主・従二位権大納言となり、秀吉政権下ナンバー2の地位を占めた。だが天正十八年一月に病状が悪化。小田原攻めにも参加できず、翌十九年に没した。

秀吉の母・なか（大政所）の親族には、なかの妹と結婚した小出秀政がいる。秀政は天正十年に姫路城留守居役となり、同十三年岸和田城主として三万石を領した。秀吉の死没にあたり、秀頼の補弼を頼まれ、大坂城本丸裏門を番した。子・吉政は小田原攻めに従軍し、文禄四年には但馬出石城主で六万石を領した。慶長五年（一六〇〇）の関ヶ原合戦では秀政・吉政とも西軍に与したが、次男・秀家が東軍に属して功労をあげたので所領を安堵された。

ここまではみずからの姉妹弟・甥姪だが、あとは妻・お寧（北政所・高台院）方の親戚である。

お寧の血縁者には、兄・木下家定、妹・やや（長生院）・くま（長慶院）がいる。

家定は天正十五年に播磨一万石、文禄四年に姫路城主として二万五千石を領した。関ヶ原合戦のときは北政所を守護し、戦後は備中足守城主として二万五千石を支配した。その子が勝俊・利房・延俊・俊定・秀俊・秀規・周南紹叔で、勝俊は小田原攻め・朝鮮の役に従軍したが、関ヶ原合戦のときに伏見城を預かったのに職務を放棄して失脚した。その後は「長嘯子」と称して和歌を詠んだ。利房は若狭高浜三万石を領したが、関ヶ原合戦で所領没収になり、大坂夏の陣で戦功をあげて備中足守二万五千石を回復した。延俊は伏見城の竣工に関わったとき播磨三木で二万石。関ヶ原合戦で東軍に属し、豊後日出に三万石を与えられた。俊定は丹波で一万石を領していたが、関ヶ原合戦で西軍に属して所領を失った。秀俊はのちの小早川秀秋で、天正十三年に秀吉の養子となり、同十五年の九州征伐では秀長軍の麾下の大将となった。ただし六歳であって、戦功を作るための作為である。文禄三年に小早川隆景と養子縁組し、五大老の一人として重きをなした。秀規は文禄の役のとき肥前名護屋に従軍したが、関ヶ原合戦で西軍について、戦後は浪人となった。大坂冬の陣のさいには大坂城に入っている。
ややは浅野長勝（織田信長の弓衆）の養女となり、長政（長吉）を入り婿として幸長・長晟・長重を産んだ。長政は安井重継の子だったが、ややと結婚して浅野に改姓した。天正元年北近江で秀吉から一二〇石を与えられ、同十年には近江坂本城主。京都奉行を兼任し、賤ヶ岳合戦の後には近江で二万三千石を領した。山城・近江・奥州などの太閤検地に活躍し、小田原攻めに戦功があり、文禄の役では軍監を務めた。甲斐二十一万五千石を与えられ、徳川家康の動静の監視にあたった。五奉行の筆頭となったが、秀吉没後は家康に接近し、関ヶ原合戦では東軍に属した。子・幸長は関白事件に連座して一時能登に配流となったが、慶長の役の蔚山籠城戦で活躍。石田三成に対抗する七人衆ともいわれ、関ヶ原合戦では東軍として戦い、戦後紀伊で三十七万石を与えられた。

お寧の母・朝日の弟姉妹には杉原家次・七曲がいる。家次は秀吉最古参の一門衆であり、長浜城時代から家老として秀吉を補佐した。三木城攻略後にそこに入り、但馬で行動中の秀長に兵糧米を輸送して助けている。鳥取城攻め・備中冠城／高松城攻めなど苦しい戦いを経験した。山崎合戦後に福知山城主として二万石を領し、浅野長政とともに京都奉行を務め、信長の葬儀の奉行も務めている。賤ヶ岳合戦のときには坂本城留守居だったが、合戦後には北近江で三万二千石を領した。その嫡子・長房は朝鮮の役に肥前名護屋に在陣し、近江坂本城主・豊後杵築城主を経て、但馬豊岡城主三万石を領した。関ヶ原合戦では西軍に属したが、舅にあたる浅野長政の取りなしで豊岡領を維持。初代豊岡藩主となった（三代で無嗣子改易）。七曲は浅野長勝の妻である。

一門衆とされる宇喜多秀家は、厳密には血縁でない。かつて毛利氏の麾下で秀吉側に寝返った直家

豊臣氏姻戚系図

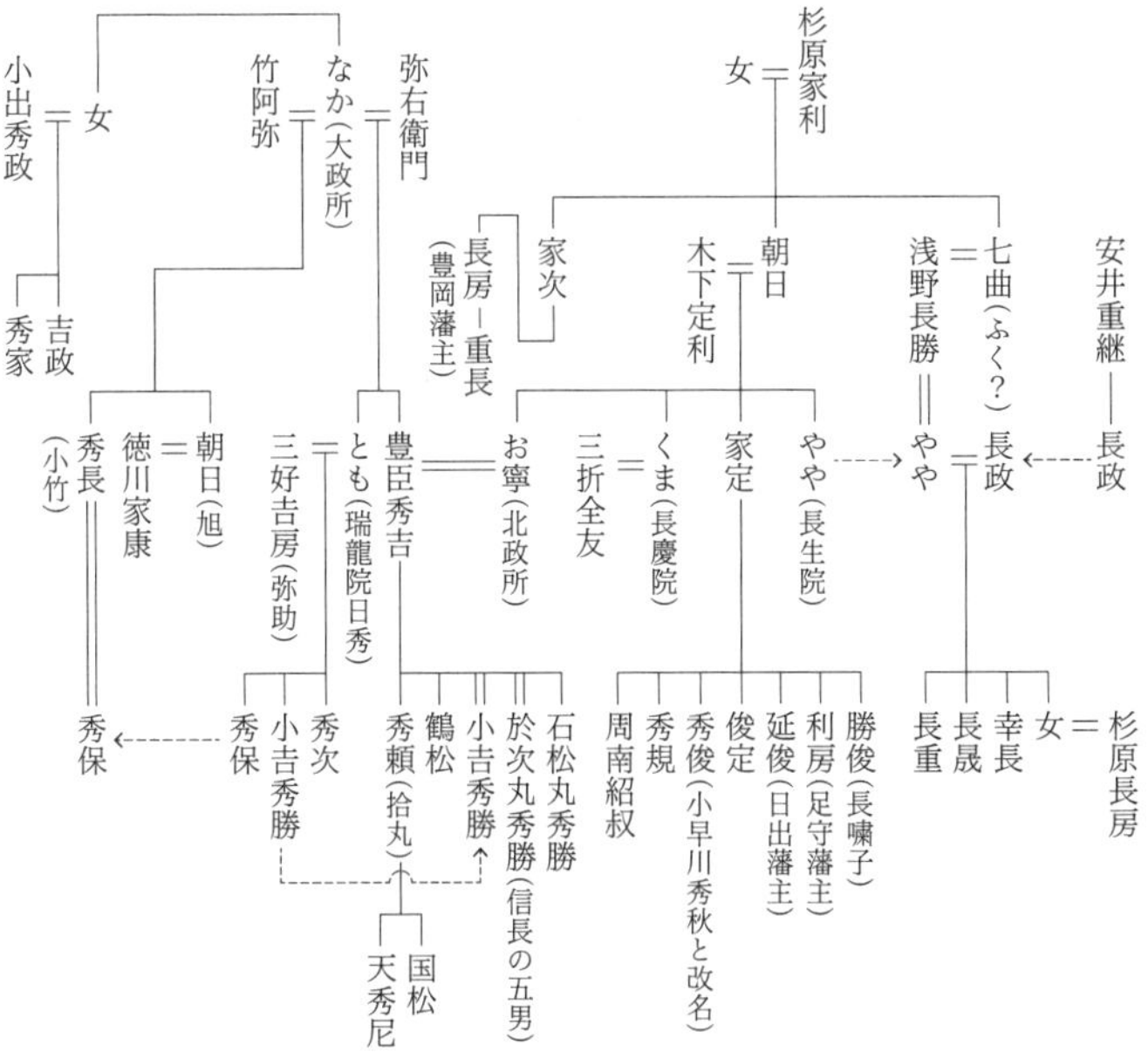

の嗣子で、十歳で父を喪った。そのとき秀吉の斡旋で織田信長から遺領相続を認められたこともあり、以降親密な関係を築いた。秀吉の養女・豪姫（前田利家の実娘）を娶って猶子となり、二十七歳で五大老に就任。関ヶ原合戦でも石田三成と行動をともにし、伏見城攻撃の総大将となり、福島正則軍に対して優勢に戦いを進めていた。戦後は八丈島に流され、流人身分は終生変わらなかったが、前田家からの援助を受け続けて、明暦元年（一六五五）八十四歳で死没した。

以上を通覧すると、異父・同母の別は定かでなくとも、秀吉の兄弟や甥・姪は登場してくるし、妻方の姻戚も多数登用されている。しかし父方・母方の姻戚は、小出秀政以外顔を出さない。なお福島正則も福島正信となかの妹の子であるとか、弥右衛門の妹の子などという。加藤清正も加藤清忠となかの妹の子とか、なかの従姉妹の子などともいう。しかしともに一門とは遇されておらず、血縁関係は不確かである。

ついでながら、慶長三年に秀吉が没すると、お寧はその菩提を弔うために高台寺創建を発願する。その中心になったのはお寧の兄・木下家定で、彼の縁故で建仁寺の三江紹益を開山に迎えた。また塔頭の春光院も木下勝俊の創建であり、利房の墓もこの寺にある。それなのに、秀吉方の縁故者の影はこの菩提寺のどこにも見られない。

これは、いったいどうしたことか。

滝沢氏は「父親の名が弥右衛門であることは間違いないが、この弥右衛門の人物像や身分となると、まるでわかっていない」（二十三頁）という。木下藤吉郎と名乗っているが、木下は父親の苗字でなく、妻方のお寧の父方からの借り物だったらしい。つまり秀吉は、名だけで、苗字のない家の出身者らしい。父・弥右衛門が創作上の人物とまではいわないが、足軽として戦場に出る余裕さえない貧しい農民だった。その子・秀吉は、私生児か路上の少年かとすら推測される、という。現代でも受賞・受章したと聞けば遠い親戚・かねての友人と称する人が多数姿を現わすものなのに、太閤として最高権力者に昇った秀吉の傍らに父方の親戚の姿がない。これは、特異なことと思うべきだろう。

堀尾吉晴

44 「天王山」の争奪は、天下の分け目だったのか

ある仕事を達成しようとして、すべてが成就するかどうか。失敗するか成功するかの分かれ道となるような場面のことを、よく「天王山を迎える」とかいう。たとえばセントラルリーグの年間制覇をかけた試合を、「『巨人×阪神』による天王山決戦」などと表現する。

この天王山は、大阪府と境を接する京都府乙訓郡大山崎町にある。標高二七〇メートルほどというから、さしたる高さでもなく、小高い山の名にすぎない。

この山の麓で、天正十年（一五八二）六月十三日に明智光秀軍と羽柴秀吉軍が戦い、それに勝った秀吉が全国支配を達成していく。光秀がこの戦いに勝っていれば、主君・織田信長を滅ぼして得た統治権を継承し、天下人の後継者として全国支配を実現していけたであろう。他方秀吉は主君の恨みをじかに晴らした殊勲者となり、織田家のなかを操りながら重鎮としての発言権を増していける。この戦いは、勝った方があたらしい全国支配者への道を辿るわけで、まさに成功・失敗の岐路となった。

その戦いのなかで、さらにその勝敗の帰趨を決めたのが、天王山の取り合いであった。ここは大坂方面から京都への入り口であり、この道を辿らなければ、京都に入れない。京都には天皇がおり、宮廷があり、政権を樹立して天下に号令するための条件が揃っている。しかし大山崎のこの部分は南に宇治川・木津川と淀川との合流点があり、川と山の間にはさらに沼もあって、広く隊列をとった行軍をしにくくさせていた。川の南には石清水八幡宮のある男山も迫っている。隘路で、平坦な部分が

少ししかない。守るにやすく、攻めるに難い。そういう地形である。その上にさらに北側の天王山を奪えば戦局の全体と詳細がたちどころに把握でき、さらに通りにくいために細くされた軍の隊列を側面からいつでもどこでも自在に攻撃できる。とくに京都を守り抜き、進軍を阻みたい光秀側としては、ここさえ押さえればいかなる大軍相手であろうとも、一つ一つの戦闘場面での勝率は高くなる。そうされたくない秀吉はとうぜんながら天王山に目を付け、光秀側から奪うための戦いに着手させた。光秀と秀吉の天下取りの戦いが山崎の戦いで、天王山の攻防戦はその序曲にすぎないが、同時にその帰趨にすべてが懸かっていた。だから、天下取りを決める戦いのことを、天王山決戦と呼ぶのである。

しかし、この話はおもしろく脚色された虚偽である。たしかに光秀も、当初は天王山に兵を送って入京を阻もうと考えた。だが味方となる軍が集まらず、秀吉軍四万弱に対し、光秀軍は一万三〇〇〇しかいなかった。軍兵を細分化する愚を避け、戦いの二日前には天王山からほとんどの兵を撤収。手薄になったところに秀吉の先発隊の中川清秀が押し寄せたので、小競り合いはしたもののすぐに明け渡した。これによって、秀吉軍は北側から襲われる危険性がなくなり、やすやすとこの隘路を通過して南北に広く陣を構え、まっしぐらに光秀が本陣を置いた御坊塚から勝龍寺城へと進んでいった。

それが、どうしてさも大事そうな戦闘であるかのようになったのか。それは小瀬甫庵『太閤記』が話を作ったからである。甫庵は、光秀の命をうけた松田政近ら三〇〇が先んじて登っていったが、秀吉に命じられた堀尾吉晴の二〇〇が激戦の末に奪い取った、とした。その意図はもちろん話を面白くし、盛り上げて印象深くするためだが、その主を中川でなく堀尾にしたのは吉晴が自分のかつての主君だったからである。事実ではないが、人々が受け容れた太閤記の世界とはこうしたものなのである。

身分統制 45

刀狩りで、村のなかの武器はみんな取り上げられたんじゃないの

天正十六年（一五八八）七月、豊臣秀吉は「諸国の百姓、刀、脇指、弓、やり、てつはう（鉄砲）、其の外武具のたぐひ所持候事、堅く御停止候」（『大日本古文書』家わけ第十一・小早川家文書）という刀狩り令を発した。全国規模で厳密に刀狩りを行なわせたため、村々から大量の武器が押収された。

理由は、こうだ。百姓どもはほんらい要りもしない道具を持っているから、年貢・所当（雑税）を出し渋り、気にくわなければ一揆に訴えようという気持ちにもなる。その地の給人（給与として割り当てられて支配している者）に反抗した者は成敗すべきだが、その田畠は耕作されないから、給人にとって支配が無駄になってしまう。もともと百姓は農具だけを持って、耕作をもっぱらにしていれば、子々孫々に至るまで心配なく暮らせるものだ。今回取り上げる刀や脇指は、無駄にするわけじゃない。今度建立する大仏の釘や鎹のもとにするのだ。だから、今生の功徳はもちろん、来世までも助かることになろう、という趣旨である。

私たちは、この法令の威力を信じた。そういう法律があるからその通りになるわけでない。そんなことは十分に知っている。「他人の所有物を盗んではならない」という法律があるなら、「禁止されているのだから、強盗・窃盗はその社会では一つもなかったんだろう」などと思うまい。盗みが横行しているから禁じているのだ。それは分かるのに、刀狩り令の威力は、なぜか信じてしまう。

それは、秀吉の威力のせいだろうか。太閤検地でも「百姓以下に至るまで相届かざるに付ては、一

郷も二郷も悉くなでぎり仕るべく候」「たとへ亡所（耕作者のいない土地）に成り候ても苦しからず……山のおく、海はろかい（櫓櫂）のつづき候迄、念を入るべき事専一に候」とあり、伴天連追放令では長崎で二十六人が磔刑に処された。やる気満々の彼なら、やり尽くしそうではある。現に天正十六年八月、加賀国の大聖寺領四万四千石の城主・溝口秀勝は「分領の百姓の刀・脇指、そのほか武具、ことごとく取り集め」、江沼郡一郡分として刀一〇七三腰・脇指一五四〇腰・鑓身（槍先）一六〇本・こうがい（大刀に付属する小刀）五〇〇本・小刀七〇〇本を没収している。

全国で徹底的に実施された刀狩りの結果として、江戸時代に特段の刀狩りを実施しなくとも、村々に武器はなく、完全に武装解除されつくした。百姓が一揆を起こそうにも鎌・鍬・鋤などの農具や竹槍で領主に立ち向かうほかなく、戦い方はもちろん、刀の持ち方、槍の使い方、鉄砲の撃ち方も忘れていた。黒沢明監督の「七人の侍」のように、槍剣術にたけた浪人衆に依頼するほかなかった、と。だが藤木久志氏著『刀狩り』（岩波新書）によれば、この話は検証がなされないままに流布してきた俗説であって、まったくの思い込みであった。

よくよく考えて見れば、村人たちにはもとより武器が必要だった。稲などの農作物を食い荒らす鹿や猪・猿などあるいは人間に害をなす熊を退治しなければならない。また鳥獣を獲って、それを売り買いして生活する人たちがいる。彼らの手元の武器は領主や他村を攻撃する戦闘用具が第一義ではなく、本来的に村人の生活に必要なものである。持っているのが自然で、持たなければならない。武器がなかったら、どうやって鳥獣を追い払い、あるいは捕獲すればいいのか。領主がこれをすべて奪い去ることなどできないし、村人は、奪われれば即日困る事態となる。だから、村から根こそぎ奪うことなど、そもそもありえない。現に天正十七年十一月、若狭の大名・戸田勝直は三方郡佐太村の百姓に「山寄りでししが多いので、鑓十本を許した」と言い送り、鑓の没収を免除していた。

刀狩りの施行実態も、よく観察すればこの推測の通りだった。

寛永十五年（一六三八）六月、天草は島原の乱の一つの大きな舞台となった。ここから出た益田時貞が首領となり、乱・一揆の軍勢を率いたのである。その天草島では、「当島中、百姓の鉄砲三百廿四挺、刀・脇指千四百五十腰、弓・鑓少々」が没収されていた。秀吉による刀狩りのあとでもこれだけの武器が温存されていたのかと驚かされるが、村民たちも一片の法令ですなおに洗いざらい出したりしないだろうとも思う。しかしそうした話ではなく、乱後に富岡城に入った三万石の大名・山崎家治は、寺沢氏が没収しておいたこれらの武器を領民たちに返してやった、というのである。また出雲国の杵築大社領では、刀狩り令が出るや一九五腰（刀二腰と脇指一腰は未提出）の刀・脇指を毛利家の奉行人のもとに届けた。その内訳明細では、十二郷の九十九人分とある、という。どういうことかというと、郷内の十二村のうち、上から九十九人を指定して刀狩りを実施し、刀・脇指の二本をセットで出させた。九十九人の二本セットだから、一九八腰になる。ただし一〜二人がまだ出していない、といっているのだ。しかし十二の村で九十九人から一セットづつ没収するというのは、いかにも不自然だ。二セット持っている者も、五セット持っている者もいたはずである。チャリティ・バザーではあるまいし、それぞれから一律に刀・脇指セットを差し出させて押収していくというのは、洗いざらい根こそぎ没収する考えなどなかったことを証明するものだ。さらに、寛永十二年、越後国魚沼地方四ヶ村と会津地方七ヶ村との銀山の帰属争いでは、会津方は「千四五百人引き連れ、鉄砲百四五十挺、弓五六十張、鳥毛ついの鑓百本ほど、長刀八振、段々に備えを立て、まかり出」たとあり、戦闘にさいして十分すぎるほどの武器が村に蓄えられていたのである。七ヶ村で鉄砲一五〇挺が出てくるとはびっくりだが、これは取りこぼしだったのか。いや、違う。秀吉は村々から根こそぎ武器を狩り取ろうなどともともと思っていなかった。じゃぁ、いったい秀吉の刀狩りとは何だったのか。

それは刀などの武器を家のなかに持っていてもよいが、持ち歩き身につけるのはよせ、ということなのだ。武家奉公人（武士）ならば刀を差していてとうぜんだが、戦闘を事としない一般の人（百姓）が日常的に武器を携える必要はない。支配者である武士は日常的に武器を持つが、百姓の武器携行は禁止する。持ち歩く場合は特別に許可を求めさせ、許可された者だけが携えまた使用できる。そういう原則を認めさせ、帯刀の有無を身分表象とした支配・被支配の社会制度を確立しようというのがこの法令の趣旨だったのだ。だから、武器を隠し持っていても咎められないが、日常的に帯びて歩くことや他者・他村との争いで人に向けて武器として使用すれば厳重に処罰される。だから一揆や揉め事のたびに大量の武器が持ち出され、血で血を洗う壮絶な争いになったのである。

武家奉公人以外とわけられれば町人も同列だが、江戸初期の町人はそれでも旅立ち・火事・婚礼・葬式の非日常的なときには二本指しを許されていた。正保二年（一六四五）に一尺八寸以上の脇指を帯びる者は処罰されたが、それ以内なら帯刀が違法でなかった。寛文八年（一六六八）帯刀してよいのは四十人ほどの御用町人と狭められたが、それでも旅立ち・火事のさいにはだれもが刀を帯びた。それが天和三年（一六八三）に、御用町人・町年寄までみな禁止されたという（「江戸諸事由緒留」）。百姓・町人間の武器廃絶には一〇〇年かかり、刀狩り令で一挙に成就したものではなかった。

第三章 近世・近代

西軍・石田三成は、豊臣家臣団で人気のない奴だったから負けたのか

私たちは、敗者に冷淡すぎるのではないか。敗れる者にはそれなりの敗れるべき理由があり、勝者には勝つべき理由があった、と。もしそれがそんなにはっきりしているのだったら、もともと敗者は戦うべきでなく、勝者の戦いは遊山気分の気楽なものだったろう。

石田三成と徳川家康が関ヶ原で戦った、天下分け目の一戦についてもそんな論調が目立つ。石田三成は嫌われ者で、豊臣の家臣間でも人気がなかった。武将たちは戦国の世の戦さ場をまさに生命を懸けて駆け巡ってきた。横の武士に矢があたり、後ろの者が鉄砲で撃たれる。そのなかでも運良く自分だけはかすり傷ですみ、いま五体満足でいる。しかしすこしの場所や時間の差で、多くの人たちが斃れていくのを見聞きしてきた。そういう戦場の痛みを、三成は分かっていない。三成にはこれという戦功もなく、小田原の後北条氏攻めでも忍城（埼玉県行田市）を水攻めにしたものの、小田原城陥落まで落とせなかった無能な将である。それなのに豊臣家で大きな顔をしているのは、豊臣秀吉の依怙贔屓を受けて、虎の威を借る狐だったからだ。たしかに秀吉が全国を統一し、もう戦いはなくなっている。そうした世のなかでは、武力担当の将たちに活躍の場がない。これからは、政権を安定させ効率よく運営するための行政能力が人物評価を左右する。そういう事務能力が評価される時代になりつつあった。口先だけのきれいごとが横行し、その象徴的な存在が三成である。いわゆる武断派と文治派の対立である。だから三成には、ほとんど味方がいない。西軍に付いているように見えて

も、本心は三成のために戦おうというつもりがない人たちが並んでおり、だから関ヶ原で惨敗したのだ。負けるべくして負けた。そう見なされている。だがそうだろうか。三池純正氏著『敗者から見た関ヶ原合戦』（洋泉社新書）によれば、三成のイメージは少しく改めなければいけないようだ。

忍城の水攻めは二万三千という大軍で囲むなか、十万人の人夫によって土堤を築いてはじまった。梅雨どきで水が溢れて土手が決壊し、かえって味方に被害が出る始末。さらに小田原本城の降伏までに落とせなかったのだから、たしかにみっともない。とはいえこの水攻めは秀吉の指示を受けたまたその管理下に行われた既定の作戦で、秀吉がその地域の人々に圧倒的な力の差を見せつけるための舞台とされた。三成の取った作戦の間違い、ではなかった。そもそも無能な武将が、事務能力と依怙贔屓だけで出世する。そんなことでは、さすがに近江佐和山十九万五千石の大名になれまい。草創期・創業時の危ない戦闘には時期的に間に合わなかったとしても、それなりに評価される武勲なしにこれだけの領地を貰えるはずもない。

豊臣家臣団での評判が悪いのは、とくに福島正則・加藤清正・黒田長政らの評価によるものだが、彼らには恨みがあった。その一つが慶長二年（一五九七）十二月の出来事だ。加藤清正・浅野幸長ら二千の軍兵は、六万の明・李氏朝鮮連合軍に包囲され、朝鮮半島南部の蔚山に籠城していた。極めて劣勢だったが、そこに黒田長政・蜂須賀家政ら二万の援軍が駆けつけたため、明・朝鮮連合軍は囲みを解いて逃げ去った。そのとき黒田・蜂須賀らは、逃走する明・朝鮮軍を追撃しなかった。それが軍監だった福原長堯から長堯の舅にあたる三成を通して、秀吉に報告された。秀吉は戦勝の好機を逃した怠慢を責め、黒田らは譴責処分になった。だが慶長の役の戦いの帰趨は明瞭であり、明・朝鮮軍にここでさらにむだな打撃を与えるより、無事に撤兵させる方が得策。現場は、そう判断したのである。ただ福田は軍監として見たままを報告し、さらなる進軍を望んでいる秀吉には怠慢としか思えなかった。黒田・蜂須賀・加藤・浅野らは、福原と一心同体である石田を深く恨んだ。もっとも背後には、武断派のする戦況判断とそれとの意思疎通を図らない三成との確執がそもそもあったであろうが、それでもそれが三成の立場であり職務でもあった。

さていちばんの問題は関ヶ原の戦いでの采配ぶりだが、三池氏によれば、三成は鶴翼の陣形を取っており、関ヶ原で東軍を迎え撃つには絶好の布陣である。しかも小西行長と三成の布陣する山を結んで、北国街道を遮断する土塁が築かれていた、という。残存する基底部が八メートルというから、高さは四メートル以上あったはずである。これにはもちろん木柵が付けられていた。さらに南宮山東麓には毛利秀元・安国寺恵瓊・長宗我部盛親・長束正家らが配置されていて、東軍を取り囲む形になっている。布陣に問題はなく、徳川方よりよほど優位に立っている。また去就の結果はともかく、そもそも西軍の陣中に坐っているのだから、三成がもともと人望がなく嫌がられているのなら、西軍側にはお愛想でもだれもこないはずである。二木謙一氏著『関ヶ原合戦』（中公新書）によれば、戦いはほぼ互角だった。やはり西軍側にいた小早川秀秋軍一万六千が裏切って背後から襲ったことで、西軍が総崩れになった。結果として勝敗は秀秋の帰趨によった、というべきだろう。徳川家康が指示し、秀秋軍に鉄砲を射かけたのは事実だ。秀秋は家康を怒らせることを怖れて決断したともいうが、秀秋軍の前にいる西軍から攻撃されたと勘違いしてこれと戦いはじめたともいえる。真相は分からない。

戦闘場面のこまかい分析はべつにして、大きな問題は戦場に出てきながら戦わない人たちの存在である。袋の鼠とすべく南宮山東麓に配置されていた西軍は、まったく動かなかった。背後を衝けば、東軍は窮地に陥ったはずである。また島津軍が戦えば、早くに西軍の戦局が有利となり、秀秋軍の裏切りの出番がなかったかもしれない。また西軍の総大将であるべき毛利輝元が大坂城に留まり、戦場にいない。これも思惑が行き交うなかでの判断だろうが、勝敗を分けた大きな要素であった。

だから戦わない人を従えている三成の人望が、問題とされてしまう。その点、家康は江戸から一六〇通もの書簡を出して、こまめに誘いまた約束を取り付けている。そういう対比もよく見聞きする。

こうしたなかで、たとえば毛利が動かなかったのは、吉川広家が家康と通じていて懸命に工作したからだ。秀秋は重臣たちがもともと親家康派で、東軍につくのは当然だった。そういう解釈がある。しかしこうした解釈は、いずれもしたり顔でする後講釈の辻褄合わせでなかろうか。吉川が東軍に付くよう工作したとかいうが、もし西軍が勝っていたら、吉川以外の重臣たちがこぞって三成派として説得に回っていたことにされただろう。家康が書簡をばらまいたといっても、それが奏功するとはかぎらない。家康の書簡は約束手形となるからその後も温存されるだろうが、三成が出した書簡を後生大事に持っていたと知られたら身を滅ぼしかねない。早く棄ててしまわないと、身に危険が及ぶ。二七〇年間の徳川政権下を潜り抜けてきた話には、最初から徳川に心を寄せていたという筋書きしか残り得ない。三成方に付く人も多かったとか去就を迷ったとかの話は禁句で、関係書類は隠滅されたはずだ。滅びて今いない者についての評価は悪く、いいところがなかったようにいわれる。いまだとて、席を外したとたんにその人についての悪口が出てくる。そんな覚えがない、とはいえまい？

伊達政宗は支倉常長を通じてスペインに何を持ちかけたのか

支倉常長といえば、近世初頭にヨーロッパの地を踏んだ数少ない日本人の一人である。しかも漂流ではなく、使節団を率い各地で歓待をうけつつ、一六一五年一月にはスペイン国王・フェリッペⅢ、同年十一月にはローマ法王・パオロⅤに謁見した。しかし日本史上特異な行動をした人物なのに、その目的も歴史的意義もほとんど語られることがない。

常長が仙台藩・牡鹿半島の月ノ浦を出帆したのは、慶長十八年（一六一三）九月十五日（西暦十月二十八日）である。大使・常長と幕府船奉行・向井将監とそれらの家人、フランシスコ会宣教師のフライ・ルイス・ソテロと金銀島探検隊司令官セバスチャン・ビスカイノそのほか一行一八〇名余は、仙台藩内で建造されたサン・ファン・バウチスタ号に乗り込んだ。

大使となった常長は、元亀二年（一五七一）米沢城主・伊達輝宗の家臣・山口常成の子として生まれ、天正五年（一五七七）に伯父・支倉時宗の養子になった。その後時宗に子が生まれたので、柴田郡支倉村六〇〇石をあてがわれて分家した。その間、葛西大崎一揆では伊達政宗の使者となったり、朝鮮の役でも渡海して戦功をあげたとはいうが、伊達家臣団三万人のなかでは中級ていどの人物であった。イエズス会宣教師ジェロニモ・デ・アンジェリスの書簡によれば「大使に任命したのは一人のあまり重要でない家来」で、その父が数ヶ月前に不動産横領の罪で斬首になり、彼も連座で追放処分になるところだった。追放刑を免除するかわりに、渡海を命じられたものと書きとどめられている。

渡海の行く先はヌエバ・エスパニア（ノビスパン。メキシコ）で、メキシコ行きは江戸幕府の初代将軍・徳川家康の当初の方針によるものだった。話はすこし溯るが、一五九八年七月フランシスコ会宣教師ジェロニモ・デ・ジェズース・デ・カストロは、畿内に潜伏していたところを捕縛され、家康のもとに送られた。豊臣秀吉の布告によるキリスト教禁教体制下だったが、家康はルソン（フィリピン）からメキシコに航海するスペイン船の領土内寄港を許可し、その見返りにメキシコとの間に直接貿易を行ないたいと提案し、それをフィリピン総督のドン・フランシスコ・テリョ・デ・グスマンに書簡で申し入れさせた。やりとりがあったのち、一六〇八年新総督ドン・ロドリゴ・デ・ビベロのもとで話が進み、相模の浦川（浦賀）を寄港地とし、洋式の大船の建造に取りかかった。翌年に帰還するビベロ総督の乗ったサン・フランシスコ号が難破して上総国夷隅郡岩和田に漂着したとき、ソテロを仲介としてメキシコと直接に通商するための条件を詰めていった。そして日本で作られたサン・ブエナベンツーラ号に乗った総督は京都の商人・田中勝介ら二十三人を連れ、メキシコに赴いた。田中らはメキシコ副王に謁見し、スペインの宰相フランシスコ・ゴメス・デ・サンドバル（通称レルマ公爵）宛の書簡も渡したが、国庫窮乏を理由に要望は拒絶された。

しかし幕府はソテロをスペイン本国に派遣して、メキシコやスペイン本国と直接通商することをなお望んだ。もちろんキリスト教の布教は禁止することとしたが、そのことは日本担当の司教になりたかったソテロの思惑のためにあいまいにされた。幕府の通商意欲が強かったので、幕府の諒解のもとに伊達家からメキシコへの遣使が計画された。もちろん幕府の助けになろうがため、ということで。

では伊達が多大の船舶建造費をかけ、命がけで使者を出す、その目的は何だったのか。まさか、家康のご機嫌取りのためではあるまい。

その目的として推測されてきたのが、徳川政権を覆して、伊達政権を樹立するとの野望である。ソテロの司教への夢や江戸幕府への助力のはずがない。仙台藩に寄港地を置いて、スペインとの通商のおこぼれを貰うとかの小さな願望でもなかった。たしかにそんな小さな話だったら、幕府と寄港地について交渉した方が手っ取り早いし安上がりだろう。

政宗が使節に持たせたメキシコ副王・スペイン国王・ローマ法王宛の書状は、現在もその内容が伝わっている。副王には宣教師を急派するよう要請し、三名中一名をヨーロッパに送るよう求めている。国王への親書でも宣教師派遣を要請するとともに、仙台藩との直接の貿易通商を求め、そのさいの取り決めや領内居住・治外法権の付与を提案している。法王への親書では、法王の保護下においてほしいと請い、宣教師を派遣しましたスペイン国王との会見ができるよう口添えを願うとした上で、スペイン国王が会わない・貿易をしないといわれた場合に備えて、法王に仲介を求めている。文面だけならば通商の申し込みであり、自藩への利益導入の匂いはするが、家康の方針に沿ったものだ。

ところが、これには書簡の文書外の思惑があった。国王に向けの書簡にはイギリス・オランダ人などを領内から排斥する申し合わせが提案されており、その詳細は「ソテロから口頭で申し上げる」ということになっていた。国王・法王宛ともに「自分（政宗）が申し上げることはソテロあるいは支倉がよく知っているから、その（本音の）部分は彼らの口から聞いてくれ」と記されている。

大泉光一氏著『支倉常長』（中公新書）によれば、口頭でいわれたであろうその内容は一六二〇年十一月三十日付と十二月付のアンジェリスの書簡に書かれている。すなわち「天下殿（将軍）は政宗がエスパニア国王に遣わした使節のことを知っており、政宗は天下に対して謀反を起こす気であると考えていた。そのため、政宗はエスパニア国王への使節派遣は天下に対して謀反を起こすためではなく、またキリシタンと手を結ぶためではないことを天下殿に示すべく、直ちに使者を彼のもとに遣わし、キリシタンに対する迫害を始め、そのうち何人かを処刑した」。しかし「彼ら（家康と秀忠）は政宗が天下に対して謀反を起こすため、エスパニア国王及びキリシタンと手を結ぶ目的で大使を派遣したと考えた」。この幕府の情報は「将軍の船奉行である向井将監が、それを政宗に伝えた」（二十九〜三十頁）という。アンジェリスは奥州見分（水沢市）の領主・後藤寿庵から情報を入手しており、書状には政宗周辺の確度の高い極秘情報が盛られていると思われる、という。

政宗は江戸幕府の禁教方針を知りながらも、仙台藩内でのキリスト教の布教をなお認め続けた。その保護を掲げることでキリスト教徒を味方につけるとともに、スペイン国と軍事同盟を締結することでその軍事力を背景として江戸幕府を実力で倒そう。自分こそが天下を奪取しよう、としていた。そのためにスペイン国王に口頭で同盟を申し入れ、確約をえたいと思っていた。だから幕府の船奉行はメキシコから帰国させ、支倉一行だけをスペインに赴かせた。また万一機密が漏れた場合を想定して、書状には記さず、また口頭でのことがばれても藩内の重要人物でない者の戯言・暴言とするために藩内を代表する資格のない中級ていどの家臣にすぎない支倉を選んだ。そういうことらしい。

たしかに国内のキリスト教禁止策の推移を見れば、支倉一行に向けて通商交渉の中止を追いかけて指示できたはずである。それを止めずにいたのは、最後の最後までスペイン軍を引き連れてくるのではないかと一縷の望みを彼に託していた可能性があるだろう。

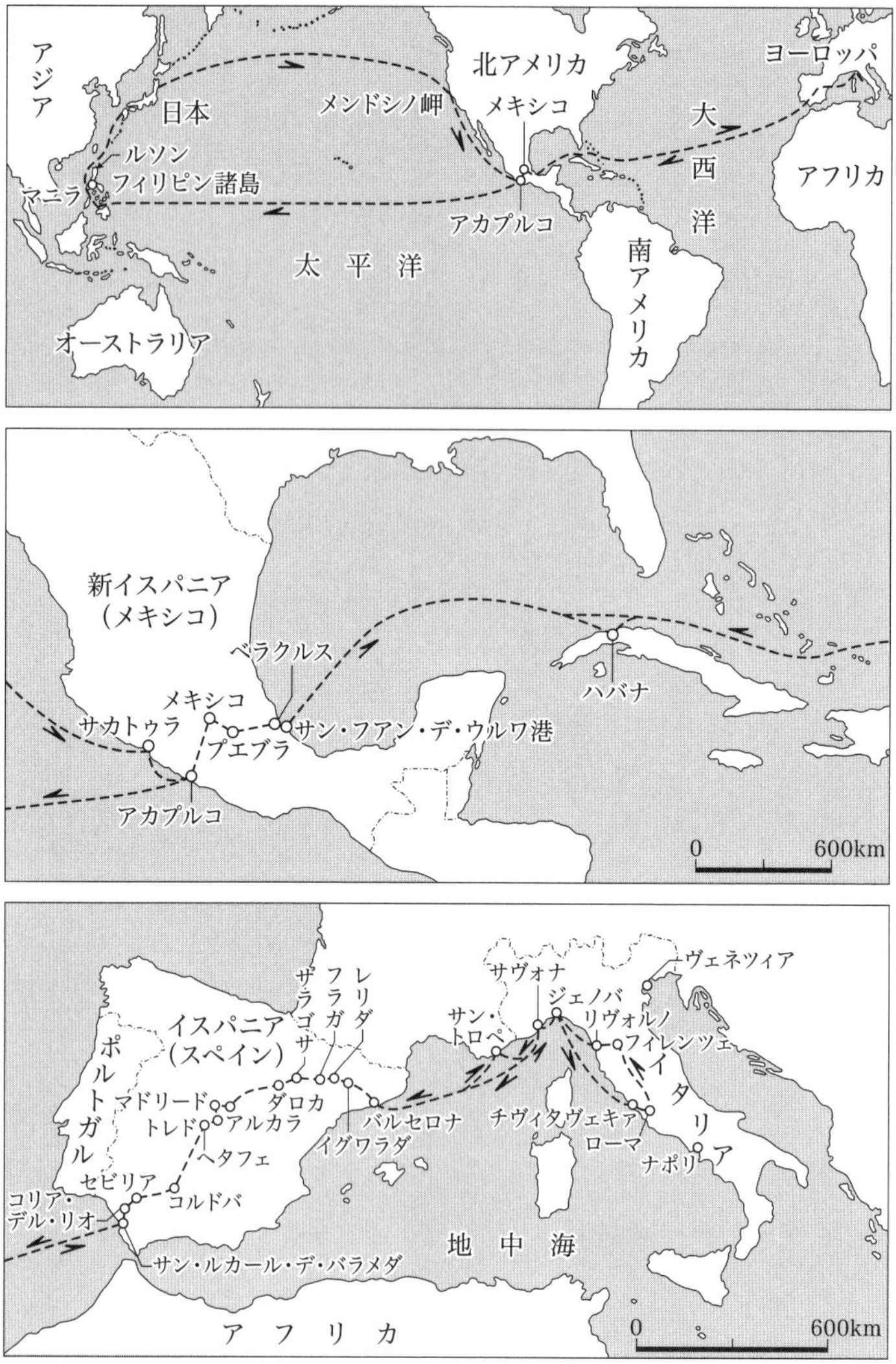

慶長遣欧使節の航跡
大泉光一氏著『支倉常長』（中公新書）を参照して作図した。

徳川家康公遺訓は、だれの遺訓か

人の一生は、重荷を負て遠き道をゆくがごとし。いそぐべからず。不自由を常とおもへば、不足なし。こゝろに望おこらば、困窮したる時を思ひ出すべし。堪忍は無事長久の基。いかりは敵とおもへ。勝事ばかり知て、まくる事をしらざれば、害其身にいたる。おのれを責て人をせむるな。及ざるは過たるよりまされり。

（名古屋東照宮所蔵。原文は句読点・濁点なし）

とは、周知のように江戸幕府の初代将軍・徳川家康（東照公）が慶長八年（一六〇三）正月十五日付で記した遺訓である。同じ内容で慶長九年・十七年のものもあるが、月日はいずれも正月十五日である。

彼の生涯を辿れば、本人の経験に基づいた信念、苦しいなかで噛みしめ育んできた言葉であろうことが十分に諒解できる。

天文十一年（一五四二）十二月二十六日、徳川家康こと松平竹千代は岡崎城内で誕生した。父・広忠は十七歳、母・於大（伝通院）は十五歳だった。松平家の総帥として弱年の父・母を守るべき祖父・清康は、家督相続直後に岡崎城を奪い取って本拠とし、わずか七年で三河全域を支配下に収め、さらに尾張へと勢力を伸ばしていた。しかし尾張守山城主の叔父・信定は織田氏に付いていたので、天文四年、それとの間に戦闘となった。この守山陣中で、清康は家臣・阿部弥七郎に討たれてしまった（守山崩れ）。二十五歳という若き当主を失い、三河の支配権は瓦解した。跡継ぎの広忠はまだ十歳で合戦の指揮もとれず、伊勢に逃れた。そして今川義元の助けを借り、天文六年に三河に立ち戻った。広忠は、今川方であった刈谷城主の水野忠政の娘・於大と婚姻し、家康が誕生したのである。ところが忠政の子・信元は今川方を見切って、織田信秀に付いた。さらに広忠の叔父で三木城主・松平信孝も織田方について、宗家の支配から離脱した。去就に不安を感じた今川家では、保護の見返りとして人質を出すよう要求し、天文十六年に竹千代は駿府に送られることになった。しかし護送役の田原城主・戸田康光が裏切って、織田方に引き渡してしまった。天文十八年十一月の人質交換により今川方に戻され、以後駿府で十一年間暮らすことになる。ところが、天文十八年の三月、すでに広忠は織田方の刺客・岩松八弥によって暗殺されており、松平家の所領は今川の代官が支配する形になっていた。『三河物語』によれば、家康が受けるべき税収は今川方にすべて横領され、扶持（じっさいに食べる米飯）しか渡されなかった。譜代の臣は扶持すらないので、百姓と同じく農作業に勤しんだ、という話だ。もっとも誇張されてもいて、家康は弘治二年（一五五六）六月から部内に命令する発給文書を出しており、額田郡・碧海郡あたりの知行は認められていたようである。

　家康は今川義元の偏諱を与えられて元康と名乗ってもおり、妻・築山殿は義元の姪（関口義広の娘。義広の妻は義元の妹）である。一門の扱いといえばそうだが、部下の三河衆が今川に反抗すれば責任を問われる立場で、当主が不在のなかで前線に配置された部下は多くが戦死させられていく。そういう情報に接しても、ただ忍耐せざるをえない。それが弱小豪族のしかも人質生活の主の姿だった。

　それが桶狭間の合戦で今川義元が横死し、しばらくして家康は独立。今度は織田信長と軍事同盟を結び、京に向かう信長を援護し、東側を防衛する任務を果たすこととなった。当初はもちろんやや信長が優位ではあっても、ほぼ対等な軍事同盟であった。しかし谷口克広氏著『信長と家康』（学研新書）

によると、天正三年（一五七五）を境に徳川氏への待遇がほぼ対等な同盟関係から一門に準ずる織田家の臣下となる、という。これは信長発給文書が判物（署名の下に花押）から印判状（署名の下に印判）になること、書状の書止文言が等輩に出す「恐惶謹言」で脇付が「進覧之候」の形式だったのが「謹言」のみになっている。また家康から信長に対する書札が、天正三年までは「岐阜殿」だったが、以降は家人宛に出すように変わっている。つまり同盟関係から主従関係に転換していったのである。

そうした彼我の力関係が変わっていくなかで、正室・築山殿と長子・信康が処刑されるという事件が起きる。信康の初陣は十七歳、天正三年の長篠の戦いだった。それに続く、遠江での対武田戦でも奮戦した強者だったという。『三河物語』では「さてもをしき御事哉。是程の殿は又出がたし」と絶賛している。築山殿が武田と通じて謀叛を起こそうとしたとか、信康が残忍でそれが妻・五徳（信長の娘）によって報告されたとかいうが、真相は明らかでない。しかし妻と子を他人の指示のままに処刑するのは、どう考えても屈辱であろう。それでも、周囲の敵と単独で対等に戦えていなかったのだから仕方ない。元亀三年（一五七二）十二月の三方原の戦いでは武田信玄の軍に一蹴され、天正三年五月の長篠の戦いでも独力で武田勝頼軍を追い払えず、信長の援兵を頼りにした。

天正十年六月、頭を押さえてきた織田信長が本能寺の変で、明智光秀に討たれた。これでふたたび群雄割拠となり、自分が頭角を現わすときが来る。そう思えたのだが、天正十一年四月の賤ヶ岳の戦いで羽柴秀吉がその混乱をはやばや収拾してしまった。目の前には、さらに強大な力を持った豊臣政権ができあがっており、天正十二年三月の小牧長久手の戦いが優勢勝ちだったとはいっても、軍勢の数が違う。相手に自分を少しでも高く売りつけるのがやっと。とうてい太刀打ちできなかった。偉人の辿る業績を見せつけられるだけで、いつも後塵を拝してきた。最後の最後になって、元和元年（一六一五）大坂夏の陣でいささか強引に豊臣秀頼を滅ぼしてみづからの政権の樹立に漕ぎ着けた。そういう家康の忍耐と迂回の一生がぎゅっと詰まった、たしかに彼に似つかわしい遺訓に思える。

ところが、このあまりにも著名な東照宮遺訓は、じつは家康のものでない。

徳川義宣氏「一連の徳川家康の偽筆と日課念仏―偽作者を周る人々」（史学美術史論文集金鯱叢書第八輯、徳川黎明会）によると、各地の東照宮に残されている五枚の「東照宮御遺訓」は偽筆で、そこに偽の花押を記したいわゆる偽文書だそうだ。

内容は『松濤棹筆』（奥村得義著）第二十に、

一人のいましめ　　水戸黄門公御作之由

人の一生は重荷を負ひて、遠き道を越行くが如し。いそぐべからず。怠るべからず。不自由を常と思へば、足らざる事なし。心に望み浮ばゝ、困窮したる時をおもひ出すべし。勤る事苦労におもはゞ、戦国に生れたる人をおもひ計るべし。堪忍は無事長久のもと。怒りは敵をもとむる種。勝つ事を知りて、負る事をしらねば、禍其身に至る。交りを結ぶには、己を責て人を責ず。人を懐るは仁にあり。信を失はざるは、物を内場にするにあり。義に違はざるは我を捨るにあり。

（原文は句読点・濁点なし）

とあって世に知られていたものだが、もともとは『天保会記』巻十三から採った記事である。そのもとになった『天保会記』（深田香実著）には天保元年（一八三〇）の序があり、神宮文庫本にはたしかに同文の「人のいましめ」が見られる。つまりは水戸黄門、この当時黄門といえば徳川光圀のことを指したので、光圀が作ったと伝えられてきた訓辞だったのである。それがどうやって家康の遺訓に化けたのかは不明だが、「安政三年（一八五六）弥生六日」付けの「東照神君臺諭」と称する御遺訓と同文の文書（蟹江和子所蔵文書）が確認できるので、天保元年から四半世紀ほどのうちに「伝水戸光圀作人のいましめ」が冒頭の文のように改作された上で家康遺訓として巷間に流布しはじめたのである。

それはそれとして、どうしてそれがここまで広まったのか。それはかつて幕府旗本であった、池田松之助（姓は大塚とも、名は松男・松雄とも）のせいらしい。松之助は五〇〇石取りの幕臣で、講武所奉行支配・両御番格奥詰などを務めた。明治十一年六月ごろから猛然と家康筆の御遺訓文書作りに邁進しはじめ、それが各地の東照宮に献納される。東照宮所蔵品・神宝となることで文書としての箔が付き、ついには今日見るように「東照宮御遺訓」として定着・流布してしまったのである。これには松本順（軍医総監。男爵）・石川桜所（軍医監）・岩田通徳（講武所奉行支配取締役）のほか、勝海舟・高橋泥舟（久能木宇兵衛信成の偽名を用いた）などが協力し、真筆に間違いないとの極め書きを記して権威付けを施していた。もとより年紀が異なるのに月日は同じという変な遺訓が同じ人の手元から五枚も出てくれば、偽造を疑うべきである。それをつぎつぎ鑑定して保証するなど正気の沙汰とも思えないので、軽い悪ふざけのつもりだったとも推測できるが、かなり罪作りな冗談ではある。

贋作製造の当人・松之助は、安政三年にはすでにできていた東照神君臺諭の文に、年紀・署名・花押を加えて自筆原本のように仕立てた。しかし、いったいなぜこんなことをしたのか。逮捕されたわけでもないので、動機まではわからない。明治十一年以降で本人の死没する明治二十一年までの間に家康関係の文書をいくら偽造しても、地位・身分も利益・財物も得られそうにない。徳川義宣氏は、松之助の偽作は、元治元年（一八六四）十二月以前に池田家根本文書である家康・秀忠の知行宛行状及び知行目録と陣太鼓を手放したことがきっかけかとする。その陣太鼓に「徳川家康関ヶ原合戦使用―本多忠勝―池田図書頭政長―美濃臨川寺」との由緒を偽作し、それから七十余点の贋作をつぎつぎ生み出すのである。徳川政権から明治新政への変化の波に乗れない鬱屈した思いが、「旧幕藩体制への郷愁を掻き立て、次第にそれを昇華して、旧体制の象徴・淵源であったところの家康へと収斂し、その偶像化・虚像化へと傾斜して行った」と推測される。だからそこまでやるのかともいえるが、南無阿弥陀仏という文字を繰り返し書いた「日課念仏」（かつては真筆とされ、重要美術品の指定を受けていた）を偽造した執念は並大抵でない。目先の利害などをはるかに超えた何らかの妄執は感じる。

そういえばそれほどの罪作りではないが、三本の矢の教えという話を思い出した。

死期の迫ったことを悟った毛利元就は枕元に三人の子を呼び、それぞれに矢を一本づつを与えて折らせた。それらは、受け取っただれもがたやすく折った。そこで今度は三本の矢をまとめて渡した。すると、だれも折れなかった。元就はおもむろに「一人一人が戦ったのでは簡単に倒されるが、この三人がまとまっていれば容易に倒されないものだ」と諭し、毛利隆元・吉川元春・小早川隆景の三兄弟が結束して家を守るよう遺言した、とかいわれている。しかし隆元は永禄六年（一五六三）に死没し、元就よりさきに逝っている。元就には弘治三年（一五五七）に出した三子教訓状があり、「毛利両川」体制の堅持を指示したという。だが、そこには矢の話など出てこない。一族の結束を呼びかけただけのありふれた内容だ。これに尾鰭がつくのは、そういう話がいわれ出したころの事情、発言者の権威付けが必要なときに先祖の話として作られたもの、とみておくのが穏当だろう。

江戸時代の百姓は、幕府施策でがんじがらめだったのか

江戸時代の村は、幕府・藩などの政策的な意図が貫かれた法律によってがんじがらめにされている。「東照宮上意に、郷村の百姓共は死なぬ様に、生きぬ様に」（『昇平夜話』）という方針のもとに、五人組を作らせて連帯責任とする。そのうちの一人が夜逃げをしたり、直訴などすれば、五人とも処罰される。だから、突出しないようおたがいに監視しあうのだ。個人の責任を集団の責任としておくと、集団が各個人の動きを止める。いまでもよく見られる、伝統的な監視方法である。

寛永二十年（一六四三）田圃には田畑勝手作りの禁令を出し、「一、本田畑にたばこ作り申す間敷旨、仰せ出だされ候。一、田方に木綿作り申す間敷事。一、田畑共に油の用として菜種作り申す間敷事」（『徳川禁令考』）とされて、もっと高額商品が作れるのに、本年貢となる米だけを作るよう強いられた。農民の労働意欲を殺ぎ、毎日同じものを作り続けていればいい、という保守的政策である。

また寛永二十年の田畑永代売買禁止令では「身上能き百姓は田地を買い取り、弥宜く成り、身体成らざる者は田畠沽却せしめ、猶々身上成るべからざる之間、向後田畠売買停止たるべき事」（『御触書寛保集成』）として売却・買収を禁止され、延宝元年（一六七三）には「名主百姓、各田畑持候大積、名主二十石以上、百姓十石以上、夫より内持ち候ものは、石高猥りに分け申し間敷旨、仰せ渡さる。……若し相背き候はゞ何様之曲事にも仰せ付けらる」（『伍簿案』）とあって、村長にあたる名主なら生産高で二十石未満、一般百姓ならば十石未満になるような分割をしてはならないと定めた。

さらに「百姓、年貢其の外、万訴訟として所をあけ、欠落仕るもの之宿を致間敷候。若し相背くに於ては穿鑿之上、曲事に行ふ可き事」（『御當家令條』）として、村からの移動にも制限を加えている。

その極めつけは、慶安二年（一六四九）に出された慶安の御触書である。「公儀御法度を怠り、地頭・代官の事をおろそかに存ぜず、扨又、名主・組頭をハ真の親とおもふべき事」（『徳川禁令考』）は、まぁそう思ってほしいという為政者側の願望にすぎないとしても、「朝おきを致し、朝草を苅り、昼は田畑耕作にかゝり、晩にハ縄をない、たはらをあみ、何にてもそれぞれの仕事油断なく仕つるべき事」や「正月十一日前に毎年鍬のさきをかけ、かまをも打直し、能くきれ候様ニ仕つるべし。悪きくわにてハ田畑をおこし候にはかゆき（捗行）候ハず。かまもきれかね候得ハ同前之事」「百姓は、こへ・はい調え置き専一に候間、せつちんをひろく作り、雨降り候時分、水入らざる様に仕つるべし」は専門家に仕事の手順を教えるつもりかと揶揄したくなる。もっとも上に立つ為政者として、未熟な農民でも作業手順に落ちがないよう心配して見守っている、とも見える。しかし「百姓は分別もなく末の考もなきものに候故、秋ニ成候得ハ、米・雑穀をむざと妻子ニもくわセ候。いつも正月・二月・三月時分の心を持ち、食物を大切ニ仕つるべく候」とあって、本心は莫迦にしているのでは。

さらに「百姓ハ衣類の儀、布木綿より外ハ、帯、衣裏ニも仕つる間敷事」「屋敷の前の庭を奇麗にいたし、南向きを請くべし」「春秋、灸をいたし、煩候ハぬ様ニ、常ニ心掛べし」「たばこのみ申し間敷候」とあり、さらに「みめかたちよき女房成共、夫の事をおろそかに存、大茶をのみ、物まいり、遊山すきする女房を離別すべし」「子供多く之有りて、前廉恩をも得たる女房ならハ格別」で「みめさま悪候共、夫の所帯を大切ニいたす女房をハ、いかにも懇ろに仕つるべき事」とまでいわれると、夫婦関係にまでずかずかと踏み込んで裁くのかと不愉快さを感じる。妻のみめかたちがよかろうと悪かろうと、幕府にそんなことまで指図されるいわれはない、と。ついでながら寛永二十年には「百姓之衣類……庄屋は妻子共に絹・紬・布・もめん、脇百姓ハ布・もめん計之を著すべし。此外はゑり帯等にもいたす間敷事」（『御當家令條』）と素材を指定し、うるさいほどの干渉である。幕府の目の行き届き方に驚きもするし、苦痛も覚える。

農村の状態を、自分たちの身の安全、行政の都合上変えたくない。階級分化によってあたらしい階級が台頭することを抑えたい。そういう幕府の保守的な統治姿勢が窺える、というわけだ。

ところがこの話、じつは私たちが大きな誤解をしている。農村関係の一連の法令は、そもそも幕府側から発意したものでなかったのだ。

田中圭一氏著『百姓の江戸時代』（ちくま新書）によると、越後高田藩内の清水村では山の保水力を維持するために水源林として木炉（割木。たきぎ）の伐採を禁じていたが、天領となったときに稼ぎなどの生活維持用に数量を限定して伐り出しを認めた。これらは、ともに藩や幕府が村からの訴えをうけ、それを採用したにすぎない。そのように田畑勝手作りの禁令も、佐渡地域の相川銀山が大洪水になって、村々が凶作に見舞われたから出されたものだった。洪水・凶作にも拘わらず煙草の消費量だけが増大し、米の値段が暴騰した。そういう状況のなかで、その場を切り抜けるための禁令だった。けっして、幕府が農民身分を維持させる政策として意図的に制定したのではない、という。分地制限令も、村の耕地が増大したことで用水不足が起こり、そのために家数を制限しなければならないという状況に置かれた村があった。その村の請願に応じて定めたもので、幕府がどの村にもそんな方針をもって臨んだというわけじゃない。

もともと江戸時代の村は村人たちの自治で運営されており、戦国時代以来、年貢納入も基本的に村請だった。村が請け負うので、じっさいに本田畑に何を植えているかは為政者も管理していない。見てもいないものを規制しようとするはずもないから、田畑永代売買の禁止も勝手作りの禁止も村民の方から求めて禁令を出させたのである。実情を知っているのは村人たちで、彼らにしか法を立案できない。それが支配の実情だったろう。

たしかに規則というものは、為政者など上から縛ろうとするだけでなく、下から設定を求めてしまうものだ。神奈川学園で生徒指導をしていくなかでも、そういうことはあった。「靴下の柄はワンポイントのみ」と定めると、ワンポイントの定義が必要になり、三菱重工業（株）のスリーダイアモンドマークはスリーポイントなのか、続いていればよいが離れていれば構図としての一体感があっても規則違反なのか、など現場が混乱する。そこであたらしい条項が必要となり、規則数が増えていく。現場が制定を求めていく、というのは頷ける論議である。

また仏教界の戒律だとて、帰依・出家したときの本人の心得がしっかりしていればもともと十戒ていどで済む話であった。それが、たとえば十戒のなかにある「男子の裸身を摩り触れてはならない」「男子の手や衣服を探り、共に語らってはならない」で趣旨は十分解るはずなのに、「出会い頭にぶつかった場合はどうするのか」「倒れている男（女）を救ってやってはいけないのか」などという質問をするから、あれもこれも答えなければならない。それが覚えなければならない規則となり、具足戒は二五〇戒にまで増えてしまったのである。

江戸時代の飢饉は、人災だったのか

北川浩之氏「C^{13}／C^{12}比からみた過去二千年間の気候変動」（「日本地理学会予稿集」43）などによると、江戸時代の気温はかなりきびしかった七・八世紀よりもさらに寒冷化し、この二〇〇〇年のなかで最低であった。江戸時代のはじまる十七世紀初頭から十八世紀までの二〇〇年間は平均気温がしばしば十九度になることがあり、現代に比べて約三度、温暖期に比べて六度も低い。基幹産業であった水稲耕作にとって、しかももともと熱帯地域の作物である稲にとって、温度の低さは受粉障害を起こさせる原因となった。受粉しなければとうぜんにも枯死するだけで稔らないし、稔りがなければ翌年の種籾も得られない。そうなればその当該年だけでなく、翌年にも食糧難が続くことが予想される。もちろん受粉障害だけでなく、気候の変化は旱魃・霖雨など極端で不安定な耕作環境をもたらすこととなり、それにともなって異常発生した虫獣などによる農作物の被害なども併発させる。こうしたことから、飢饉→流浪→乞食→餓死などを連想してしまう。

もともと自然の脅威の前には、人間社会の営みなど脆いものだ。建築学の粋と叡智を集めて作った高層ビルも、地震には弱い。地面を埋め立ててみかけの陸地を増やしてみても、液状化現象などでその地に載せた建物は沈み込む。どれほど高い堤防を造って自然の猛威に楯突こうとしても、噴火による火砕流、大雨による洪水、地震による津波には、まったく歯が立たない。やすやすと越されるか、または破られて決壊する。弥生時代に水田農耕があったことを証明したのは静岡県の登呂遺跡

（弥生後期）であるが、それがその姿のまま残ったのは安倍川の大氾濫によって村が潰滅し、水田がすべて埋まってしまったからである。だから弥生時代のありし日の姿そのままが保存され、私たちの眼前に蘇った。しかしその当時の弥生人は、孜々営々と作り上げてきた村と水田が一瞬のうちに濁流に呑み込まれ平らにされてしまうのを、ただただ見送るほかなかった。それが現実である。人智で左右できない天候という大きな自然環境の変動の前に、私たちは無能である。まさに天災は、私たち人間にどうしようもない悪夢。そう思うと、あきらめが先に立ってしまう。

だが、社会全体を見渡してみると、そうともいえないんじゃないか。そういう思いを懐く。というのも、支配者・政権担当者である大名や武士には、一人の餓死者も出ていない。また武士のために奉仕する立場にある僧侶・神官あるいは都市の町人たちも、米価の高騰には苦しんだとしても、結果として城下町全体が餓死者だらけでゴーストタウンとなったという話を聞かない。米・麦などの食料を作っていた人たちが餓え死にしているのに、食料を何も作らない人たちはそろって生き延びる。だからこの不合理な結果に、八戸の町医者である安藤昌益は憤った。彼は八戸城下に延享元年（一七四四）から宝暦八年（一七五八）まで居住し、その間の寛延二年（一七四九）の猪カケチ（カケチは飢饉のこと）と宝暦五年の凶作を現場で実見している。『（稿本）自然真営道』では、上下二別の差を設けて武士・学者・宗教者・商人など「不耕貪食」する階級があり、それが百姓から搾取するから天地不正の気行が齎らされた。だから搾取階級を廃絶し、すべての人々が直耕・直織するつまりすべからく帰農すべし、と説いた。帰農論がよいかどうかは別として、飢饉で餓死するかしないかの前に何らかのカラクリがあると予想するのはとうぜんだろう。

その第一が、作付け指導や回米である。

菊池勇夫氏著『飢饉―飢えと食の日本史』（集英社新書）によれば、盛岡藩の天明三年の飢疫には序章があった。五戸通という代官行政区について記された『飢歳凌鑑』によると、安永年間（一七七二～八〇）から年度によって出来・不出来が激しく、穀物相場は乱高下していた。そのなかの大豆については盛岡藩主が買い上げるので、確実に換金できる商品作物として人々は栽培に精を出した。だから生産は増え、飯料畑としてほんらい自分たちの最低限の食料を確保すべき畑にも大豆を植えてしまった。その大豆は、藩が藩主の手元金によるお側買いという名目のもとで徹底的に買い上げられた。十年前には一五〇〇石だったのが、天明二年には五五〇〇石にまで増大していた、という。まさに農村が全力で生産し、それを十七世紀には松前や江戸に、十八世紀にはおもに大坂に売っていた。地元で買い取った価格と都市などに売り捌いた額の差で、藩財政の借財を埋めたのである。平年はそれでもよかったが、天明三年の大飢饉にあった。そうなると飯料畑を大豆畑にしていたのが仇となり、農民たちの手もとには飢荒時の食料が何も残っていなかった。欲をかいたといえばそうだが、そのように導き、そう求めてきた藩側には、もちろん農村を弄んだ為政者としての責任がある。同じく天明二年の飢饉では、仙台藩も悲惨だった。仙台藩では寛永年間（一六二四～四四）ごろから領内の米を買い上げて、それを江戸に回米してきた。十八世紀には春に買米本金を貸し付け、秋に米で納入する形にさせていた。宝暦七年（一七五七）の飢饉で前金制の買米は破綻したが、大坂商人からの借金で買い付けていたらしい。他藩からの米も流入して、米価は落ちてきたものの、新米の収穫前の端境期には米価が上がる。凶作なら、平時の六倍にもなる。天明二年、端境期の値上がりを狙って、御納戸金倍合方係・安倍清右衛門は前年に領内の米を洗いざらい買い取って江戸に回米していた。そのために国元には米がなく、端境期から飢饉の一年に多くの餓死者を出すことになった、という。

もちろん、日本列島は南北に長いので、凶作の所があるときはどこかが豊作になる。その豊作の地から飢饉の地に、穀物を回してやればよい。ところが、藩が半独立的・自治的に経済運営をしている時代には、そこがうまくいかない。津留・郡村留などで地域の外に商品を出させず、内部の商品作物を保護・育成するために外部からの移入を制限した。その移出入禁止の内容によって、穀留・塩留などともいう。いずれにせよ、外部との間に流通制限が行われる。これが第二の人為的飢饉である。自分の藩領の米を出させないのは、藩民を守る自衛策である。不足する藩に回してやれば餓死に至らず、飢饉が緩和されたかもしれない。しかし放置しておけば、他藩のために自領内の米が不足して餓死者が出るかもしれない。またまったく留めなければ、江戸・大坂の商人が資金力にものをいわせて買い上げてしまう。その米は自領の農村から被災地の農村にではなく、江戸・大坂などの都市に流出するだけだったかもしれない。いやたぶん、商人にとって飢饉は高値で売れるチャンスであり、餓死者がでないようにするかどうか、すべきかどうかなどにはまったく興味がない。飢饉・凶作の情報は、金を生むもととしか捉えない。金を増やすためなら、手段を選ばない。それが商業だ。だから、おそらくは餓死者の横を通り過ぎて、都市で儲けるための道具にされたことであろう。ともあれ飢饉にあえぐ藩の近隣の藩は、穀物を動かさせない。それが人為的に餓死者を作り上げるのだ。

さらに農民は早稲種より、収量が多くしかし異常気象に弱い晩稲種を植えたがる。災害を忘れ欲呆けした人の人為的ミスでもある。だが翻って思えば、これらはいますぐに起こりうる事態でもある。

浅野内匠頭は、何といって吉良上野介に斬りかかったのか

二〇〇一年九月十一日、アメリカ合衆国ニューヨーク市内の世界貿易センター東西棟にハイジャックされた飛行機がそれぞれ激突し、ビルディングは倒壊した。事件を目の当たりにしたジョージ・H・W・ブッシュ大統領は、「これは戦争だ」と発言した。「戦争を仕掛(しか)けられたのだから、アメリカも戦争で応じる」といいたかったのだろうが、人々は「戦争じゃない」と即座(そくざ)に否定した。というのも、戦争や自然災害と認定されると免除規定が適用され、関係者に保険金が支払われなくなるからだ。

元禄(げんろく)十四年（一七〇一）三月十四日、江戸城松の大廊下(おおろうか)で起こされた刃傷(にんじょう)事件も、一方的な乱心(らんしん)なのか、双方の喧嘩(けんか)なのか。その認定によって、裁き方が大きく異なるものだった。遺恨(いこん)あって喧嘩しているなかでの刃傷ならば喧嘩両成敗(りょうせいばい)が原則なので、双方が処罰されるべきである。勅使饗応役(ちょくしきょうおうやく)で斬りつけた側の浅野内匠頭(あさのたくみのかみ)だけが切腹で、儀礼作法指南役(しなんやく)の高家(こうけ)・吉良上野介(きらこうづけのすけ)は無罪放免(ほうめん)。これでは、納得できない。しかし一方的な乱心であれば、歩道を歩いていたのにほんらい車道を走るべき車が乗り上げてきて傷を負わされたようなもの。当たった歩行者に「何でそこにいたんだ」とかの罪は問えない。つまり運転者や乱心者だけが処分されて然(しか)るべきだ。それを見極めるさいの重要な決め手となるのが、内匠頭が上野介に斬りかかったときに、何といったのか。その言葉の内容と表現である。

ところが肝腎(かんじん)なその言葉が、何ともはっきりしない。

岳真也氏著『吉良上野介を弁護する』（文春新書）によると、幕府の公式資料である『徳川実紀』（常憲院殿御実紀巻四十三。新訂増補国史大系本）には「館伴浅野内匠頭長矩、義央が後より宿意ありといひながら少さ刀もて切付けたり」（四三三頁）とあり、宿意というから「かねての恨み」（『広辞苑』）を懐いていたと見える。内匠頭切腹の場となった一関藩（藩主・田村建顕）側の『一関藩家中長岡七郎兵衛記録』では「意趣之有る由ニて」で、赤穂浪士側の『堀部武庸筆記』も「意趣之有る由ニテ」。将軍の側近くの隆光僧正著『護持院日記』には「意趣之有り」、将軍・徳川綱吉の懐刀といわれていた柳沢吉保著『楽只堂年録』にも「浅野内匠頭長矩、内々意趣を挟むによりて」と書かれている。

それでは、現場にいた人たちはどういっているのか。内匠頭を抑えた梶川与惣兵衛頼照著『梶川氏筆記』（南葵文庫本、東京大学図書館蔵）では、「吉良殿後より内匠頭殿声かけ切り付け申され候へども」とある。事件のあった江戸中期当時の実録物といわれる書でも、『江赤見聞記』に「上野介覚候かと御言葉を被掛」とあり、小川恒充著『忠誠後鑑録』に「内匠頭、覚えたるやと詞をかけ」、東城守拙著『赤城士話』にも「後より言葉を懸」とあるのみ。また杉本義鄰著の『赤穂鍾秀記』にも「上野介に詞を懸」、『浅倉一乱記』（作者未詳）にも「名乗懸て」とある。要するに、その当時の資料には、内匠頭が斬り付けるときに放った、その内容に関わる具体的な言葉がない。つまり遺恨とはない。

ところが『梶川氏筆記』（丁未雑記本、東京大学史料編纂所蔵）では、「誰哉らん吉良殿の後より、此間の遺恨覚たるか、と声を懸、切付申候」となる。写本でのこの増補が本人の追記かどうかは不明だが、丁未年は享保十二年（一七二七）のこと。四半世紀経ったものの方がより精確に具体的になっている、というのは不自然だろう。おそらくは行われてしまった喧嘩両成敗を掲げた赤穂浪士の快挙

赤穂浪士の墓（左奥の建屋内に大石内蔵助の墓がある）

を称賛（しょうさん）する社会風潮が支配的で、それに合わせて内匠頭に同情する観点から、遺恨があったとする証拠となる言葉を本人（または筆写した者）が推測・捏造（ねつぞう）して書き加えた。そういうことだったろう。

　どうやら内匠頭が上野介に掛けた言葉は、その事件当時にどれほども知られていなかった。内匠頭はなぜ上野介に斬り付けたのか。傷害は事実だが、理由がわからない。何かふくむところがあったのだろう。でなければ、こんなことになるまい。では饗応（きょうおう）の仕事にかかわることで、恨んだのか。例えば必要な連絡がなされずに恥を搔（か）かされそうになったとか。それなら、賄賂（わいろ）が少なかったとかでの腹いせか。いや宿意ならば前のことだから、塩田（えんでん）の運営に纏（まつ）わるものか。そういう枝葉（しよう）・尾鰭（おひれ）がついてくる。そう、世間が斟酌（しんしゃく）して辻褄（つじつま）のあった話に仕立てるのだ。噂が完成していくときの常道（じょうどう）である。

こうした世評におされ、また事件の顚末についての記述を完成させる意図もあってか、『徳川実紀』も「宿意あり」といって小さ刀で斬りかかったと纏めてしまった。しかし内容は聞き書きであって、本人からじかに聞いたものでない。宿意としたのは、編纂者の推測であろう。「(目付らが)意趣をたゞされしに」上野介は斬り付けられた理由に「更に覚なきよし申」すとし、何かの紛争があったとは発言していない。『徳川実紀』はもともと編纂物で、当日の当事者の記録でない。だから後日あった討ち入り・「仇」討ちとの辻褄合わせ、両事件との整合性を推測して調整している可能性があろう。

　ともあれ内匠頭が宿意をもって斬り付け、果たせなかった無念を継承すると称して仇討ちをした。そういう私たちのよく知っている構図は、すくなくとも事件当初に確認できない知見だった。それは、のちの人あるいは外部者の解釈である。ではほんとうはどうだったのか。何かいっていたとして、上野介にも梶川にも、その言葉は聞き取れなかったのだろう。真相は、もはやわからない。確かなのは上野介が斬り付けられる事件が起こり、遺臣たちが邸内に侵入して上野介を討ったこと、それだけだ。

生類憐れみの令のもとで、犬はどうして嫌われたか

五代将軍・徳川綱吉は、母・桂昌院の勧めによって生類憐れみの令を出した。

天和三年（一六八二）に徳松を死なせてから、綱吉には継嗣となるべき実子ができなかった。母が僧・隆光に相談すると、前世での殺生による報いだから、償いとしてすべての動物、とくに戌年生まれだから犬を大事にしなさいとの教えだった。これを伝えられた綱吉が命令を下した。それがこの生類憐れみの令だ、という。この経緯は著名な話として巷間に流布しているので、いまさらこれを否定することもむずかしそうだが、かならずしも根拠は明らかでないのだそうだ。

この禁止令は単一法令でなく、何回も出された関連法令の総称である。

山室恭子氏著『黄門さまと犬公方』（文春新書）によると、二十五年間にわたり一三五回の発令が確認できる、という。いちばん最初は、貞享二年（一六八五）に出された、将軍の御成（移動）のさいに沿道や施設の近隣では犬・猫を綱などで繋いでおかなくともよい、というものだったらしい。それから馬の筋のべの禁止になり、種類と程度の拡大がはじまる。馬の筋のべの意味は明らかでないが、凶暴さを抑えたり遠くに行かせないための管理上の措置ではなかったろうか。

笛吹明生氏著『大江戸とんでも法律集』（中公新書ラクレ）には、おりおりの法令や関連した事件などが紹介されている。

貞享四年には食用の魚・鳥の飼育・売買が禁止されたが、それでは表現が不足していると思ったか、

その翌日には、今まで飼っていた鳥をいそいで絞め殺したり、生け簀の魚を殺してはならない、と追加している。そして生きた魚・鳥の売買は禁止するが、鶏や家鴨・唐鳥を放してしまっては餌に困るから、飼い続けよ。卵は取らずにひよことして育てよ、という。しかしこれらを総合すると、食料として売買するために飼っていた魚・鳥を売るな、放つな、育てよ、となる。彼らからすると経費がかさむだけで、稼ぎがなくなる。「それでは商売替えをしよう」としても、手元にある魚・鳥が邪魔になる。魚が手に入らない料亭・飯屋は、商売にならない。また卵を孵化させてしまうとなると、卵とじもできなくなる。生きたイモリや黒焼きのイモリを商売にするのも禁止され、犬の皮を使うことの多い鞠の売買も停止された。

違反した場合は、武士となると切腹などにもなったが、庶民は入牢するもののふつう数日で放免されていた。

とはいえ、飼っていた鶏を大家の猫が食おうとしたので猫を地面に叩きつけて殺してしまったという人は、江戸十里四方所払い（四十キロメートル範囲への立入禁止）となっている。長期療養中の五歳児に効果があるという燕を食べさせようとして吹き矢で燕を射たところ、親子とも斬罪にされた、という話が『御当代記』に載っている。また小犬を絞め殺しておいて、かねて恨んでいた男の仕業に見せかけた者もいた。これは露見して磔になったそうだ（『御仕置裁許帳』）。さらに左官の娘は、大工の弟子が犬を殺したと訴えて五両（百万円相当）の報奨金を貰ったという（『正宝事録』）。苛政にみんなが直面していたのだが、その前でもさまざまな人間模様が展開した。

それでも、やはり中心は犬の扱いだ。

犬を殺したり傷つけたりするのはいけないとされ、報奨金をかけて捜査がなされた。これではうかつに叩くこともできないので躾けができず、犬のし放題になる。誰も苛めているかのように疑われたくないので、当たらず触らずになった。そのために犬がかえって野犬化し、人が襲われたりする被害が多くなった。

ただし、なぜ野犬化するのだろうかと想像するとき、私たちの頭のなかは当時の飼い方についてたぶん誤解している。

たとえば、隣屋敷の犬が垣根を壊して入り込み、穴を開けたり庭木を傷つけたりするので、御書院番の小笠原源右衛門は勧められて犬を飼うことにした。その犬がよその犬と喧嘩をしていて、それを辻番が分けたところに源右衛門が帰ってきた。昂奮していた犬は、馬に噛みつき、振り落とされた源右衛門が死亡した、という。

つまり江戸時代には、犬は自分の家でもよその家でも、放し飼いだったのだ。

ついでながら、猫には綱がつけられていたらしい。『枕草子』（日本古典文学全集本）九十三段には、「簀子の高欄のわたりに、いとをかしげなる猫の、赤き首綱に白き札つきて、いかりの緒くひつきて、引きありく」とある。また『源氏物語』若菜巻で、柏木が女三の宮を垣間見たのは、猫が御簾の端から走り出てきたときに、首に付けられていた長い綱が絡まって御簾を開けてしまったからであった。いまは猫は放し飼いで、犬を繋ぐが、むかしそしてかなり長い間、その全く逆のことが常識であった（北嶋廣敏氏著『不思議猫の日本史』、グラフ社）。

猫のことはどうでも、犬は鎖や紐で繋いでいない。

餌をだれもやらなければ、町中でうろうろしていても飢えてしまうから、やたらに噛みつく。だからといって餌をやればなつかれてしまい、飼い主と見られればみずから紛争の火種を抱え込むことになって迷惑する。というのも、捨て犬をしたとみなされると、飼い主が処罰されるからだ。犬がほんとうの飼い主を証言してくれないから、人々はなついている相手を飼い主と見なしかねない。だから、ともかく知らん顔してその場を逃れるほかない。だが、放し飼いの犬がうようよし、しかも危害を加えられなくなったため、安心して寝そべったままになって、どきもしなくなった。足蹴にもできず、どうにもならない。それが当時の町中や村里の風景だったのである。

こうして犬が町中にあふれ、飼い主はどんどん捨てにかかる。

子犬の出産は綱吉からすれば取り分けて歓迎されそうな話であり、厳重に看護された。だから、野良犬は市中に増えるばかり。そこで早くは元禄五年（一六九二）以前に、幕府は江戸近郊の喜多見（世田谷区）に野犬の収容所を建てた。元禄八年、四谷・大久保に二〜三万坪（一坪は、三・三平方メートル）の施設を作ったが、とても間に合わない。そこで丸亀藩・津山藩に命じて中野に十六万坪という広大な犬小屋を作らせ、さらにそれを二十九万坪に拡大して、一〇〇万匹を収容した。しかしそれでもなお不足するので、近郊の村々に一匹につき年二分で預からせた、という（谷口研語氏著『犬の日本史』PHP新書）。

たしかに異常な事態だし、笑い飛ばすこともできよう。

だが、もとはたった一人の願望である。幕府内の誰一人それを止めようともせず、庶民からは報奨金を受け取ろうとする人たちが出る。このいつものパターンの方が、よほど怖い話ではなかろうか。

柳沢吉保は徳川綱吉の寵愛をいいことに権力を壟断した君側の大奸か

柳沢吉保といえば、五代将軍・徳川綱吉の側用人として権勢をほしいままにした寵臣である。

その出世ぶりはすさまじい。柳沢家は甲斐の武田を支えた武川衆の出だったが、主家滅亡のあと徳川家に仕えた。父・安忠は知行一六〇石・稟米（蔵から受けとる扶持米）三七〇俵の小禄で、寛文元年（一六六一）将軍・家綱の弟として分家した綱吉に随って館林藩の勘定頭となった。吉保は家督を継いで小姓組番衆になったが、延宝八年（一六八〇）綱吉が将軍に就いたために陪臣から幕臣に転じた。綱吉の信任を受け、元禄元年（一六八八）に御小納戸役から側用人となって近仕し、一万二〇三〇石の大名に列した。三年には二万石、五年には三万石、七年にも一万石が加増されて川越城主七万二〇三〇石となった。十年に二万石、十五年に二万石、宝永元年（一七〇四）家宣を世子（将軍継嗣）と定めたときの功績で三万九二〇〇石が加増され、甲府城主一五万一二〇〇石（実高二二万八七〇〇石）という堂々たる大名になった。同時に職権も拡大し、元禄元年に若年寄上座、七年に国政の重要議題を審議する評定の場に出座し、ついで老中格に昇進。十一年には老中より上座の大老格になった。さらに徳川家門並の松平の家号を許され、綱吉の一字を与えられて保明から吉保に改名した。一時領地とした甲斐国山梨・八代・巨摩三郡は開幕以来の天領で、徳川一門・連枝の人しか封ぜられたことがなかった。綱吉は彼を寵愛し、御成りと称する臣下の家の訪問は五十八度。そのさいには貴重な刀剣・書画などが数多く下賜された。これでは吉保の顔色をうかがう者が多くなるのも当然で、『折たく柴の記』（岩波文庫本）で新井白石は「老中みなみな其門下より出て、天下大小事、彼朝臣が心のまゝにて、老中はたゞ彼朝臣が申す事を、外に伝へられしのみ」（四五四頁）とまでいう。吉保は老中を凌ぐ力でこの時代を導いた。あるいは寵愛を背景として老中を黙らせ従わせた。しかし生類憐れみの令という稀代の悪法を出した綱吉を諫止できていないから、媚び諂うだけの佞臣とする評判も仕方ない、ともいえる。

それにしても、どうしてここまで寵愛されたのか。のし上がるための権謀術数としてよく語られているのが、柳沢騒動である。それを極致まで物語化していった『護国女太平記』（版本）によれば、吉保の嫡子・吉里をじつは綱吉の御落胤だと偽り、将軍の後継者にしようと計った。もとより身に覚えのある綱吉は、これを諒解。その旨を発表すると打ち明けられた綱吉の正室・鷹司信子は綱吉を刺殺して自害し、身を賭して吉保の将軍家乗っ取りを阻止して護国を成就した、という。吉里が御落胤だというのは、綱吉が吉保の家に御成りとなったとき、吉保はその余興として部屋を吉原の揚屋のように作り替え、自分の側室・さめ子（染子）を太夫・高尾のように艶やかに仕立てた。そして太夫が高家や大尽を振って綱吉を選んだようにさせ、綱吉と床入りさせた。これにより吉里を身籠もったので、表向きは吉保の子だが、じつは綱吉の子だという話である。ほかにも次々と側女を入れ、綱吉が女色に溺れて政務を疎かにするよう仕向け、吉保は権力の代行者として富と権力をほしいままにしていく過程がことこまかに描かれている。いろいろな趣向を凝らして『三王外記』（太宰春台作か）・『元宝荘子』（作者不詳）・『日光邯鄲枕』（浪華隠士作）・『けいせい楊柳桜』（作者不詳）・『梅柳若葉加賀染』（四代目鶴屋南北作）・『裏表柳団扇画』（河竹黙阿弥作）・『柳影沢蛍火』（宇野信夫作）などとして読まれまた上演されて、まことしやかに巷間に広まっている。

しかしこれは権勢を手にした者へのやっかみ半分の作話で、そうしたことを窺わせる事実がある話でない。福留真紀氏著『将軍側近　柳沢吉保』（新潮新書）や野澤公次郎氏著『柳沢吉保の実像』（みよしほたる文庫）によると、吉保は権勢に奢らぬようとくに配慮して身を処していたという。

家臣たちに三十五ヶ条にわたる「家中法度」を示し、百姓・町人から金銀米銭を借用したり、私用のために人馬を徴発したりしないように定めている。また「人は、十分に足り申す者はこれ無く候。何ぞ又、とりへ有るものに候。それぞれ相応に御仕い成られ候由、御奉公心付けの儀、また慎みの事、ひたと、御意御座候。利発成る者へは、利発見えぬ様に勤め候事肝要に候」とし、世の中に不足のない者はいないが、どこか取り柄はあるものだ。相応に奉公するように心懸けよ。また慎みが大事で、利発な者は利発に見えないようにしろ、とも諭している。これは能ある鷹は爪を隠すという話でなく、利発でも真心を籠めた言動をしなければ実を取れないとの意味だそうだ。『楽只堂年録』宝永二年（一七〇五）七月十三日条によると、綱吉から「気疲れしないよう保養して勤めるように」といわれたので、それではといって「城中で所々の番人が下座をするのに会釈を返すのが煩わしいので、これからは私に対し下座しないよう指示してほしい」とか「端午・重陽・歳暮・参勤・相続・隠居などのさい、公儀に対する祝儀の品物を受け取らないように願いたい」などと要請している。翌年正月には老中・土屋政直を通じ、年頭・上巳・端午・七夕・八朔・重陽・歳暮の柳沢家への訪問も禁止させている（「源公実録」）。将軍家や自分への気遣いを軽減させようと配慮し、権勢が大きくなるのに反比例させてより慎み深くする考えだった。栄耀栄華に驕り高ぶった傲慢な人物などでない、という。

六義園の「藤代峠」から南を見下ろす（島内景二氏撮影）

あるとき若年寄を退任したばかりの大久保忠増が、嫡子・忠英を柳沢邸に参上させて面会したいと申し入れてきた。忠増は、父・忠朝が老中だったのに、自分は若年寄止まり。このままでは幕閣に入れない家格に落ちると懸念し、吉保に後押しを頼みたかったのだろう。しかし吉保は「御壱人様へ御逢ひ遊ばさせられ候ては、外へ御断り遊ばされがたく思し召させられ」て断った。面会は公の場でして、私的な願いを言い出すのが憚られるよう仕向けた。また同じ論理で「老中から頼まれた者は召し抱えない」としていた。その人物を自分で吟味できなくなるからだろうが、一事が万事でもある。

とはいえ、吉保がそう考えていたら、そうなるわけでもない。りっぱな教育論を掲げ教育理念を持っていると称しても、じっさいはその綺麗事に共鳴した偏屈な人たちだけで集まってほかの同僚たちをあしざまにいい邪魔をする。

周囲の人たちにはとりわけて厄介な存在、となる場合も少なくない。

『御当代記』（戸田茂睡著、東洋文庫本）には、「頃日、柳沢出羽守裏門に新番人を置、裏門より家中へ之音信を不通に不入と云々。又云、柳沢出羽守家来両人、諸方よりまいない多取候に付、川越へ差し遣すと云々」（二二三頁）とあって、家来は主人の権威を振りかざして賄賂を取っていた。目につき世間の非難を浴びはじめたので辞任させたという話なら、現代でも閣僚の更迭などのさいによく見られる相も変わらぬ光景である。そうした部下の失態は、雇用主の負うべき責任であろう。

それでも柳沢騒動といわれる捏造話に仕立てられるような事柄は、欠片も見られない。そうなると、綱吉の過度の寵愛が原因になったのだろうか。だがそれよりも、彼への気持ちは寵愛だったのか。綱吉は、自分が志向した将軍独裁政治を守る壁として、便利に彼を使ったのではないのか。吉保を通させることで、吉保としか話さないことで老中を遠ざけ遠慮させ、特別扱いをすることで既存の政務体制を翻弄する。吉保は、綱吉の独裁権力の安全弁として好都合だったにすぎなかったのではないか。

将軍家はなぜ島津の娘を正室に迎えたのか

徳川将軍には多くの妻妾がいて、娘も多数いる。娘たちはどこかの大名家に嫁がせる。将軍家から来た姫は正室となり、生まれた子は跡継ぎにしないわけにいかない。ありがたいが迷惑でもある、複雑な気持ちだったろう。それはともかく将軍家から外様大名家に姫が嫁ぐことはあっても、外様大名家から将軍家に嫁ぐことはほとんどない。その希有な例が、薩摩の島津家出身の二人の正室である。どうしてこんなことが起きたのか。山本博文氏著『徳川将軍家の結婚』（文春新書）によって事情を辿ってみよう。

それは通例のように、姫の嫁ぎ先探しからはじまった。五代将軍・徳川綱吉は、側室であった大典侍局が養女としていた当時四歳の竹姫の嫁ぎ先を探していた。竹姫の実の父・清閑寺熙定はすぐに死没したため、叔母の大典侍局が手元に引き取っていたのである。大典侍局の養女ならば、すなわち綱吉の娘でもある。幕府側用人の間部詮房は、綱吉の御内意として八歳であった島津家の嫡子・鍋三郎（継豊）との縁組みを打診した。表立たないよう、詮房から広敷用人（大奥の役人）堀正勝を通じ、薩摩藩家老・島津仲休に打診した。だが島津家は、断わった。養女といっても将軍の子だから、迎えるとなれば相応の準備が必要となる。婚儀に経費はかかるが、それは一過性である。それより迎え入れるべき御殿を芝・高輪の両屋敷内に作り、お付きの男子役人・奥女中を召し抱える必要が生じる。これは経常費として将来とも藩財政を圧迫する。断われるなら、それに越したことはなかったのだ。

その後、竹姫は会津藩・松平正容の嫡子・久千代と縁談が成立したが、宝永五年（一七〇八）に久千代は死没。ついで宝永七年に有栖川宮正仁親王との縁組みが決まったが、これも親王が死没して解消された。年齢が上がるにつれて、格にあう独り身の相手を探し出すのが難しくなっていた。

享保十四年（一七二九）に竹姫は二十五歳となっており、将軍・吉宗は何とか縁組みを決めたがっていた。そこでふたたび継豊に目をつけた。継豊にはそのときたまたま正室がいなかったが、すでに妾（渋谷嘉久の娘）腹の子・益之助（宗信）がいた。通例は元将軍の娘が輿入れすればとうぜん正室となり、所生の子は嫡子となる。しかし吉宗は、竹姫が男子を産んでも、益之助をそのまま嫡子としてよいと思い切り譲歩した。老中・松平乗邑から薩摩藩家老に、将軍の御内意という書き付けを渡した。薩摩藩には格上の家からの輿入れの経験がなく、経費もかかるし、譲歩されても跡継ぎ問題がややこしくなる危険性もあるとして、ためらいつづけた。そこに竹姫を妹同然としていた天英院（近衛基熙の娘・熙子。常子と改名。家宣の正室）が、婚儀実現のために動いた。天英院の甥である近衛家久は島津吉貴の娘・満君を継室とし、継豊は吉貴の子だから、家久と継豊は義兄弟である。天英院は大奥上臈年寄から薩摩藩老女に、その意向を伝えさせた。破談にすべき理由はいうにいえず、ついに「上意次第」として御請を提出して、婚儀が成り立った。そののち竹姫は菊姫を産み、菊姫は福岡藩の黒田重政と結婚した。また宗信は竹姫の猶子（養子）となり、つまり将軍の孫となったのである。

将軍家の孫となった島津家には、尾張の徳川宗勝の娘・房姫との縁談が来た。婚約までしたものの房姫が死没し、あらためて妹・嘉知姫と婚約したが、今度は宗信が死没した。尾張藩はさらに家督を継いだ島津重年との婚姻も画策した。そんなとき将軍・家重の口利きで、宝暦十二年（一七六二）御三卿の一橋宗尹の娘・保姫と重年の子・又三郎（重豪）との縁組みがなった。
竹姫（浄岸院）は徳川家縁戚であることを生かし、保姫死没後もさらに徳川と島津の縁が続いていくよう期待して、重豪の娘を保姫の実家である一橋家に嫁がせることを画策。竹姫の遺言にそって、安永二年六月に生まれたばかりの重豪の娘・茂姫（寔子）と十月生まれの一橋治済の子・豊千代との間に縁組みが成った。そして安永八年に将軍・家治の嗣子・家基が死没したため、かわって豊千代が将軍の養君となった。この豊千代が第十一代将軍・家斉である。島津の娘は、ついに将軍家の正室である御台所の地位についたのである。

第十二代将軍・家慶の世となり、文政十一年（一八二八）世子・家定は五歳で鷹司政熙の末娘・有君との縁組みを決定。家定十八歳・有君十九歳で結婚したが、嘉永元年（一八四八）に有君は疱瘡で死没。翌二年に一条忠良の娘・秀子を正室に迎えたが、その翌年に死没してしまった。

そこで茂姫（広大院）の元部下の比丘尼を通じて、家定の三人目の正室として島津家に候補者の推薦を打診してきた。家定が「御好みにも在らせられず、広大院様御例めでたく在らせられ」つまり公家の娘は虚弱でもういやだから、茂姫の例にあやかりたいというので、島津家に白羽の矢が立ったのである。藩主・島津斉彬は、一門・今和泉の島津忠剛の娘・篤姫（敬子）を養女とし、さらに近衛家の養女として輿入れさせようとしたが、近衛忠煕から斉彬の実子として届け出てしまうよう勧められ、その手に乗ることにした。老中の阿部正弘・牧野忠雅も、先例があることで承知できるというので、婚儀となったのである。

以上の推移は偶然ともいえるが、竹姫の話を受けたのがはじまりだった。縁とは、こうしたものか。

狩野派の粉本主義は、御用絵師の怠慢のせいだったのか

筆者の父・聰は中古文学研究者だったが、子として家業を継いだわけではない。教育なら家業としうるが、研究は家業として成立しない。同じ分野を専攻すれば親の代筆とか七光りとかいわれるから、同一の分野は避け、そこから逃避したともいえる。それでも研究とかいいながら調べ続けていればなんらかの成果はそれなりに上がるので、ただただ我慢強く諦めずに続けさえすれば「研究者だ」と周りが呼んでくれる。しかし画家などの芸術分野となれば、そうはいくまい。画家となろうにはそれなりの天分・才能が必要で、そんな遺伝子は存在しない（と思う）。だからいくら手習いからはじめて学んでいっても、学んでできるようになる範囲はおのずから決まっており、そのさきかならずひとかどの画風が確立できるわけではない。徳川政権下での家督相続制度によって、画家の家に生まれればその子は画家になる。そう決められても、それでは画家としての水準が維持できようはずがない。

しかし狩野家は、ともあれ幕府直属の御用絵師である。狩野の家に生まれたからには、そのおりおりの幕府が求める絵画を描けなければならない。新企画の建築物もあろうが、火事で罹災した寺院や殿舎が復興すればその襖障子・屏風もまた復興させなければ。また朝鮮通信使・勅使などの使者に対する贈答用の絵画だったり、下賜品や奉納用の雑具への装飾画であったり、その需要はいろいろあったろう。このとき活躍するのが、幕府の御用を務める、狩野派の絵師たちだ。

画家の才能が遺伝しないとすれば、画家になれないような人も多数出たはずだ。それでも最低限の

絵を描けるようにするには、粉本主義がいい。探幽など前人の大家の画を、そのまま写し取る。手本とする絵を横に置いた臨模により、用筆を模倣し運筆の妙を体得する。そうすれば、私にはできそうもないが、おおむね似たような絵を描くことくらいできそうだ。こうした粉本主義によって、前人の絵画を真似しつづけることで、狩野派は御用絵師としての命脈を保ってきた。しかしそれでは、前人の上を行くことは論理的にも無理な話で、創作意欲も湧かないし、技術の発展も起こりえない。狩野派は名門として社会的に安定した地位を保ちつづけるために、精進を怠って退嬰的な絵描き集団となりはてた。画家の創案を異端視して創作意欲を阻喪させ、かえって旧套墨守の壁となっていた。

この粉本主義の風潮を示す象徴的な出来事として、『石亭画談』に狩野寛信にまつわる切腹融川の伝説が残されている。寛信は浜町狩野家の五代目の当主となった奥絵師で、文化五年（一八〇八）に法眼になり式部卿と称した。その彼が、文化十二年の朝鮮通信使来日にあたり、（李氏）朝鮮国王に贈呈する屏風絵として近江八勝図を描いた。金泥を用いて、近景には金砂子を濃く、遠景には薄く施した。その間には樹木と屋舎を見え隠れさせ、遠近感を出した。たいへん満足して出した自信作だったが、ときの老中・阿部豊後守が金砂子を薄くしたのは「砂子を吝んだ」と非難し、金砂子に濃淡をつけるのは画法にないとした。補正を求められた寛信は激しく口論した上で、急病と称して退出。帰路の駕籠のなかで切腹して果てた、という（武田恒夫氏『狩野派絵画史』吉川弘文館、三〇七頁）。

もっともこの話は正確さを欠いており、朝鮮通信使は文化八年が最後である。そのときの事件ならば、寛信は文化十二年の死没（『狩野五家譜』では文化九年没）といわれており、文化八年には切腹していない。また文化元年から十二年までの間の老中は戸田采女正氏教・牧野備前守忠頼・土井大炊頭利厚・青山下野守忠裕・松平伊豆守信明・酒井若狭守忠進であり、阿部も豊後守もいない。阿部豊後守を称した人には忠秋（寛永十年〜寛文六年在職。以下同じ）・正武（天和元年〜宝永元年）・正喬（正徳元年〜享保二年）・正允（安永元年〜九年）・正外（元治元年〜慶応元年）がいるが、事件当時には見られない。正精が文化十四年から老中となっているが、時期は合わず、しかも彼は備中守と称していた。だから事実なのかただの伝説なのか、確認できない。しかしこの話が流布している状況からして、前人と同じように描く粉本主義がこの時代の社会常識であったことは読み取れる。

ところが安村敏信氏著『江戸絵画の非常識』（敬文舎）は、「江戸狩野派は、粉本主義によって疲弊した」という常識を否定した。

たしかに粉本教育はしているが、創造的な新画風の工夫は個人の裁量であって、画塾で教えるものでなかったからだ。流派の形成に粉本は不可欠で、粉本主義が悪いのではない。狩野安信著『画道要訣』によれば、画には天才の描く質画と勉学で描く学画とがある。天賦の才能は大切だが、画人としては学画の精進を続けることを基礎とすべきで、画としては心配りのある絵を描くよう努めることがなにより大切だ、とある。粉本主義は基礎作業であって、狩野派の精神ではないということだ。また狩野常信以降は才能ある画家が出なかったという常識も、どうだろうか。典信は「千斤の力」ある筆力を取り戻し、漢画の力強い墨線を復活させている。美信も軽妙洒脱な画風を示しているし、栄信にも古画模写よりも中国画の進取の気風が感じられる。さらに素川章信のように浮世絵・春画に挑んだ当時としては変わり者とされた逸材も出している。狩野派の変質・衰退は狩野派のなかに原因があるのではなく、江戸に中国画を描く南蘋派が流行し、さらにこれをきっかけとして民間画壇が簇生し、狩野派の仕事が奪われた。つまり狩野派離れが起きたためだ、とされる。

しかし松尾洋子によれば、素川章信は自己の画論『画道伝授口訣』で狩野派の粉本主義を「幼子が遊戯しているのと同じだ。なんとも恥ずかしい」と評している。御用絵師の職域に飽きたらず、彼は浮世絵のなかに絵画創作の光明を見つけ、歌麿という画家集団・北斎という画家集団に身を投じて協力したのではないか、という（「反骨の絵師・狩野素川」「歴史研究」五七三号）。歌麿・北斎などが個人名ではなく集団の名称だとするのがどうか、その当否はいま判断しがたいが、狩野家の仲間内の素川章信の眼にも「狩野派が粉本主義に陥っている」と映っていたのは事実でないか。

といっても、狩野派は社会的地位が安定していたことに胡座をかいて、安易な粉本主義に浸って衰退した、という見解に与するつもりはない。

狩野派の画家には、個展も販売所もない。自分の作品を並べて、画を評価してくれる客に買われ、注文を受ける。そんな環境でない。注文客が望むとき、望むものを、望むように作る専業集団なのだ。客つまり幕府が粉本主義的な枠を出ない絵を所望したら、それを断れるのか。受け取って貰える絵画を納品するよう努める、のではないか。創作意欲を見せたとしても、注文主・納品先がそれを望まない。それが切腹融川の伝説の意味ではないか。狩野派の粉本主義は、それが御用絵師の宿命で、御用を仰せつける側つまり絵画などわからない幕府要人たちの眼のなせるわざ・その陰画でなかったか。

ラーメン屋の店主としては、誰がなんといおうと自分がいいと思う創作ラーメンを作って客を待つか。それとも味のわからない客を前提にして、舌触りをよくするために味の素と砂糖を多量に入れたラーメンを用意するか。客の立場なら、どちらの店に入るか。その片方は、やがて閉店するはずだ。

露伴・順天堂 56

江戸時代の世襲は、ほんとうに血の承継だったのか

江戸時代は、生まれた家がすべてだった。下駄屋の子は下駄屋になり、農民の子は農民になる。十石取りの家柄に生まれ落ちた者は、生まれた途端から二十石取りの家の者の風下に立つ。生まれた場所がすべて、と運命づけられていた。それが私たちのイメージである。それに比して今は職業選択が自由で仕合わせだ、という結論になる。

しかし天皇家や将軍家でないかぎり、後宮・大奥のような妻妾群を抱えることはできないから、どこかで子が女子ばかりになることがある。乳幼児における男子の死亡率はやや高いので、女子だけしか残らない場合もある。筆者の母・三浦八洲子は男子二人・女子四人の長女だったが、成人したのは女子三人にすぎなかった。一方、筆者は男ばかりの五人兄弟の末っ子である。筆者か従兄弟の一人が母家の養子に入ることも考えられたが、遺産相続が面倒になるとの配慮から、取りやめとなった。いかにも現代的な事情である。ともあれ、男子だけで繰り返し家系を繋いでいくのは、二〜三代なら容易にできそうだが、数百年となると続いている方が不自然なようだ。

だから、女子しか生まれないか成人しなかった場合があちこちであったはずで、江戸時代の家の男子による連綿とした承継や世襲は作為によるものだったろう。

かくいう松尾家は宝暦三年（一七五三）に松尾市太郎英周が死没した時点からの系譜しか分からないが、徳山藩四万石の毛利家に二十五石三人扶持の中小姓格で仕えた家であったらしい。英周の子・

久太郎周美のときに分家したものの、娘しかおらず、婿養子として市三郎周方をとっている。
新井えり氏著『名士の系譜　日本養子伝』（集英社新書）には、そうした継嗣例が多数上げられている。

明治の文豪・森鷗外は、津和野藩主の亀井家に二〇〇年余り典医として仕えてきた森家の長男であった。彼は養子でないが、父・静男はもともと泰造という名で、森峰子に縁組みして婿養子として森家を継いだ。周防の三田尻の吉次家の次男で、津和野に医学修業で来ていたところを、望まれて婿入りしたのである。

ところがこの家は、その前が夫婦養子だった。峰子の父・白仙も母・清子も、先代の森高亮とは血縁がない。白仙は佐々田綱浄といい、江戸・大坂・長崎で医術の腕を磨いていた。妻は長門の木島家から迎えた。しかし男子に恵まれず、俊才といわれた九歳の順吉を養子に迎えてみたが、心に誠実さがないとの理由で離縁したそうだ。

幸田露伴も、夫婦養子で繋がれた家の出身だった。

幸田家は幕府の表坊主の家で、剃髪して黒の十徳を纏い、江戸城に登ってくる大名への接待や諸事の取り次ぎを行なう仕事などを務めていた。

ところが幸田利貞の前の代で跡が絶え、絶家寸前となっていた。そこで詳細は不明だが奥坊主・杉田家と関係のある利貞（杉田か）と、久留米藩・黒田家に御殿奉公していた芳（佐久間か）とを夫婦養子にして家を継がせた。四十俵三人扶持という微禄で、ほかに幕府公認価格が二〇〇両相当の屋敷地からあがる地代と諸大名からの付け届けで遣り繰りしていた。しかしここでもまた猷という一人娘しかできず、京都の奥坊主・今西家から成延を入れて婿とした。ここでやっと六男・二女に恵まれ、成行（露伴）はその四男にあたる。

さてここまでは、娘がいればそれに近縁者や同業者の壻を取り、できれば血を繋げたい。それができなければ夫婦養子をとって家の名を継がせたい、という話である。

これに対して実子がいてもあえて継がせず、養子で家を継承させる例もあった。

その一つが順天堂である。

順天堂の初代は佐藤泰然で、二十七歳で医学を志して江戸・長崎で学び、天保九年（一八三八）に江戸で和田塾を開いた。しかし天保十四年、娘婿の林洞海に塾を譲って、佐倉に退いた。その佐倉で、順天堂を開いた。蘭学の取り締まりが強くなり、また庄内藩主・酒井忠器が転封されることへの反対運動に荷担したために老中・水野忠邦に睨まれ、蘭癖とまでいわれた蘭学贔屓の堀田正睦の領地にいわば亡命したのである。ここで卵巣嚢腫・乳癌・ヘルニアなどの外科手術を行なっていた、という。

泰然には松本良順（陸軍軍医総監）・林董（西園寺公望内閣の外務大臣）などの実子がいたが、わざわざ養子に出した。これについて泰然は「今世の医を業とする者を見るに其の術の優劣を問わず、必ず其の子を以て其の業を継ぐ。……夫れ家声を墜さざらんと欲すれば則ち其の人を択びて其の業を襲ぐに如くは莫し。何ぞ其の子を必せん」（佐藤泰然碑文）といったそうで、すごい覚悟である。たしかに実子でなくともよいが、多少の差で劣るていどなら実子を優先したいのが親心だろう。それでもこの精神は受け継がれ、二代堂主・佐藤尚中も実子を取らず、弟子の高和介石を婿養子として、三代目堂主・佐藤進と名乗らせた。四代目堂主・佐藤（旧姓河合）達次郎も、「小糠三合あらば入婿すな（小糠のような財産にならないものしかなくても、入婿だけはよしておけ）」といわれた時代だったが「世間の所謂養子とは全く趣きを異にし技術の養子にして技術に適任なるや否に依て撰定せられたるものなれば」と確認しており、まさしく技術の継承であった。

もっと徹底しているのは、中庄という紙問屋の家訓である。中庄は天明三年（一七八三）の初代・中村庄八が日本橋馬喰町二丁目に創業したそうだが、創業から一四〇年にわたり、養子で家業を継がせることを家憲としていた。明治三年（一八七〇）に四代目の主が記した『永代日用記録』には「当家に男子出生致すとも別家又は養子に遣はすべし。夫れ迄は召使同様に使ふべし。男子相続は後代迄永く永く決して相成らず。当家相続は養子に限り、堅く定め置くもの也。……若し主人の感考を以て掟相破り我意の振る舞い致すに於ては、親子共押込等に聊かも斟酌無く取計ふべし」とある。「当家相続致す可き者は女子」とし、壻の選抜だけを課題とさせたのである。

医療の知識は習えるが、器用さや診立ての直感力などの才能は遺伝しない。商業も馴れはするが、目の付け所や相場勘・商才は遺伝しない。究極のところ、血・血脈を保ちたければ実子で、家・家業を保ちたければ養子なのだろう。

その意味では学問や芸術分野の絵画・音楽なども同じであり、右に見たように血で継ぐことができないのなら、建前に合わせるために養子という形をとらざるをえなかったろう。つまり江戸時代の家は世襲という形を取った経営者の交代の舞台にすぎない。固定された世襲の家柄があるのではなく、「家業のポストを持つ家に合う継承者をどう得るか」と考えていた。そう見た方がより現実的ではないか、と思う。

武士道は、フェアプレイ精神と潔癖な倫理・道徳を意味しているのか

「武士道と云ふは、死ぬことと見つけたり」とは、山本常朝述『葉隠』のなかの名文句である。生きるか死ぬかと迷うような場面では、腹を据えて死ぬ方を選ぶ。どうすれば計略が図に当たるかとか犬死にならないだろうかとかあれこれこまかく考えるのは、都会風の浮ついた武道だ、と続けられていく。武士としては、未練がましく生き残るためにあれこれ薄汚れた算段などせず、覚悟して潔く死を選べばよいのだという、まことに見事な生活観・道徳観が披瀝されている。藤原正彦氏著『日本人の誇り』（文春新書）では「卑怯を憎む心と惻隠は武士道精神の中核なのです。少なくとも江戸中期以降、武士道精神を国民精神としてきた日本人」とまであり、この書が国民精神の教科書であったかのように記されている。しかしそもそも武士はそれほど卑怯を嫌い真っ正直で潔癖な生き態の人たちだったのか。そしてこの書は、江戸中期から国民精神とされたというほど読まれていたのか。

佐伯真一氏著『戦場の精神史』（日本放送出版協会）には、戦場での武士たちのさまざまな戦いぶりが紹介されている。

寿永三年（一一八四）二月、一ノ谷の合戦でのことだ。平家方の越中前司盛俊は大力で知られた侍大将で、敗勢が決定的ななかでも踏みとどまっていた。そこに同じく源氏方の大力の猪俣則綱と遭遇し、組み合った。『平家物語』（延慶本）越中前司最期によれば、こうだ。盛俊が優勢となってまさに則綱の首を取ろうとしたとき、則綱は「名も知らない者の首では、手柄にもならない。名乗り

を聞かなくてよいのか」という。もっともだと思った盛俊は「私はもとは平家一門の家柄だったが、いまや血筋の遠い者として一門に仕える侍の身分となってしまった。越中前司盛俊という。それでは貴方の名を伺おう」という。そこで則綱は、組み伏せられたままの姿で「自分は猪俣小平六則綱といい、頼朝殿にも名を知られた名誉ある武者だ」といい、さらにいろいろ喋りまくった上で「この合戦は、平家の敗色が強い。ここで私を討っても、それを評価してくれる主君がいなければ、戦う意味がそもそもない。貴方はもはや落人でしかないのだから、むしろ私を助けた方がいい。そうすれば、私が貴方の親族が数十人いようともみな助けよう」と持ちかけた。盛俊は「ほんとうに助けてくれるのか」と問い、則綱は「私の命を救ってくれた人を助けなかったら、八幡大菩薩の罰が当たる」とまでいう。和議が成り立って田の畔で並んで休んでいるところに、則綱の親戚の人見四郎が近づいてきた。盛俊が人見を気にして背を見せた途端に、則綱は手柄を独り占めすべく背後から襲って刺殺した。まさしく騙し討ちである。ところが人見四郎は力尽くで盛俊の首を奪い取り、首実検の場で自分の功績だと主張した。これに対して、則綱は削りとっておいた盛俊の左耳を差し出し、「その首を取ったのは自分だが、横取りされたものだ」として争った、とある。

同じく『平家物語』宇治川先陣では、宇治川の先陣争いにさいして、梶原景季は「馬の腹帯がのびている」と佐々木高綱から声をかけられてその点検をしているうちに出し抜かれた。味方でも騙すのである。また高綱の兄・佐々木盛綱は、備前・藤戸で狭い海峡を隔てて平家軍と対峙していた。そこで地元の漁師に衣類などを与えて、海のなかで馬で渡れるような浅瀬を聞き出した。この漁師がほかの武士に教えたら手柄を独占できないと考えた盛綱は、漁師を刺殺した、という。

『平家物語』では、こうした武士の言動をとくに非難していない。こうした行為は、非難されるべきものではなかったのである。約束を守る正直者や親切心で教える者は莫迦を見るし、親戚は助け合うよりむしろ奪い合う。これが、戦いの場でのじっさいの遣り取りである。戦場で立てたさまざまな誓いを破るのも、高名な神を謀るのも、時間稼ぎや油断を誘う手立てだ。どうせ生きていない敗者には、その違約を責める場など与えられないのだ。『陰徳太平記』によれば、羽柴秀吉は天正九年（一五八一）七月上旬からの鳥取城攻撃に先立って、若狭から商船を出し、収穫したての因幡国内の米を相場の倍値で買わせた。欲にかられた鳥取城兵は、その値につられて兵糧米まで一部売却してしまった。因幡国内の市場米があらかた尽きたところで秀吉軍が進攻し、そのさいには城内に女子どもが籠城するよう仕向けた。降雪期まで持ち堪えて敵方の自主撤退に持ち込むはずだったが、城内にはそもそも二ヶ月ていどの食料しかなかった。九月にも食料枯渇に陥って、草の根・木の皮から馬肉・餓死者の人肉までも喰らう悲惨な状態となった。「兵糧を消耗したくなければ、家族・領民を自分たちの手で殺せ」という生き地獄の舞台を、秀吉は意図的に造り出したのである。

考えて見れば、戦いのさなかに礼儀・節度や思いやりを求める方が間違っている。相撲では、ぶつからずに左右に飛んでみたり、相手が力を出せないようまわしを取らせない。排球では、強打すると見せてフェイントをかます。高校野球では「スポーツマンシップに則り正々堂々戦うことを誓います」というが、隙あれば塁を盗み、隠し球で刺し、裏を掻こうと配球に腐心もすれば戦いから逃げて敬遠の四球も出す。そのどこが正々堂々の語に価するのか。文字通りの力比べならば、相手の構えた場所に力を込めた球を投げればいい。それでは監督から怒られ、次から使って貰えまいが。「そうしろ」

といいたいのではない。戦いでは、勝つために嘘をつき罠も仕掛け、騙しもする。それが当然だ。範囲を限ったスポーツだから楽しんでいられるが、生死をかけた戦争での人間はその人間性・理性を破壊させられる。死者は悪さをしないが、生きている隣人は敵かもまたいつ裏切るかもわからない。温かさを棄てねば、勝ち残り生き延びることができない。

『平家物語』には清盛の妻・平時子が娘の建礼門院徳子に「女は殺さぬならひなれば」と語っているし、『将門記』には「流浪する女人は本籍地に帰してやるのが法の例である」として敵対する平貞盛や源扶の妻を送り届けたとある。しかしこれは相手を族滅しない場合であって、康平五年(一〇六二)の前九年の役の厨川柵での攻防戦のあとでは美女数十人が将兵に分配され、寛治元年(一〇八七)の後三年の役でも金沢柵から脱出した婦女子は殺し、陥落後には陣中に連行して辱めたという。安倍氏・清原氏など、滅亡させると決めた相手には微塵も配慮などしなかった。この対応の違いは、戦争にルールがあったためではなく、戦後を考える必要があったかどうかの差でしかなかった。

もちろん、嘘や騙しが戦場での武士の習いであろうとも、日常的に嘘ばかりついていては、いざというときに騙される者がいなくなってしまう。つまり日ごろは正直者だがいざ商売となったら嘘も騙しもへいちゃらということだが、そのていどの生活観ならいまの営業マンの多くがそうだろう。

もともと『葉隠』を紹介した新渡戸稲造は武士道研究者でも理解者でもなく、一知半解で欧米に紹介した。それがたまたま東洋神秘主義の波に乗って持て囃され、逆輸入された日本で持ち上げられる形になった、ということらしい。もともとの山本常朝は、太平の世に馴れて死を賭す気概もない武士を眼前に、武士道がまさに廃絶しているなかだったからこそ、あえて反対の世界を対置したのである。

58 『葉隠』の山本常朝にとって、自分以外はすべて不義なのか

『葉隠』は近世の武士道精神を論じた書で、田代陣基が鍋島（佐賀）藩士・山本常朝からの聞き書きを編集して作り上げた武士道論の聖書と目されている。全十一巻で、一・二巻が常朝自身の述懐の聞き書きである。以下は戦国時代から江戸初期の人物についての聞き書きで、三〜五巻は直茂・勝茂・光茂・綱茂という鍋島藩祖と藩主の記録、六巻は「御国由来の事」、七〜九巻は「御国之諸士の褒貶」、十巻は「他家の噂幷びに由緒」で、十一巻は全体にわたる記事の拾遺となっている。

常朝のいいたいことは武士の生き方についてで、儒教的な人倫の道を行えという考えをつよく批判する。義・不義などという分類は、死ぬべき時になお生き延びることを正当化するための理屈で、生への執着を糊塗するもの。事に当たっては真っ先に死を選ぶことによって生命の執着から免れ、内面の純粋さが確保でき、その神髄は「武士道と云は、死ぬ事と見付けたり」の名言に集約される。人間の一生は短く、名利を求めたとしても夢の間の出来事である。だから名利に執着する思いを脱し、常住死身の純粋さをもって奉公することが結局は忠節となる。こうした純粋性・死身奉公という論理・観点から、周辺の人々の挙動が取り上げられ、彼らへの評価が小気味よく下されていく。

たとえば元禄十五年（一七〇二）十二月十四日に起きた赤穂浪士の吉良邸討ち入り事件については、赤穂藩主・浅野長矩が切腹させられてから仇討ちまでの時間が空きすぎていて、病死などされかねない。また主君の葬られた泉岳寺の墓前に報告したあとすみやかに自害すべきを、生き残ったのは落ち

度だ、とする。ともに死を恐れず、必要だと思ったことはただちにすべきで、思いを遂げた討ち入り後にもなお生きるべきか死ぬべきかの判断を幕府にゆだねることがよくない、というわけだろう。

あるいは、「何某は気情者也。何がしの前にてか様の義を申す」つまり上司などに向かって気丈に自説を陳べまた諫言などする者がいても、それは「曲者といわれ度き迄也」とし、「卑ひ位也。青き所が有る人と見えたり……。そのやうに人の前にて物を云うは、鑓持ち・中間の出合い同然にて賤しきこと也」と腐す。気骨ある人物と褒められたいからで、格好をつける性根が賤しい。人前で威勢のいいことを言うのは、鑓持ちや中間など低い身分の者たちがすることだ、と手厳しい。ついでにいうと、命がけだった赤穂浪士の行動についてすら、常朝は「褒めらるゝ仕様は上手」と評している。

これについて山本博文氏著『男の嫉妬―武士道の論理と心理』（ちくま新書）は、常朝の評言は一貫性を欠いたダブルスタンダード（二重標準）であって、根底には男としての嫉妬があった、とする。

というのは、元禄十三年十二月に起きた鍋島藩士による長崎襲撃事件の評価が、ほかの評言と矛盾するからである。もともとは長崎の有力な町人・高木彦右衛門の使用人が、鍋島藩士に泥をかけたかどうかを巡っての喧嘩だった。ところが高木方の使用人が鍋島藩深堀領主の蔵屋敷を襲撃し、そこにいた藩士を打擲した。これに憤った藩士が高木家の屋敷に斬り込み、使用人もろとも主人・高木彦右衛門まで斬殺した。斬り込んだ当事者のうち二名はその場で切腹し、あと十九名中十名は幕府の命令によって切腹となり、九名は流罪となった。

常朝は結果を考えずただちに無分別に行動した彼らを絶賛し、だから赤穂浪士の逡巡を評価しない、というわけである。しかし彼は、殿中においてもしも抜刀した者に襲われたなら、手向かいせずにその場をおさめよと諭す。もし受けてたって刀を抜けば、ともに切腹の処分をうける。「殿中を憚り、お上を畏れて当座の恥辱を堪え忍んだ」とせよといい、武士の面子を立てておけばいいとする。一方では後先を考えぬ無分別のとっさの行動こそ評価されるとするのに、他方ではその場を考えて隠忍自重せよと諭す。これが二重標準だ、というのである。

あるいは、言うべきだ・すべきだと自分が思ったことをあれこれ考えずに行動したらどうか。つねに死を覚悟していればできるだろう行動を権力者・上司などに対してなした場合、彼は鑓持ちや中間など低い身分の者たちがする蛮行で格好をつけたいがための曲事だと断罪する。藩主綱茂の娘・峰姫と上杉吉徳との縁組みについて意見した藩士がいた。成り行き次第では僭越として切腹を命じられることもありえたが、あえて言上した。この気骨ある藩士を評価せず、「何の益にも立たぬこと」と批判する。これを山本博文氏は「『気情者』と評価された者に対して、武士として嫉妬を感じたから」だとする。自分以外の者が褒められているのがいやなだけじゃないか、というのだ。

常朝の不満体質は、時代のせいだったようだ。彼は万治二年（一六五九）の生まれで、戦国の気風はすでに失われ、死を賭して何かをする時代でなかった。そのなかでたとえば主君と仰いだ光茂が死没したときには、ただ一人剃髪している。寛文三年（一六六三）に殉死禁止令が出ていて、この時期の剃髪・隠居は前代の殉死と同義と見なされた。そうしたことを周囲がしないのも、彼には不満だった。自分だけが気骨ある武士だとする自負心のせいで、二重標準になっていることにも気づけず、他者の判断・行動をやみくもに批判する結果となっていったのだろう。そういう人は、いまも少なくないが。

ただし、山本常朝の武士道論に嫉妬や不満が多く含まれていたとしても、江戸時代の武士に「死を覚悟し、命を懸けて奉公すべきもの」とする見方はあった。山本博文氏著『武士と世間』（中公新書）によれば、それは世間と一分に支えられていた。世間とはいわゆる世間体で、武士としての覚悟を見せなければ、周囲から指弾され失脚や自刃に追い込まれた。浅野長矩は吉良義央を討ち損じたまま切腹したが、大石内蔵助らはなお軽挙を戒め、長矩の弟・大学長広の家督相続の裁定を待った。長広は本家・浅野綱長（広島藩）に永預けとなって家は再興できなかったが、もしできていたら「赤穂其儘五万石下され候ても、兄親（弟だが、家督を継ぐ場合は兄の養子となるため）の切腹を座視すれば、百万石下され候ても、中々人前は相成るまじく」（『堀部武庸筆記』）と江戸中が取り沙汰していたそうだ。大名のただの乱心なら、家督相続の可能性もあったのだ。しかし恨みを残して死んだと噂されているなか、晴らさないまま相続しても武士の面目が立たず、世間は収まらなかったろう。討ち入りに加わらなかった赤穂浪士への非難も、凄烈なものがあったという。世間が強制していたのだ。いまどきなら、ブログ炎上であろうか。世間が武士への外部強制なのに対し、武士の一分は武士らしくありたいとする内在的・内発的行動である。武士としての覚悟が外部から試され強制されるか、内部からほとばしるか。そういう違いだが、根元には、死に臆しないという武士の面目・プライドがあった。

　では、戦場で卑怯な振る舞いを厭わない武士の、どこからこのプライドが出てくるのか。そこが問題である。筆者は、支配者であるべき資格の根元が武威・戦闘にしかないからだろうと思う。支配者側に立つための科挙も受けず、治者となるための儒学・文芸の素養も民間の儒学者に劣る。そのなかで彼らが支配者たりうる根拠を示すとなれば、戦闘力・武威である。その武威は「去就にさいし死を恐れない戦士としてのプライド」で示す。それすら疑われたら、無為徒食の徒にほかならないからだ。

江戸の商人は、なぜ有り余る金をもてあましていたのか

金持ちの子と下々の子の差は、ケーキ屋の前でもわかるらしい。下々の子は金持ちの子に、「あなたは、どれが食べたいかしか考えていないでしょ。でもね、私たちはどれが食べたいかといくらするかとを合わせて考えるの。あなたは、値段なんか全然見ないものね」といっていた。もっとも金持ちの子も、「でも金持ちなのは、私じゃなくて、親です」と言い返していたそうだが。

いまは、そうした金持ちでも課税される。いや、むしろ金持ちほど多くの税金を出している。それでも金が貯まるところが、金持ちなのだろうか。ところで当今流行っている「俺だ俺だ」といって子や孫を装い、窮地にあることに同情させて貯蓄している老人たちから多額の金品を騙し取るいわゆる振り込め詐欺について、逮捕された幹部は「老人たちが貯め込んで使わないから不景気になっている。俺らが代わりに使って市場に流してやってるんだから、経済活動に奉仕したことになる」と嘯いているとか。しょせん曳かれ者の小唄だが、それでもどこかで聞いたことのある論理である。というのも、どこか似ていることを江戸幕府の首脳部の面々がしているのである。

山室恭子氏著『江戸の小判ゲーム』（講談社現代新書）によると、それは以下のような事情である。天保十四年（一八四三）十二月に勘定奉行・勝手掛目付らが「延享三年（一七四六）から寛政九年（一七九七）までは五十二ヵ年、寛政九年から今年までは四十七年になる。およそ五十年に一度借金を破棄する措置を実施しないと、かえって世上の金銀が融通しない原因となってしまう」（「向山誠

斎雑記及雑綴」『江戸幕府財政史料集成』下、二六八頁）とあって、ほぼ五十年周期で借金の棒引きが行われており、幕府はさほど切実なこととも思わず、当然なすべき「恒久的な施策」と認識していた。

当人の覚悟ができていないとか柔弱だったからというのではなく、本人に責任のない父祖の時代からの累積債務に苦しむのは理に合わない。そういう論理も見えはするが、本旨はそうじゃない。

じつは、町人（商人）たちは課税されていなかった。町奉行・阿部正蔵は「百姓は一生苦労し貧しい暮らしをして年貢を納め、国家を支えている。だが町人どもは農業の辛苦の十分の一以下で、暖衣・飽食し、城下に安住し、商売の利益で暮らしていて、租税もなく、わずかな公役銀しか納めていない」（「諸色調類集」『日本財政経済史料』一・五六三～四頁）といい、勘定奉行・梶野良材は「そもそも金銀は農商の手元に自然に集まり、下へのみ落ち沈んでゆく道理である。農よりは回収できても、商よりは回収の手立てがなく、年を経て融通が偏って武家が窮迫することになる」という。その発言の通り、流通・販売などの商業活動に携わる商人たちに対して、営業利益の五割を出せとかという課税がなされたことはない。農民・農業に対しては、検見法・定免法を駆使して生産実態に迫ろうとし、生産の四～六割を収奪しようとしてきた。それなのに、商業活動にはほとんど課税しようとしない。室町時代には関銭・土倉役や有徳銭を取って課税もしたが、関所は廃止したから取れない。土倉は商業の主役でなくなっていたからだろうが、かりに取っても商業活動への公平な税負担になるとは思えない。ともあれ、幕府は不課税が「二〇〇年来の市中の心習（生活感覚）となってしまい、地税の新法を立てようとしても、人心は服しがたい」（「年番取扱」『同上』五・一九八頁）状況に直面していて、現に天明六年（一七八六）七月に間口一間について向こう五年間だけ地主から銀三匁を徴収し、かつ利子をつけて返済するとしたが、これですら撤回させられた。商人たちは、金を出さない。

このまま黙っていれば、商人の手元に潤沢な金銀が滞留し続ける。紀伊国屋文左衛門や奈良屋茂左衛門のように遊郭など巷間で話題になるほど浪費してくれなければ、蓄財は増えるばかり。つまり市場から金銀が消えていくばかりで、経済市場に戻ってこない。

もっともいまは銀行に預金するから、(振り込め詐欺犯が奪い取り、使うことで市場に再投入しなくとも)銀行が預金者に代わって彼らの蓄財分を市場に再投入している。だが、江戸時代に銀行はなく、商人は原則として農村への投資を禁じられていたから(例外的なものとして町人請負新田などがある。だが出資は許されるが、町人が農業活動をして事実上農民化することとなるのは、身分統制で禁じられている)、禁欲的なつまり堅実な商人ほど蓄財を増やし続ける。貯められた金は蔵の奥にうず高く積み上げられ、富は再配分されることなく、ただただ死蔵される。

山室氏は、幕府としても積み上げられるだけではいくら金銀貨幣を発行しても、商人の手元に堆積するだけで、貨幣鋳造が追いつかない。彼らの手元にある大量の金銀を市場に出させるために改鋳を繰り返していた、と解釈されてもいる。そして商人の手元の金銀を放出させる最良の策が借金の帳消し・棒引きだとされた(ただしくは返したければ返してもいいので、帳消しじゃない。役所が訴訟を受け付けないので、貸し手側から返済を強制されないだけである)。彼らの家に乗り込んでその蔵から金銀をじかに没収していないが、彼らが貸すことで生じている大量の債権をすべて白紙に戻してしまえば、事実上それだけの資産を彼らは失う。つまり使ったことになる。そしてあらたに借金できる状態に戻してやったので、商人から人々にあらたな借り入れ金が渡され、それが市場に流れてくる。こうして景気がよくなる、というわけだ。つまりは商人の手元の金を堂々と強奪し、彼らが貯め込んで使わなくなっていた金銀を幕府の仲介で人々が貰い受けて代わりに使いはじめた。そういうふうに理解することもできなくない。

商人は運上金・冥加金の納入や御用金などの調達を命じられているが、わずかな損得にも敏感な商人がなんでこんな横暴な要求に素直に応えているのか、筆者にはかねて不可解であった。しかしこれらも、日ごろ課税されていないことの埋め合わせであり、支配者側からするといつでも発起すれば威張って意のままに使える財源と目されていたとの見方が成り立つかもしれない。

それにしても、商人たちには定期的で定額の課税がどうしてなされないのか。農村にはあれほど高圧的に迫っているのに、町人にはなぜ強く出ないのか。すでに広く課税され負担するのが当然と考える現代人の目には、まことに不思議に映る。

その答えは、彼ら商人が支配者の一部だったからだろう。

古代では、課税されないのなら支配者の側に立っている証である。官吏・学生はもちろん僧侶・神官も国家鎮護の祈祷を担当する公務員である。同様に考えると、戦国時代において支配地を越えた軍需物資の調達活動は商人に委ねるほかない。彼らの仕事は、支配者たる武士の活動をじかに支えるものだ。木綿・硝石がなければ、鉄砲は撃てない。刀槍がなければ戦えず、材木や竹が調達できなければ砦を築けないし鉄砲玉を払うこともできない。彼らの活動は支配構造の一部に組み込まれている。だから課税の対象ではなく、自分たちの分身なのだ。そうした位置づけが、不課税民という待遇に表わされている。士農工商の序列があったとはいうが、それは農の顔を立てたヨイショであろう。

江戸時代の伊勢参りに、大和はどんな対応をしたのか

江戸時代に伊勢神宮に参拝するのなら、伊勢講という資金調達システムを作り、親や主人など上位者の諒解を得て、寺院などから身分証明となる旅行手形を貰い、御師の手引きで手配された宿泊地を経由しながら現地に赴く。それがふつうである。伊勢神宮に参拝して神木（おかげ・おかぎ）を貰うので、これをお蔭参りと称した。

しかし早くは慶安三年（一六五〇）に江戸ではじまった集団のお蔭参り（抜け参り）があり、三月中旬から五月まで白衣を着た群参者が日に一二〇〇人ほど伊勢神宮に押し寄せた。慶安以降は、三度にわたって、またほぼ六十年周期で抜け参りの大きな波が生じた。宝永二年（一七〇五）閏四月には京都から起きて江戸から安芸まで広がり、二ヶ月で三六二万人が参宮。明和八年（一七七一）四月には、山城宇治からはじまって東北地方を除く全国から四ヶ月で二〇七万人が参拝。文政十三年（一八三〇）閏三月にも阿波から起こって、半年で四五七万九一五〇人が参宮した。当時の人口をかりに二八〇〇万人とすると、宝永二年のは一二・九二％、文政十三年のは一六・三五％の人たちが参加したわけである。もしも一億二六〇〇万人の今日に換算するなら、それぞれ一六二七万人、二〇六〇万人という空前の大集団旅行ブームが湧き起こったことになろう。

お蔭参りが俗に抜け参りといわれたのは、その行動が脱法行為だったからである。彼らはある日とつぜん巡礼者になることを決意し、誰の許可も受けずに家を出て、ときとして集団で踊りながらある

いは柄杓を一つ持つだけで伊勢に向かう道をただひたすら辿って神宮に赴く。まったく支配管理体制の原理原則から逸脱・離脱した、無秩序で反社会的な現象であった。

この現象は、当然ながら奈良にも波及した。宝永度のお蔭参りにさいし高市郡曽我村（橿原市）の堀内長玄は、「遣銭を持っていない人たちが思い思いに抜け参りをしている。初瀬街道は行き帰りの人たちで隙間がなかった」（『曽我村堀内長玄覚書』）と記している。文政度のときも、山辺郡荒蒔村（天理市）の宮座記録には「閏三月三日・四日にはおびただしい参詣人がやって来て、奈良では十万人と噂されている。大坂から伊勢までの街道筋には一里に一万三〇〇〇人ほどの人がいて、歩くことすら困難だ」（『宮座中間年代記』）とある。もちろん通過させるだけでなく、参詣者のなかには奈良の人たちもいたはずで、十市郡山之坊村（橿原市）では二、三十人が抜けていったために「村方留主明き申候程」になったという。

ともあれ通過者の多くは都市の奉公人や近郊農村の労働者で、蓄えもなく何も持たずに出立しているから、彼らが通り過ぎるさいには沿道の者が食と住を世話しなければならなかった。伊勢の隣国にあたる奈良は、とうぜんそうした役回りになる。明和度のとき堀内長玄は「自村だけでなく周辺の村々からもいろいろと馳走がなされ、自分も『割木・茶・はったい之なんぞ（はったい粉か）といふ様な物』を出して接待した」という。さらに宿泊先を割り当てたりしなければ、押し込まれたり、食料の掠奪や打ち毀しに遭う危険性も感じたろう。

この民衆の反社会的エネルギーは封建社会の破壊に向かわず、参拝運動としてただ浪費された。それは彼らの力を導くような階層がなく、社会がそれだけの経済段階に達していなかったからだろうか。

御蔭参りの人たちが目指した伊勢内宮

天誅組の乱はなぜこんなところで起こされたのか

十津川村といえば日本が実効支配しているなかで最大面積の村であるが、奈良県内でも交通不便なかなり奥まった地域である。そこで、文久三年（一八六三）八月十七日、天誅組の乱が起こされた。乱の首謀者は反幕府急進派の公家である中山忠光で、尊王攘夷派の吉村寅太郎・松本奎堂ら志士三十八人を中心として大和での挙兵を計画した。まずは大坂方面に向い、狭山藩に出兵を要請。十七日に河内の観心寺にある後村上天皇陵や楠木正成の首塚を拝して挙兵成功を祈願し、その足で千早峠を越えて、夕方に七万一千石の天領を支配していた五条の代官所を襲撃した。この代官所にいた鈴木源内ら五名の役人を斬殺して首を晒すや、五条を朝廷領として旧天領の年貢を半減すると布告した。彼らは須恵村の桜井寺を本陣とし、野崎主計ら一〇〇〇名余の十津川の郷士たちも味方に引き入れ、義挙に賛同する者たちが全国で連鎖的に決起することを期待した。

しかし二十六日に高取城の襲撃・奪取に失敗し、朝廷からも勅命による行動ではないとして見放され、さらに京都守護職が指揮する郡山・彦根・津・和歌山などの諸藩の軍によって四方から包囲されてしまう。しかも京都の中川宮朝彦親王からの命令が十津川郷士に伝えられると、郷士たちはその指示に従って離反。忠光らは、同村からの退去を求められる始末だった。やむをえず忠光ら一〇〇名は尾鷲から紀伊へ脱出しようとしたが、不可能とみて計画を変更。吉野を天ノ川辻・上葛川・伯母ケ峰など反時計回りに旋回して鷲家口から河内側に脱出しようとして、厳しい警備陣に阻まれて戦闘となった。結果として忠光以下八名は落ち延びて大坂の長州藩邸に入ったが、九月二十五日から二十七日にかけて鷲家付近で多くが討ち死にしたり、捕縛された。これが天誅組決起の顛末である。

一見すると地方での孤立した暴動事件だが、この背景には大きな時代の流れがある。この事件の前、京都では尊王攘夷運動が盛んになっていて、長州藩の力が大きくなっていた。長州藩は土佐勤王党とともに少壮の公家を巻き込み、江戸幕府に攘夷の決行を促そうと努めていた。そして文久三年五月十日を攘夷決行の日と決めさせ、長州藩は下関で外国艦船を襲撃しはじめた。さらに八月十三日になると尊王攘夷派は、かたくなな攘夷論者であった孝明天皇を神武天皇陵に攘夷を祈願するために行幸（大和行幸）させ、そのまま諸大名を徴発しながら東下して江戸に赴き、天皇みずから攘夷の討伐を行うという事実上の倒幕計画を立てた。しかし幕府はもちろん天皇・公武合体派公卿もそこまで望んでおらず、禁裏守衛役の薩摩藩と京都守護職の会津藩の兵をもって京都から一部の公家・長州藩などの尊王攘夷派勢力を一気に追い払った（八月十八日の政変）。これで天皇を擁した倒幕計画は潰え、そのことは十九日に桜井寺の本陣に報らされた。中山らは大和行幸の先駆けたらんとしたのだが、もはや後戻りもできず、孤立無援の戦いを続けざるをえなくなった。それでも天誅組挙兵は孤立した暴走でなく、生野の変とともに倒幕運動・明治維新の先駆けとなる出来事であった。それにしても、なぜ吉野周辺の奥まった地で挙兵したのか。もちろん天領・代官所が多い奈良は反幕派にとり象徴的な攻撃対象と目され、また南朝の拠点として勤王思想が根付いた地でもある。だがそれだけでなく、現代の地理的感覚ではわかりづらいが、この地域は紀伊と伊勢を結ぶ幹線道路に沿っており、修験者などが頻繁に行き交い政治情勢に敏感な地域という、十津川村の特異な一面が見えてくるのである。

風呂と湯は違うっていうけど、いったいどう違うのか

私たちは、いま自分がしていることは、どこでも、またずっと前から続けられているものと思いがちだ。どこでもという感覚を打ち破るのが、一つは海外旅行である。海外に出て各国の生活を見聞すれば、現代の日本で行われていることが、世界ではふつうでないこともよくわかる。電車が入線してくるとき、日本では「白線の内側に下がって」というが、韓国では「白線の外側に出て」という。乗客を基点にして呼びかけるのか、白線の表示を電車中心に考えるか。その感覚の違いだ。また「ずっと昔からそうだった」というときの昔とは、先代からか、江戸時代からか、それとも古代からか。おおむね私たちが語る「昔から」とは祖父母あたりからで、どんなに長くてもせいぜい二〇〇年ていどである。弥生時代以来の二三〇〇年間から顧みれば、それはつい最近の出来事でしかない。

その一例が、風呂である。私たちにとって風呂に入るとは、湯がなみなみとはられている湯槽にどっぷり首まで浸かることである。それはずっと昔からのことと思っている。しかし筒井功氏著『風呂と日本人』（文春新書）によれば、まず風呂と湯からしてそもそも異なるものだそうだ。

風呂とは、熱気（発汗）浴や蒸気浴のこと。残っている風呂は沿岸部に多いようだが、その場合の佇まいは洞窟のようだ。洞穴の内部に木材や海藻などを集め、燃やす。室のなかは暑いから、自然に発汗風呂になる。また燃えかすに莚を掛けたり塩水を掛ければ、蒸気が発生した蒸し風呂となる。これが古代から近世中期までの風呂である。また風呂屋といえば風呂を商売としているようだが、ほん

らいは風呂屋形の意味らしい。内陸部では人工的に洞窟的な施設や屋形などを作って、そのなかで湯を沸かす。湯は釜で沸かすこともあるが、焼けた石に水をかけて蒸気を発生させる場合もある。いわゆる石焼き鍋の理屈だが、鉄鍋が高価で手に入らない時代でも焼けた石を作るのは容易で、これが古来の人々の熱湯の作り方なのだろう。

なお筒井氏は、蒸し風呂をカラブロというのは、水のない空風呂の意味でない。韓の風呂の意味だ、とされる。文字からの臆測によって、朝鮮半島から渡って来た文化だとする。しかしそれならばただ風呂といえば済むことで、わざわざ韓の風呂とつけなくともよいはず。たとえば百済系の渡来氏族に韓鍛冶氏がいて、韓鍛冶部を率いて大和王権の小鍛冶などに従事していた。これは倭鍛冶がいたから、それと区別するためにわざわざ韓鍛冶と称した。つまり韓の風呂とするなら、それ以前に倭風呂があったことになりはしないか。やはり温湯浴に対して、湯水のない風呂の意味にとってよかろう。

それはそれとして、現在の浴槽を湯で満たして入る風呂が湯・湯屋である。自然に沸いている温泉での湯浴みもあったようで、奈良時代に編纂された『風土記』には出雲の玉造温泉や大分の別府温泉の記事が見られる。だが主流にはならず、入湯の普及は江戸時代に銭湯が成立してからのようだ。江戸中期になると銭湯もめずらしくなくなり、明治初めからは家庭風呂も広まっていったらしい。

入湯が主流になるなかで最大の問題は、じかに入るために湯が汚れてしまうことだ。滾々と湧き出る温泉の掛け流しならば汚れも薄まり、あるいは流れ去る。しかし同一の湯に順に入ったら、最後の人はどぶ汁のような湯に浸かることになる。湯を沸かす材料費の高さと湯の汚れの兼ね合いが、湯浴みが習慣となるのを長く妨げてきた。この問題は、家庭風呂ではいまだ解決していない。

藤岡屋日記 63

「泰平の眠りを」の狂歌は、幕末の作でないのか

「泰平の眠りをさます上喜撰　たつた四はいで夜もねむれず」とは、江戸幕末の世情を諷刺して詠んだ狂歌のうちでも、まことに秀逸な名歌である。だから教科書にも取り上げられ、試験でその解釈がしばしば出題されている。

元和偃武（大坂夏の陣のあった元和元年〔一六一五〕を最後に武器が偃され仕舞われた。戦いが無くなったの意）以来二四〇年もの泰平の世の中に馴れて、幕府はまったく諸外国の動静から取り残され、外部の情況を顧みなかった。それが嘉永六年（一八五三）六月にアメリカ東インド艦隊司令長官兼遣日特使・ペリーが率いる四隻の軍艦の出現に慌て、無能で無為無策な武士たちが夜も安らかに眠れない日々を過ごしていることよ、と嘲笑した意である。上喜撰という名の高級茶を四杯飲んだのでカフエインの作用で覚醒して眠気がこないことと、蒸気船の出現で眠りこけているどころでなくなったことが掛けられ、おもしろくできあがっている。この日々はさもあろうなぁ、という感じがする。

ところが岩下哲典氏著『予告されていたペリー来航と幕末情報戦争』（洋泉社）によると、この狂歌は幕末の作でないという。

この狂歌は、齋藤月岑著『増訂武江年表』（平凡社、東洋文庫）の嘉永六年六月三日条に「泰平のねむりをさますじやうきせんたつた四はいで夜も寝られず」（2、一三五頁）と記載されている。それならば嘉永六年の詠歌のようだが、その直前の記載は、

同十二日纜を解きて沿海を発せり。江府の貴賤、始めには仔細を弁ぜずして恐怖して寝食を安んぜず……是れより後、魯西亜、英吉利、仏蘭西等次第に来船して、書簡を呈し貿易を庶幾す。後数度応接ありて、乞ふ所に任せて仮の条約もて貿易を許し給へり。此の後数度通航する事勝計すべからず。其の顚末を記せるものは牛に汗し棟に充つべし。依りてここには委しくせず。

とある。今回来航したアメリカだけでなく、あとから来たロシア・イギリス・フランスまで記し、さらに安政五年（一八五八）に締結された五ヶ国条約まで知っている。つまりかなり後年になって、まとめて追記された文章である。となると、この歌が確かにあったといえるのは、この書が発行された明治十一年（一八七八）まで下がる。

それでもそれは疑いすぎで、そのころにあった歌を採録した可能性はある。そこで同時代史である須藤由蔵著『藤岡屋日記』（三一書房）を見ると、

老若のねむりをさます上喜せん　茶うけの役にたらぬあめりか
毛唐人抔と茶にして上きせん　たつた四はひで夜るは寝られず
（五巻・四六六頁）

という似た部分を持つ歌がある。しかしそれでも「泰平の」ではじまる歌は採られていない。つまり「泰平の……」の歌はその当時の狂歌でないかもしれない。岩下氏は、泰平を貪っていた幕府要人たちが不意を襲われたかのように無策な態をさらしたといいたい。そのために明治時代になって創作された歌だ、と見られている。もちろん『増訂武江年表』の出典が見つかれば、江戸時代まで溯っていけるかもしれない。したがって即断はできないが、このように著名になっている狂歌でも、後人の手で意図的に改竄されている危険性もある。そうしたことを心得て、くれぐれも用心すべきだろう。

ペリー来航の事前情報はどのように流れていったのか

嘉永六年（一八五三）六月三日、アメリカ東インド艦隊司令長官兼遣日特使・ペリーが率いる四隻の軍艦が浦賀沖に現れた。とうとつな現れ方に平和を謳歌していた日本中が恐れおののき、幕閣はその要求内容を前に慌てるだけで無策だった。この話はあまりにも著名だ。しかしアメリカ船が来ることも、その目的も、かなり前から人々に知れ渡っていた。その意味では、すこしも唐突でなかった。

岩下哲典氏が『予告されていたペリー来航と幕末情報戦争』（洋泉社）で記されていることをもとに、概括的にまとめるとこうなる。

いちばんさきに知ったのは、もちろん出先機関の長崎奉行所である。嘉永五年六月、奉行所に『和蘭陀別段風説書』が提出され、以下の十点が通知された。すなわち①アメリカ合衆国政府が日本に通商を求める使節を送ること。②合衆国使節は大統領から日本の将軍に宛てた書簡を携え、日本人漂流民を連れていること。③合衆国使節は、日本国内で二〜三箇所の交易場を開港させ、蒸気船航路にするために石炭の貯蔵所を設けることを求める。④司令官はオーリック。蒸気船の名はサスケハナで、コルベット船はサラトガ・プリモウト・シントマイレス・ヴァンダリアという。⑤上記の船は、使節を江戸に運ぶよう命じられているとの説がある。⑥オーリックは司令官の地位をペリーに譲ったとの説もある。ペリーは蒸気船ミシシッピーに乗船し、ほかにプリンストン・ヘルレイ・シュプレイなどがある。⑦新規の情報では、上陸軍と諸道具を用意しており、西暦四月下旬（日本では三月初旬）

の出発の予定だがすこし遅延するだろう。⑧オランダ東インド総督は、日本商館長にドンケル＝クルチウスを任命した。⑨クルチウスは東インドの「大裁判所の評議役」である（ただしくはオランダ東インド最高軍法会議裁判官）。⑩アメリカ合衆国はスペイン領キューバの占領をはかり、住民の自立を援助すると称して軍艦を出動させた。ただし撃退されて計画は頓挫。同調者も処罰されて終わった。

　この情報はもちろん翻訳され、長崎奉行から老中・阿部正弘を首席とする幕閣に送られた。しかし情報は漏れる。翻訳した人はとうぜん知ってしまっている。それが薩摩藩（島津斉彬）と宇和島藩（伊達宗城）に流れた。

　薩摩藩は九州大名に課せられていた長崎防衛の役割を果たすため、家臣を長崎聞役として在駐させていた。ただし薩摩藩は定詰でなく、オランダ船が滞留している夏だけ勤務する夏詰であった。この薩摩藩聞役の大迫源七が、長崎奉行所オランダ通詞の岩瀬弥七郎・品川藤兵衛から聞き出した。この内容はかなり正確で、おおよそのことは網羅されている。斉彬はこれを尾張藩・徳川慶勝に通知し、嘉永五年末に慶勝は水戸斉昭に報告した。斉昭はさらに姉の婿・鷹司政通（関白）に伝えていった。

　他方の宇和島藩は大野昌三郎を長崎に派遣し、オランダ通詞・森山栄之助のもとにつとに入門させていた。森山から聞き出した内容が、藩主に報告された。こちらの方は通詞に出されていた箝口令に阻まれてあまり正確でないが、何か重大な事態になっていることはわかったようだ。宗城は別ルートからの情報（岩下氏の説では、老中阿部正弘からの）も得て、アメリカ軍艦が江戸に直行してかなり強硬に通商を要求するため不測の事態があるかもしれない、と知っていた。しかも今回の通商要求が強硬に行われることは、アメリカからの帰国者・中浜万次郎から前年に聞いていており、かねての情報とも一致した。宗城は、嘉永五年九月二十一日付で越前福井藩主・松平慶永に宛てて、それらの内容を報告した。「機密事項を私だから教えてくれたので、他言すべきではない。しかし自分だけが知っていても有事のときに何もならないから」と、言い訳して。たしかに秘密を知ったとき、それがだれにも明らかになるまで知らん顔をし続けていたら、知らなかった人と差がない。「本当は知らなかったんでしょ」といわれるのが落ちだ。知った人は、なにしろ喋りたがるものである。ここで慶永に言われ、水戸藩の徳川斉昭に幕閣へ建白するよう求めるために報知される。しかし斉昭は十二月二十八日付書簡で「自分は時を失した身であるから、もはや幕府への建白はしない」と答えた、という。

さて、執政の中枢にある阿部正弘ら幕閣は長崎からの情報を受け、嘉永五年六月中旬に海防掛に諮問した。加えて、八月九日付でオランダ東インド総督からの書簡も受理した。この書簡には、①アメリカ合衆国が欧州並みの強国であり、その軍艦が派遣されること。②外交交渉だけか、戦争も想定しているのか、明瞭でない。③世界の大勢は貿易推進にあって、孤立政策は不利。④方便として、幕府のもとにオランダの委員を入れた協議会設置を提案（この方便の内容が九月二十一日付の十条の「日蘭通商条約草案」で、外交団の常駐・領事裁判権・物品税・貿易決済法・訴訟取扱法などが規定されていた。通商交渉で想定される争点を事前に入れ込んだオランダ側の条約案であるが、内容は日本の国情に通じたフランツ・フォン・シーボルトが起草したもの）、が記されていた。

岩下氏は、この段階で阿部は伊達宗城に情報を流したとされる。さて海防掛には日蘭通商条約草案まで示したのに、答えは「長崎奉行に諮問したら」。十一月中旬の長崎奉行の答申は「オランダ人は貪欲で、その情報は信用できない」と、ほぼ無反応だった。このため、対策は立てられもしなかった。

しかし無為無策で通すことに不安を懐いた阿部は、幕府の役人に見切りをつけ、前例を破って御三家・家門および外様の雄藩大名にじかに情報を流した。十月二十二日には島津斉彬に口頭で通知し、十一月二十六日には長崎警固役の福岡藩主・黒田斉溥や佐賀藩主・鍋島斉正および島津に「別段風説書」の抄本を写し取らせた。これを承けて黒田は、情報の開示・海軍創設などを献策した意見書を提出している。同じく年末に相州警固役（江戸湾海防担当）の会津（松平容保）・彦根（井伊直弼）・川越（松平典則）・忍（松平忠国）の各藩主と浦賀奉行に情報を内々に通知した。嘉永六年二月には在国となるはずの久留米藩主・有馬慶頼や黒田・伊達などの藩主を江戸に留め、万一に備えてもいる。

ただし右の顚末は上つ方のことで、これだけでは一般の武士や庶民にまで知れ渡らない。もちろん藩主から藩士に伝わり、そこから聞くこともあろうが。下々までに広く情報が洩れていったのは、やはり海防の出先機関からだったろう。所内の動きはそこに勤務する人や関係の出入り業者などに知られ、その理由もあれこれ語られる。早くも嘉永五年十月には浦賀奉行所の同心が知っていて、相州警固役の川越藩詰役に対してペリー来航予告があったことを伝えている。江戸に直行するらしいというのだから、最前線にあたる浦賀奉行所では年末にはペリー来航が確定した情報として共有されていた。年末の老中からの内達に先行し、すこしも機密でなく所内に知れ渡っていた。岩下氏の推測では、松代藩士・佐久間象山は浦賀奉行所与力・小笠原甫三郎と砲術の相弟子で、甫三郎の叔父・奥村家とも隣同士で昵懇だった。嘉永三年には浦賀奉行所で砲術指南もしていた。そうした親近関係で所内の異国船来航の情報を知り、それを吉田松陰に伝えたのだろう、という。噂話としてでなく、確たる情報と見極められる時間がさいわいにしてあった。決してパニックではなかったのである。

横浜開港資料館前にある条約締結地の碑

和宮降嫁は、公武合体派の窮余の一策じゃなかったのか

万延元年（一八六〇）三月、江戸城桜田門外で大老・井伊直弼が水戸藩浪士たちに襲われて殺された。井伊は、病死が間近に迫っている十三代将軍・徳川家定の後継者を決めなければならず、またアメリカなどから迫られている修好通商条約の調印を決裁しなければならなかった。そのために、判断ができない将軍に代わって、独裁的な権限を持つ大老となったのである。直前までは水戸藩主・徳川斉昭の実子で雄藩諸侯が推す一橋慶喜と幕閣が推す紀州藩主・徳川慶福が競っていたが、井伊は慶福に決め、家茂と改名させて第十四代将軍とした。また条約については、天皇の勅許を得ずに幕府独断で決裁し、調印を済ませた。その上で、一橋慶喜を擁して幕閣に圧力をかけ、また天皇・朝廷に画策して幕府を窮地に追い込もうとした雄藩諸侯や尊王攘夷派の志士に対し、これを押さえ込むための大量処分に踏み切った。これが安政の大獄である。その大獄への反発が井伊大老暗殺事件となり、幕閣は権威失墜と今後も繰り返される予感に怯えた。そこで老中の安藤信正・久世広周は井伊大老の採った幕府独裁の強硬姿勢を止め、天皇・朝廷との融和を掲げた公武合体策に転換する。その公武合体つまり天皇・朝廷と幕府は手を携え仲良く政治を執っていくという協調姿勢の象徴として、天皇家の家族と将軍・家茂との婚姻を画策した。十五歳同士という年齢的釣り合いから、目をつけられたのは仁孝天皇の娘で孝明天皇の妹にあたる和宮親子である。彼女は八年前に有栖川宮熾仁親王と婚約しており、それを解消させての無理強いの政略結婚であった。天皇を利用するごまかし施策だと

尊王攘夷派の志士から非難・弾劾され、だから文久二年（一八六二）正月、安藤信正は坂下門外で襲撃されて失脚したのである。和宮の話は、おおむねこうした経緯だと説明する。つまり、降嫁は公武合体政策の象徴として、安藤・久世政権によって進められたものだ、と。

ところがこの話は、間違いだったようだ。

大久保利謙氏著『岩倉具視』（中公新書）によれば、最初に話を持ちかけたのは井伊直弼だった。「井伊の謀臣長野義言が安政五年の秋、井伊の命で京都に潜入して朝廷工作中、この案を建策している。この議を受けた宇津木六之丞（彦根藩公用人）の返翰に、賛意を表し、この考えは井伊の『眼目』とするところとある」（七十頁）とあり、同じく五年の秋に京都西町奉行所与力・加納繁三郎が左大臣・近衛忠熙に和宮降嫁を勧めていた。この話は十月一日に京都所司代・酒井忠義と近衛忠熙との間でも出て、翌六年にも酒井所司代から関白・九条尚忠に伝えられ、関白も皇女降嫁については同意した。二月中旬には和宮の伯父にあたる橋本実麗に和宮を説得するよう根回ししはじめ、四月に関白に対して和宮降嫁を奏請するよう依頼があった。しかし孝明天皇が婚約済みを理由に拒否したため、話が停頓していたのである。それでもともかく和宮降嫁は、井伊政権下で発議されたものだった。

となると、この結婚の政略的意味合いが変わってくる。窮地に立たされた幕府が天皇家に譲歩して合従連衡を考えた、のではない。これは安政の大獄中の申し入れで、井伊の反対派弾圧の強硬路線内での政略だから、「徳川方に人質として皇女を確保しよう」という意味づけだったことになろう。岩倉具視はそれでも天皇権限の回復・徳川将軍家への梃子入れになると判断したというが、幕府側は人質として取るつもりしかなかったとすれば、推進派が生命を狙われる理由がわかるというものだ。

高杉晋作 66

奇兵隊は、そのあとどうなったのか

幕末の長州藩はかねて尊王攘夷を旗印としていたが、これといった攘夷の実績がなかった。このままでは志士たちから口先きだけといわれかねないので、運動の主導権をとるべく単独で攘夷を決行した。それが、文久三年（一八六三）五月十日の下関での外国船砲撃だった。江戸幕府はたしかに攘夷決行の期限を五月十日と朝廷に約束していたが、それは攘夷の実行を迫る孝明天皇への方便で、じっさいはその気がなかった。もともとできるはずのない約束で、攘夷ができるくらいなら和親条約も通商条約も結んでいなかった。そうではあるが、攘夷決行を条件にして和宮降嫁を承認してもらったので、「しない」とも言明できなかった。だから孝明天皇に約束した「攘夷決行の期限」とは、「条約破棄に向けた交渉を打ち切るという意味だ」とか「決行する場合は幕府に軍事指揮権があるので、幕府の指示を受けずに行動してはならない」といい、結果として無為に時日を過ごそうとしていた。

長州藩の活動はこれに対する明瞭な挑戦であり、幕府にかわって国政の主導権を奪おうと狙ったものだった。これに対して幕府は、薩摩藩・会津藩の協力のもとに、同年八月十八日天皇の周囲にあって政治的影響力を行使してきた長州藩士やそれに同調する三条実美ら七人の公家を軍事力で一掃した（八月十八日の政変）。巻き返しを図る長州藩は、元治元年（一八六四）七月十九日、軍を率いて京都御所に迫ったが、禁門の変の戦いで幕府軍に惨敗。さらに八月五日、外国の四国連合艦隊が砲撃への報復として長州藩の砲台を占拠・破壊し、一部には上陸もした。こうした順風を背にうけた幕府は、長州藩処分のために「朝敵」征伐のお墨付きを得て、第一次長州征伐を指令した。

四面楚歌となった長州藩の内部では、尊王攘夷策を藩論として推進してきた正義派（藩政改革派）がその政治責任を問われ、かわって俗論派（保守派）が藩政の主導権を握った。そして従来の武備恭順策を否定して幕府への統一恭順を掲げ、藩主を蟄居させ、禁門の変を起こした益田右衛門介親施・福原越後元僴・国司信濃親相ら三家老と四参謀を処刑し、正義派を藩政から一掃することで幕府に恭順の意思を示した。幕府軍側でも、各大名は戦闘の長期化が藩財政を悪化させると考えて乗り気でなかった。こうした事情に救われ、長州藩の自助努力を見届けて事態が収束するかに見えた。

奇兵隊は、こうした社会の激動のなか、文久三年六月に赤間関（下関）で創設されたものだ。一坂太郎氏著『高杉晋作』（文春新書）によって、その経緯を描いてみよう。

きっかけは、正兵がぶざまな敗退ぶりを見せたことにあった。正兵とは藩家臣団の武力であり、奇兵は正規の兵士でないという意味である。右掲のように文久三年五月十日、長州藩は下関沖を通る外国船に砲撃を加えた。アメリカ商船のペンブローク号、つづいて二十三日にはフランス船キャンシャン号を砲撃した。これらは商船だったが、二十六日に通過しようとしていたオランダ船メジューサ号を砲撃したら八門での艦砲射撃を返され、六月一日にはアメリカ軍艦ワイオミング号の砲撃で亀山砲台が破壊され、長州藩の軍船の癸亥丸が大破、庚申丸・壬戌丸は沈没させられた。そして六月五日、フランス軍艦セミラミス号・タンクレード号が来襲し、砲撃の中心となっていた前田砲台を占拠されてその砲門も封じられた。さらに兵士二〇〇人余が上陸し、前田村の農家二十二戸と長州軍の本陣のあった慈雲寺を焼き払った。これに対し、益田豊前の率いる長州藩士の軍は戦国時代さながらの装備で立ち向かおうと進んだ。だがその途次、フランス軍の艦砲射撃によって散り散りばらばらにされ、軍列を乱して山野を逃げ惑う醜態をさらした（金子文輔『馬関攘夷従軍日記』）。

正規軍のみじめな敗退ぶりを聞いて、晋作はかねての危惧が的中したことを知った。上海の租借地などで外国軍の装備をじかに見ていた晋作は、既存の武力に見切りをつけていた。そして藩主からの下問に「願はくば馬関のことは臣に任ぜよ。臣に一策あり。請ふ、有志の士を募り一隊を創立し、名付けて奇兵隊といはん」（『奇兵隊日記』）と答え、惨敗した翌六日の深夜、晋作は竹崎浦の海商・白石正一郎の邸を本陣として奇兵隊を創設した。藩士・陪臣・軽卒（足軽）などの武士は出身身分も所属の藩も問わず、また匹夫（一般民）でも、それぞれが得意とする武器をもって戦う。一割にも満たないしかも旧習に縛られた門閥家臣団では外敵に抗しがたいので、このさい民衆の力を結集して郷土を防衛しようとの策だった。六月十日には早くも六十余人（のち三〇〇〜四〇〇人前後）が集まり、武士・庶民が半々という奇兵隊のような諸隊は藩内各地に十隊ほど結成されていった。

六月十一日にイギリス船が現われ、上陸して測量をはじめた。奇兵隊は伏兵となって戦闘開始を待ったが、結果として戦いにはならず、奇兵隊の活躍の場はなかった。奇兵隊の出番は、長州藩が禁門の変で敗れて朝敵とみなされ、幕府軍に取り囲まれてからである。長州藩上層部（俗論派）は正義派を処刑して藩論を統一恭順にし、都落ちしてきた三条実美ら五卿を護衛すると称しまた俗論派を非難する建白を行なう諸隊に対して元治元年十一月に解散を命じた。このなかで奇兵隊総督の赤祢武人は鎮静化に協力することで諸隊の温存を図ろうとした。しかし晋作は俗論派との妥協を拒み、十二月に遊撃隊・力士隊の八〇人を率いて下関の新地会所を襲撃。翌慶応元年（一八六五）正月に藩から追討令が出されたのをものともせず、奇兵隊をふくむ諸隊が総決起して二月十五日までに萩城下を占領し、俗論派を処刑して藩論を武備恭順に戻すことになる。長州藩はやがて薩摩藩と手を組み、討幕政権の基礎を作る。苦境を覆して時代の結節点を築けたのは、奇兵隊など諸隊の活躍があったからである。

これだけ活躍した部隊ならば、長州藩内・新政府内でさぞや重く用いられただろう。そう思われるところだが、そうでなかった。諸隊の構成員は武士・庶民半々だったが混在ではなく、出身身分が書き留められていて弁別され、服装から髪型まで、内部には歴然とした差があった。もともと晋作自体が決起にさいして「故奇兵隊開闢総督高杉晋作　毛利家恩古（顧）臣高杉某嫡子也」と墓碑銘について遺言したそうで、恩顧の臣・武士を誇りとしていた。外敵に蹂躙されそうななかで、郷土防衛の志だけで結びついた隊士たちであり、当面の脅威が薄らいでくれば、組織した晋作ですらもともと同格・対等な者として雑居・混在しながら手を結ぶべき相手とは見なしていなかった。

晋作に封建秩序を崩す気はなく、藩は地位を高めた諸隊の力を殺ごうと策した。国内規律も立ち直ったので「士民は農に帰り、商夫は商を専ら」に、と旧職への帰参を求めている。ただし第二次長州征伐軍に包囲され、いつ戦闘になるかもわからなかった。そのため諸隊に依存するところもあって、とりあえず家臣団が結成した干城隊の統轄下に置き、その指示で動くように縛りをかけた。晋作は創設者として諸隊の抑制を求められたが、すでに疾うに関心を失っていた。結局諸隊は、幕府軍の撃退に尽力したのち、明治二年（一八六九）に解散された。常備軍四大隊に組み直されたが、藩士外の者たちはほぼ抛り出された。不満の者たちは美祢郡などの農民一揆に加わって新政府に抵抗したが、藩庁からの討伐軍に鎮圧された。熱く語られて、利用するだけ利用された。それが実態だったようだ。

明治維新前の薩摩・長州で、なぜ人口が増えていったのか

日本の人口の推移を記したいちばん古い文献は、中国人が記録した『魏志倭人伝』である。とはいえ対馬国が千余戸、一大（一支）国が三千許、末盧国が四千余戸、伊都国が千余戸、奴国が二万余戸、不弥国が千余家、投馬国が五万余戸、邪馬台国が七万余戸としかなく、三十カ国中の八カ国だけ。それで一五万余戸とある。一戸あたりの人数は、記した中国人の感覚で読むべきだろう。『漢書』地理志の玄菟郡は四万五六〇〇戸で口数二二万一八四五人だから、一戸あたりは四・八七人。楽浪郡は六万二八一二戸で口数四〇万六七四八人だから、一戸あたりが六・四八人。『後漢書』の楽浪郡は、六万一四九二戸で口数二五万七〇五〇人なので、一戸あたり四・一八人である。となると、千余戸の対馬の人口は四二〇〇人から六五〇〇人、七万余戸の邪馬台国は三五万人前後とすると、八カ国の総数は六三万人から九七万人ほどとなる。ただしもとの戸数は、中国の編者の聞き書きにすぎまいが。

小山修三氏（『縄文時代』中公新書）は、日本の考古資料から実態的な推測をした。土器の産出遺跡数に時代ごとの推測係数を掛け、縄文早期を二万一〇〇〇人、前期を一〇万五五〇〇人、中期を二六万一三〇〇人、後期を一六万三〇〇〇人、晩期を七万五八〇〇人と割り出した。弥生時代については係数を五十七（五十六カ）とし、五九万四九〇〇人と見ているが、ここも係数の当否が問題ではある。

ついで飛鳥時代については、『隋書』に軍尼（国）が一二〇、一軍尼が十伊尼翼（稲置）、一伊尼翼は八十戸とある。つまり、総数九万六〇〇〇戸となり、下文でも「戸は十万ばかり」とする。この戸

数を日本の古代戸籍の平均値で一戸二十四人前後と見積もれば、全人口は二三〇万四〇〇〇人くらいとなる。しかし中国の感覚によれば、『通典』（巻七・食貨七）では隋の大業二年（六〇六）の戸数は八九〇万七五三六戸で、人口は四六〇一万九九五六人。唐の天宝十四載（七五五）の戸数は八九一万四七〇九戸で、人口は五二九一万九三〇九人である。中国的感覚では一戸が五・一六〜五・九三人なので、倭国は人口五〇万から五七万ほどという、邪馬台国時代なみの小国となる。

日本の文献では、新井白石著『折りたく柴の記』（日本古典文学大系本）に「上宮太子摂政の時に、かぞへられしに、五百万人にたらざりしと見え、其時に四百九十六万九千八百九十人としるされしとも見ゆ」（三八三頁）とあり、つづけて「一説に、聖武天皇の御時に当りて、八百六十三万壱千七十四人としるされしなども申す」とあって奈良時代の人口説までも取り上げられている。これらの数値が何によったのか分からないが、『行基大菩薩行状記』（続群書類従本）には養老五年（七二一）の人口として「男は十九億（九万脱カ）四千八十二人、女は廿五億九万八百十一人、都合四十五億八万四千八百九十三人」、『運歩色葉集』（京都大学本、元亀二年師岡写）にも「男子十九億九万四千八人、女人廿五億九万四千八百三十四人」とあり、つまりおおよそ四六〇万人としている。中世後期にはそれらしく推測を施した書が流布していたのだろうが、白石の八六三万人説とは倍近い開きがある。

二種類の人口説の根拠はもはや不明だが、戸籍・古代法などを根拠にした人口の推定説はたびたび試みられている。天平十九年（七四七）五月、貴族・寺社に与えられる封戸について、戸内の偶然の事情で収入が大きく異ならないように、戸内人口の公定基準値を定めた。正丁・次丁の数を一郷あたり二八〇人、中男の数を五十人とした。古代戸籍の残存部分により中男から次丁つまり十七歳から六十五歳までの税負担者の男子人口における比率を出し、さらに男女の人口比率を出す。すると一郷の男子数は六三七人で、女子は七六二人と算出できる。これを『和名類聚抄』の総郷数四〇四一にあてると、総人口は五六五万三三五九人となる。あるいは、『類聚三代格』の弘仁六年（八一五）の格では、陸奥国の課丁は三万三二九〇人とある。『延喜式』にある政府が諸国で課している稲の正税出挙（強制貸し付け）が人口数に比例するものなら、一〇〇〇束あたりの課丁数は二十一・九八人となる。これで四十五ヶ国の人口が三五〇万四二〇〇人とわかり、別計算で得られた畿内など二十数ヶ国分の人口を加えると五五七万三一〇〇人となる。依拠する資料の妥当性にこまかくは議論の余地があって修正説も数多いが、どれでもさして大きな差がなく、五五〇万人前後というところらしい。

　中世のうち鎌倉期は鎌倉幕府が本質的に全国政権でなく、公家政権側も全国支配ができていない。また室町期は戦乱が長く続いたために守護大名に現場の統治をほぼ委任せざるをえなかったので、そののちも地方分権支配の形が残った。このため、全国的規模の統計に使える基礎資料があまりなく、『満済准后日記』にある山名宗全・畠山義深などの守護軍が平均三二五騎・徒士二五〇〇人を有しているとの記載を全国に及ぼすか、『拾芥抄』の全国田積数と九州の大田文とを比較しつつ人口を割り出すくらいしか手がかりがない。それによれば六〇〇万から九〇〇万人ほどとなるが、根拠とすべき数値はおおざっぱすぎて変動が予見され、都市民や非農業人口などの推定も恣意的で不安がある。

　近世になると、統一政権のもとに資料が集められる。享保六年（一七二一）に徳川吉宗が調査・報告を求め、以降子年・午年に繰り返し行われた。その数値は当初約二六〇六万人で、弘化三年（一八四六）にも二六九〇万人だから、一二五年間でさしたる変化はなかった。ただし、ある藩は十五歳以下、ある藩は八歳以下を除去するなど集計基準が異なるので、数百万人を足さなければならない。速水融氏『歴史人口学で見た日本』（文春新書）によれば、三〇〇〇万人ちょっとではないか、という。

ところで速水氏は諏訪藩内の「宗門改帳」を点綴しつつ、ある傾向を読み取られた。すなわち十七世紀中は人口増大が続いたが、十八世紀初頭ころから停滞し、十九世紀第二四半期にふたたび増大する。最初の増大は戦国の争乱で荒れ果てた村落が回復していく過程で、農業生産の伸びに応じて人口が伸びた。そうも思える。速水氏はその過程を、親子・叔父母・従兄弟らが共同で住む合同家族世帯が崩壊し、祖父母と親子の直系家族世帯が成立していったと表現する。大家族で嫡子が優先される家族形態から、五人前後の小規模家族が子を作るように変化したので人口増となったというのだ。もっともこれは、個別農家の生産性・生産能力の増大が前提にあったから独立できた、ともいえよう。

しかし幕末の人口増大問題はどうだろう。板倉聖宣氏『日本史再発見』（朝日選書）によれば、一二五年間の全国人口は三％増だったが、関東・東北は十三％・十一％減なのに対し、中国・四国は二十一％・二十七％の増である。しかも長州藩・薩摩藩では四十七％・三十％増になっている。長州・薩摩にあたらしい産業が起きていたわけではない。革命的な生産増大の時代が予見できたわけではない。それなのに、明治時代の産業革命を予感しているかのように、なぜ人口が増えたのか。いや、私たちは生産が増え準備が整ってから人口が増やされると思うが、さきに人口が増えた。増えたから、養うための生産増大に迫られて歴史の歯車が回ったのかもしれない。ゆとりができたから子を作るのではなく、子を作ったから稼ぎに精を出す人もいる。歴史は、なにより人間が担っているのだ。それにこの現象は欧州の産業革命時もそうで、時代の改革に先行して人口が増えはじめたのだそうだ。

井上毅 68

明治政府の提示した「信教の自由」の中身にはどんなトリックがあったか

「信教の自由」といえば、どんなことを思うだろうか。本人の意思に反し外部から無理に棄教せよと強制されないが、その自由の範囲は「頭のなか・心のなか」という自分の内面で思うことに留められる。日本人は、そう思ってきたのではないか。浄土真宗寺院も法華宗寺院も喧嘩せずに違和感なく仲良く並んでいて、人はどちらでも出入りする。そういった風景に馴れすぎている。

しかし宗教は本来的に不寛容で異なる宗教を強く排除し、おりあらば相手の絶滅をはかる。島原の乱でのキリスト教徒のように（拙著『日本史の謎を攻略する』第六章78）、仏教寺院を焼き僧侶を殺し、キリスト教に改宗しない村民を生かしておかなかった。オウム真理教も、自分たち以外の人々の死に罪悪感など懐かなかった。世界史では約二〇〇年にわたって十字軍がイスラム世界を襲い、喜々として異教徒を殺した。近年にはイスラム教徒間でも、対立する派の信徒に銃を向ける。信仰は決して信者個人の心のなかだけで完結せず、信仰心の赴くままに争い、不寛容に外界を変えていく。信仰しない者を心から許容することなどなく、信仰に合わないものを壊さずにおかない。いまも日々そういう宗教同士の力の衝突劇を目にする。宗教には、ほんらいそうした牙が内蔵されているのだ。

明治国家は、それをどう処理したか。阿満利麿氏著『日本人はなぜ無宗教なのか』（筑摩新書）によれば、憲法にある信教の自由は、信者の自由な信仰生活・宗教活動を保証したものでない、とする。

明治二十二年に発布された大日本帝国憲法の第二章二十八条「信教の自由」には、「日本臣民は安寧秩序を妨げず及臣民たるの義務に背かざる限に於て信教の自由を有す」とある。この条目を起草した井上毅によれば、この条文については欧米諸国の求めていたキリスト教の信教の自由を認めるか否かが焦点となっていた。キリスト教を禁教とするか、自由に布教させるか、信者の心のうちだけの信仰に留めさせるか、この三者のうちのどれにするか迷っていた。結局最後の考え、つまり信者の心のうちだけの信仰に留めるという規定にした。この条項の「安寧秩序を妨げず」「臣民たるの義務に背かざる限」りとの条件は、社会の安寧と秩序を守り、納税・兵役・戸主など政府が定める諸制度は信仰に反しても遵守させる。心のなかの信仰なら咎められないが、それが礼拝・布教などという行為として表面化して外側に形をなす場合は政治的制限が自在にかけられる。いや、それだけじゃなかった。

この果てに「宗教というのは俗世間にかかわらない『内面』での神との対話だ、あるいは、外面だけの儀式などに宗教の本質などない」（加藤典洋氏著『日本の無思想』平凡社新書）という日本人特有の「無宗教」観が成立する。宗教に対する姿勢がこれだけ頑迷固陋だったのに、その一方で国家神道がすみやかに普及していけた理由が、この日本人の無宗教観である。このもとは、明治政府が創唱宗教と自然宗教とを峻別したことにある。キリスト教や仏教など創始者を有するのを宗教とみなし、由緒不明・自然発生の祭祀行為は道徳的倫理的観念にすぎないという神道非宗教説に明治政府は立った。その場合内心はどうでもよく、外形の儀式に重きがおかれる。だから非宗教である国家神道は信仰ではなく、公的な社会慣行としてだれもが行なうべきものとして国民に強制される。すると国家神道の儀礼、たとえば御真影（天皇の肖像写真）の拝礼を拒むのは、心のうちだけであるはずの信教の自由から逸脱した違法行為となる。日本人が無宗教と言い張るのは、こういう宗教観の表明なのだ。

必称義務令 69 氏名・姓名の多くは、明治時代を遡らないというのは

筆者の母・八洲子の旧姓は三浦で、外祖母は斎藤しげである。母によれば、この斎藤は逆臣とされる明智光秀の重臣・斎藤利三に由来するもので、そのために長く素性を知られないようにしてきた。これは口伝えで、証拠となる記録などは何もない。それは伏せてきたのだからさもあろう、というわけだ。母の夢を潰すわけにもいかないし、「うちは豊臣秀次に仕えた……」などという人にもよく会う。しかしこうした家柄自慢は、どのようにも作れる。

そのきっかけは、どうやら明治時代に遡るようだ。

明治政府は、明治二年（一八六九）一月九日「百姓町人共、旧幕府より苗字帯刀を差し免し（中略）候儀、一切廃止せられ、仰せ出で候事」と命じ、幕府から認められた苗字（名字）を没収する方向にあった。しかし徴税と徴兵の実施には、前提として個別人身支配すなわち戸籍登録が必須とされた。村長を通じて村を支配するとか、町名主を通じて町を掌握するというやり方では、おおざっぱな支配しかできない。もちろんそれならば、上に立つ行政機構・施政内容も簡略・粗雑で済むのではあるが。

そこで明治三年九月十九日に「自今、平民苗字差し許され候事」と政策転換し、ついで明治四年八月には臣民一般に戸籍（壬申戸籍）への登録を義務づけた。これは権利でなく、義務であった。この戸籍をもとに、人別にあるいは戸主を通じて各戸口の納税・兵役を課していこうとした。となれば登録は課税・増税の前触れと感づかれ、ほとんどの人は反応しなかった。そこで政府は、明治八年二月

十三日に重ねて「自今必ず苗字相唱え申すべし。尤も祖先以来苗字不分明の向きは、新たに苗字を設け候様致すべく、此旨布告候事」と厳命し、のちにこれは平民苗字必称義務令と呼ばれた。

さてそうなると、国民はなんらかの名字（苗字）を称さなければならなくなった。紀田順一郎氏著『名前の日本史』（文春新書）によれば、明治初年の平民の人口は三一〇〇万人で、戸籍数は推定七二二万戸。すでに名字を持っていたのは全人口の一割ほどで、名字数は三万であった。あとの九割の人たちが、名字づくりに奔走したわけである。その結果が今日の姓名で、丹羽基二氏編『日本苗字大辞典』（芳文館）には二九万一一二九件あるが、未搭載のものもまだまだあるだろう。

もちろんそれまでも、同じ町村のなかに同名者がいれば区別できない。だから俗称があった。越後屋を営む光右衛門なら越後屋光右衛門、魚屋の初吉なら魚初、石屋の留蔵なら石留などの略称である。そういう俗名を行事・神事や契約・保証の署名で使ってきた。ただそれは公認されているものでなく、あくまでもその地域での通称であった。それでも通称があれば、それをそのまま用いればよかったかもしれない。といっても通称を気に入っていたとも限らないし、事実として多くの人たちは戸惑った。

どのようにつけていったかは、統計資料があるわけでもないので、明瞭でない。

身近にある材料としては、居住している集落内の何かの名が簡単で、あるいは藩の領主名などが代表的だった。もともとあこがれていたであろうし、酒井・本多などはもっとも偉そうに思えたろう。もちろん大名家とは血縁でもなく、その家の許しを得てもいない。それがいいと思ったから称してみたまで、である。筆者の外祖母の家の名も、そうしたいわれだろうが、いったんつけてしまうと今度はその家の由来を歴史上の著名人に結びつけたくなり、家のルーツ探しがしたくなる。そういう次第だろうが、もはやその気持ちを止めることもできまい。

これに対して、集落内の地名・家名などには問題もある。鹿児島県揖宿郡山川村では、地元の有力者の名字をとったため全戸が鰻となった。三重県伊賀村・下郡村では、四十数名が談合して全員歳田とした。今でも、大分県姫島の大海地区では一軒の藤本姓を除き、すべて大海姓である。もともと個人を同定・識別するために姓名をつけるのだから、同じにしたのではつけている意味がない。姫島の場合は、所有している船舶の号名で区別しているとのことである。

もとより同じ姓が好まれていたわけではなく、人々はそれぞれに違う姓名を求めた。しかし名字を考えられるような学力のある人は、僧侶・神官のたぐいか、村なら庄屋・名主、町なら大家・寺子屋の師匠あたりしかいない。彼らも三四十は思い浮かぶだろうが、二百・三百となると、濫造とならざるをえない。二本松藩郡山村の什長は青柳・喜撰・鷹爪・宇治など茶の銘柄名をつけ、大阪の下町では忠臣蔵の四十七士の名がつけられたりしたという。そのほか樹種・野菜・魚類・獣類の名などが、意味もなくその場の思いつきで創氏されていったという。

なお珍姓とされているが、歴史的な由緒のある姓名もある。目・属はサッカなどと訓むが、これは律令制下の役所の職名に由来する。役所には四等級の管理職名があり、訓読みならどれもカミ・スケ・ジョウ・サカンであった。八省なら録が、国司なら目が、図書・玄蕃などの寮なら属がサカンの職名だった。その職を代々継承していた人が名字とし、サカンが訛ってサッカとなったのである。また長宗我部は蘇我氏に所有された私民である蘇我部（宗我部）のうち、土佐国長岡郡に拠ったのが長宗我部氏、同国香美郡に拠ったのが香宗我部氏と称したものである。

端座と立て膝 70

正座って、日本人の伝統的な坐り方だったのか

このごろは少なくなったかもしれないが、ひところは電車の席で大きく股を広げ、二人分の座席を占領する輩がいた。それが三人並んでしまうと、長い座席はそれだけで満員となる。またコンビニエンス・ストアの前には、足を開いて腰を落とし、足の裏をべったり地面につけ、胸と太腿をくっつけたいわゆるヤンキー坐りの異様な風体の集団が車座になって煙草を吹かしていたりする。

これが現代の若者などが開発した特有な坐り方なのかと思ったら、どうやら違うようで、矢田部英正氏著『日本人の坐り方』（集英社新書）によれば、一時代前までの日本ではそういう坐り方があちこちで見かけられた。

上の人が教訓を垂れていたり、叱られているとき。あるいは茶道・華道などの稽古事とかでは、ともかく「日本人は正座だ。足を投げ出したり、胡座をかいたり、立て膝なんていうのは、無礼・不作法な振る舞いの最たるもの」とされてきた。とくに正座すなわち正しい座わり方という名が付いているのだから、ほかの坐り方はすべて正しくない坐り方と思われてきた。

ところが、正座という呼び方からして、あたらしいものだった。夏目漱石は正座という言葉をまったく使っていないそうで、『吾輩は猫である』ではいわゆる正座のことを「端座して控えて居る」とか「かしこまって居る」と表現している。この坐り方が「正」なのではなく、ときに応じた一つの坐り方にすぎなかった。

それが明治十三年（一八八〇）に小笠原流の当主・小笠原清務が東京府に礼儀作法教育の必要を訴えて採用され、府内七十三校で実施されて普及しはじめたらしい。そして明治時代の終わりころには、「正坐は云うまでもなく、普通一般に用いられ、跪坐は多く授受進撤の際に用いられ、安坐は閑居乱酒等の場合に多く用いられる」（松崎双葉著『礼儀作法精義』、南北社。大正三年刊）と見なされるまでに一般化した。こうして日本全国で普通にみられる坐り方となり、椅子の生活が普及したいまでも、日本人の多くが畏まった場ではこの坐り方をする。正座できないと、外国生活が長かったとかの特殊な暮らし方でもしてきたかと思われてしまう。

では、かつてはどんな坐り方をしてきたのか。

その主流は、立て膝であった。

右膝を立て、左足は畳んで尻の下に敷く。これに対して左足をL字に投げ出す楽立て膝、楽立て膝でかつ脇息に凭れかかる形の凭れ立て膝もあるが、要は立て膝である。

十六世紀ごろの茶の湯の作法を記した『当世はやる茶湯故実』（実暁僧正写）には、茶を点てるまでは立て膝、釜に蓋をするときは端座、茶を飲むときは立て膝、飲み終えたら安座、とある。作法の大半は立て膝であり、立て膝が礼儀の基本形であったことが知られる。『春日権現験記』の隆覚僧正の姿も凭れ立て膝だし、『法然上人絵伝』の聴講者の女も、鈴木春信の「青楼美人合」・菱川師宣の「妓楼図」・西川祐信の「男女歓娯図」のなかの女もみな立て膝である。

すなわち前近代の男女とも、正式な坐り方が立て膝だったのである。そんなこと驚くに当たらない。というのも韓国ドラマを見れば、結婚の承諾を得ようと相手の親に挨拶に赴いたとき、その挨拶はた

古写真『日本残像』「殿様の登城」にみられるヤンキー座り（放送大学附属図書館所蔵）

がいに立て膝で行なっている。チマ・チョゴリの長い裾のためによく見えないが、立て膝であることは外見からも見とれる。これが韓国の正式な坐り方なら、かつての日本もそうであり、その淵源は中国かもしれない。つまりは、前近代における東アジア全体の作法だった可能性もある。なお、この坐り方をしておけばすぐに立ち上がれるので、外敵からの保身上もよいであろう。

そうしたなかだが、ふしぎな坐り方をした木像がある。神奈川学園社会科見学の引率時に、明月院所蔵の上杉重房坐像（模造）を見た。二本の足をともにやや膝を立てて前に投げ出し、両足の間を開けたまま足の裏を見せている。大きな袴を着けていると胡座と見きわめをつけにくいが、足首を交差させていないので、胡座でない。でも、こんな坐り方をしていたら、すぐに立ち上がれない。そこで筆者は、武士たちがたがいに相手から攻撃されないよう、相手への礼儀としてただちには攻撃しにくい坐り方をしているのか、と考えた。しかし、それは思い過(す)ごしだったようだ。

この坐り方は天皇や摂関(せっかん)など御影(みえい)一覧にも見られるもので、矢田部氏は貴人坐(きじんずわ)りと呼んでいる。この姿は、冠(かんむり)や立烏帽子(たてえぼし)を被(かぶ)って丈(たけ)を伸ばしたことに対応して、横にも幅を広げる必要があり、そのために足を広げて袴(はかま)を大きく張(は)っているのである。つまり人間を大きく見せて、偉(えら)いことを視覚的に訴えているのだ。そういわれれば、電車で股を広げているのも、寛(くつろ)いでいるのではなく、偉そうにしたつもりなのだろう。

これに対してヤンキー坐りは下級武士の坐り方の作法(さほう)で、やや身分が高ければ身を起こして頭を擡(もた)げて蹲踞(そんきょ)する形であった（前頁写真参照）。これで爪先立(つまさきだ)ちになって、踵(かかと)の上に尻を載(の)せ、膝をつければ長時間の待機にも耐えられる。『春日権現験記』にはそうした従者たちの姿が描かれている。ただこうした坐り方には足首の柔(やわ)らかさが必要とされるそうで、社会における長い習慣づけが背景にあってこそできるもののようだ。

何でも「昔から決まっていて、変わっていない」などと簡単に思ってしまうが、「正座が基本」はせいぜいこの一〇〇年の習慣にすぎない。ほかのこともそうだが、そのていどの間にできた思い込みでも、前世代から受け継がれると、私たちの思考範囲を狭(せば)めてしまう。そうならないよう、つねに物事は歴史的に捉(とら)えて、事実を弁(わきま)えて発想するように心がけなければなるまい。

桂離宮は、ブルーノ・タウトによって発見されたのか

桂離宮は、京都の名所中の名所だ。筆者も、昭和五十年（一九七五）八月に友人Sと、昭和五十五年三月に母・八洲子と見学したことがある。そのとき、これがドイツの高名な建築学者であるブルーノ・タウトが絶賛し、「日本文化にも見るべき精華がある」と発見して日本人にその価値を教えてくれた建築だと知っていた。その一方で、それまで豪華絢爛で贅を尽くした社殿建築の頂点といわれてきた日光東照宮は「威圧的で親しみがなく、建築における堕落の極致」（『日記』五月二十一日）とまでその価値を貶めた。外国人の一言でそれまでの価値を反転させる、日本人の外国人崇拝。その拝外主義は、いまなお強い。そうした感慨を懐いて見つめた記憶は、たしかに残っている。

ところが井上章一氏著『つくられた桂離宮神話』（講談社学術文庫）によれば、どうもその認識は誤っていたらしい。

タウトが桂離宮を見たのは、日本に来てまだ二日目でしかない昭和八年五月四日だったそうだ。彼を招聘した日本インターナショナル建築会が、彼の誕生日である五月四日にあわせ、祝うべきその日にプレゼントとして日本最高の建築を見せてあげようと企画していた。ということは、日本の建築界のあいだでは、すでに最高の建築物という評価が定まっていた。日本人の間で無価値と思われていた建築物を彼が発見・再評価してみせたのではなく、日本の建築家の一団がこぞって一押しにしたものをそのまま称賛したにすぎない、というわけだ。わざわざ祝賀の意味を込めて選んだ見学地だから、

タウトの激賞はとうぜん予測できていた。タウトはモダニストであり、前掲の日本インターナショナル建築会もその当時の国際建築界では主流になりつつあったモダニストの建築会であったから、その彼らが選べばタウトが気に入ることは十分に推察できた。

ただし、ここには二つの誤解がある。

一つは、タウトがモダニストという判断である。モダニズムは近代的な建築感覚で、「建築物は、高い機能性を持って、合目的的に実用的に作られるべきだ。装飾的な無駄をできるかぎり殺いで、機能に徹した建築にする。そうして機能に即してできた無駄のない実用的構造物こそが美しい」という考えだ。しかしタウトは因習にとらわれない自由な造形を理念とする表現主義の建築家であり、純然たるモダニストでなかった。だから桂離宮についても「究極の細緻な点が合理的には把握し得ないが故に古典的なのである。その美は全く精神的性質のものである」(『ニッポン』明治書房)とし、モダニズムとは異なって非合理的だと評している。だから彼の発言はそのほんらいの主旨やすべてでなく、モダニズムに合う部分だけが金科玉条のようにされて持て囃されることになった。

二つめは、やや矛盾する話だ。桂離宮はモダニストによって評価された。装飾を殺いだ簡素な合理的な建築物であり、モダニストたちがこれから作りたいと思っているものが過去の日本の地にすでに実現されていた。そうした自分たちの理念の輝かしい源として、行くべき道の象徴として讃美された。しかし、その理解は誤りである。桂離宮の建築構造はかなり複雑であって、機能に即して合理的になどできていない。装飾性もないというが、桂棚や引手金具などには過度な装飾が施されている。決してモダニストから称賛され、モダニズム理論に合致してその裏付けとなるような建築物でなかった。

それならば、どうしてタウトの言葉は流布したのか。外国人の評価に弱く、外国人から評価のお墨付きをもらえれば飛びつくという島国根性の裏返しか。それとも日本にも欧米に比肩するまた先進性を持った文化財があったといって、欧米諸国に虚勢を張るための根拠にしたかったのか。

どうもそこまでは考えていなかったようで、欧米にある装飾性の高い建築物に対して、日本には簡素なものしかなかった。伊勢神宮の神明造の簡素この上ない社殿や野の風情を漂わせる数寄屋造りの茶室くらいしか、作られていない。欧米文化は豪奢、日本文化は簡素。そういう構図しか成り立たなかった。そこに簡素こそが素晴らしいといわれて、当時の日本人の心を心地よく擽った。欧米人のタウトがそう評価しているのなら、日本人は簡素でいいんだ。その思いを確信させることになり、物資がないために簡素・質素の精神を培いたかった国情にも合致した。そういうことだったようである。

ということで、つまり桂離宮の「発見」は、日本インターナショナル建築会の努力によるものと評した方がよい。タウトの言葉は読書界に影響して一九六〇年代の京都旅行案内書を通じて広まりはじめて一人歩きしていったものの、その真意はいまも理解されていない。そういってよさそうだ。

だが筆者は、いささか思う。桂離宮がせいぜい昭和初期からのモダニズムによって最高峰と評価されるようになったのなら、美術史的評価ではまたあたらしい建築思想・理念が起きればそれによって劇的に再評価されたり貶められたりするのか。歴史は生きている人のための叙述だから、現代人の観点からの評価はもとより可変的だ。そうではあるが、歴史事象はただ漂う片々の素材でない。そうであった時代に事物を置き、そのなかで評価する必要もある。美術史上最高の逸物といわれた物が、時代思想の変化が原因で一瞬にして塵芥同然にみなされていく。それでいいとは、とても思えない。

「思い込み」は、どのようにして作られるか

★現代社会の思い込み

私たちは、いろいろなことを思い込んでいる。自分でほんとうに確かめもせず、またよく考えもせず、親兄弟・友人・先生・上司・著者または他人から聞き知ったことをそのまますなおに自分の考えにする。それが自分の固有の考えだったかのように、そういうものだと思い込んでいる。

たとえば「民主主義は疑いなく善であり、独裁政治は考えるまでもなく悪である」と。そういう考えに国民全体がなり、その考えが究極・不動の真理とすべきと思い込んでいるから、戦争をしてでもイラク共和国にその考えを輸出し強制して憚らない。「生物兵器・化学兵器などの大量破壊兵器を製造・保有している確証がある」という虚偽の情報を国民に流してサダム・フセイン大統領の独裁政治の打倒を訴え、米軍の近代兵器を駆使して大統領らを葬った（イラク戦争、二〇〇三年）。民主制導入の結果、イラク内のイスラム教諸派の多数派・シーア派（六〇〜六四％。十二イマーム派が主流だが、イスマーイール派・ザイド派などもある）が、民主原則に則って独占的な政府を作った。少数派であるスンニ派（スンナ派ともいう。三二〜三六％。ハナフィー派が主流で、シャーフィイ派・マーリク派・ハンバル派などもある）、あるいは区分の視点を変えると少数派のクルド人（一六％。主流はシーア派）らは、多数派のしたい放題の支配に不満を募らせ、国内は内戦の様相を呈して混乱のさなかにある。その混乱につけいるようにイスラム原理主義（サラフィー主義など）を掲げて反政府活動をするアルカイダ

やＩＳ（イスラム国）などの武装グループが国境を越えて暗躍し、イラク国内でもスンニ派の多い西北部やカリフ再興を望む教徒からは彼らが支持されてもいる。まとまりは失われた。そうなってみると、むしろ個人の枠に制約された判断だったが、多数派に譲歩させ少数派にも配慮するフセイン大統領の政治はそれなりに支持されていた。それぞれが我慢しながらも、争わずに暮らせた。宗派が入り組んでいて均質でない地域では（シーア派はイラクでは多数派だが、イスラム社会全体ではスンニ派が九〇％を占める多数派である）、一人のなかで調整されたバランス感覚で統治していた方がよかった。そういう声も聞かれる。イスラム社会のことは、イスラム社会の人たちで決めるのがよい。独裁者に支配されているという形でそれぞれが納得し、収まっていた。そこに民主主義という独善的・抑圧的な決定の仕方が入ってきて、それを壊してしまった。そこでは、だれも我欲を抑えようとしない。我慢しない多数派が数という唯一の正義の基準とされるものをふりかざして非力な少数派を圧迫する。多数で決めさえすれば、少数者に対してこれほど不寛容でいいのか。七人で決めれば、ほかの三人には不幸を感じさせていいのか。ほんとうに民主主義はどの時代にも、どの地域でも、絶対的な善でありうるのか。それを疑わせる結果となった。もちろん強制している側は、いまも「相手の国民が愚かだから民主主義が理解できない」としか思わないのだろうが、愚かなのははたしてどちらなのか。理解できない・理解しない人たちに「これが不動の疑いえない善だ」といって力でしている。これを「強者の奢り」「悪魔の支配」と、他人は呼ぶんじゃないのか。

　民主主義は、いかなる問題を抱えているか。それは民主政を生んだアテナイで、すでに十分実験されている。十分な判断材料も調えられず定見も判断力もない人たちの票でもなるべく多く集めようと、デマゴゴス（demagogos）たちはあてもないその場かぎりの耳障りのよい人気取り政策を打ち出し、利益誘導や賄賂も横行した。政治家は選挙民をいかに煽り、騙して支持させ続けるかに腐心し、選挙民は自分の目先の利益のために投票する。そうして選出された人たちの失策のために、国が衰退してしまった。深謀遠慮の人々がいても、その数を上回る愚民がいれば、失策がまっとうな手続きで国策に採用される。まさに衆愚政治である。独裁政治はもちろん怖い。執政者がバランス感覚に優れていればいいが、個性や人間的な欠陥がまともに政治に反映される。国家の行く手を歯止めのきかない状態でただ一人の感性に委ねるのは、人間という動物をあまりに高く買いかぶった不遜な考えだろう。だが、だからといってその対極としての民主主義が最善であるとか究極の善だと、決まったわけではない。イギリスのウィンストン・チャーチル首相は「It has been said that democracy is the worst form of government except all the others that have been tried」（民主主義は、最悪の政治形態といわれている。ただし、これまでに試みられたすべての形態を除いてだが）といっている。つまりは民主主義がよいといっているのだが、けっして最善な政治形態などでないと思ってもいたのだろう。というのも、どの制度にも欠点があるからだ。その自覚は持たねばならない。自分・自国の考えだけが世界に通用する至高の善と思うなんていうのは、かなり幼稚な思い込みである。

あるいは、国境線を越えてきたら侵略だと慌てて騒ぎ出す。さも神が決めた境界を越えてしまったかのように、越えれば悪と決まっているかのように、非難する。

しかし、かつて国境線が神聖で不動・不可侵なものだったことなんかあるのか。『世界歴史地図』を見ればただちに諒解されるように、国境線は時代によっていつも大きく揺れ動いてきた。「××

条約で決まっている」「『××』という書物に××国の領有地だと書かれている」とかいってみても、独ソ不可侵条約・塘沽協定などいくらも結ばれまたいくらでも破られてきた。反故にされたから、次の条約を結んだ。ということは、いまはこの条約を守っているという体裁を取っているが、状況が変われば何らかの理由を見繕ってその条約をいとも簡単に破る。そんなことは当事国同士で何度も繰り返されてきたのに、いま目先の条約に限ってはそんなにつよく不可侵を言い立てるほど重要な基準たりうるのか。弱い国は押され、強い国が伸してきた。それが現実である。「ある書物にそう書いてあるから自国固有の領土だ」とかいっているが、そんな話に討議するほどの価値が認められるのなら、中国固有の領土などは「もともと」河北の一部地域に過ぎまい。どれを固有というのかが問題だが、時代を超えて固有というのは、どの国でもそう多くないはずだ。チベットは、雍正元年（一七二三）～二年に清朝・雍正帝がグシ・ハン王朝を征服するまでは独立国だった。中国四〇〇〇年のうちの三〇〇年しか中国であったことがない。それ以前の少なくとも一〇〇〇年は独立国でありつづけた地域が、中国「固有の領土」であるはずがない。いまの時代に「固有の領土」というときには十九世紀後半か二十世紀初頭が基準になっているようだが、そこに基準を置く理由やそれが正当かどうかは一度もまともな討議も検証もされていない。

　いまの国境線はだれもが守るべき不可侵のもの、そうさえいえば相手が黙って引き下がる明瞭な基準。そうであると信じて論議しているのは、自分の願望を投影しただけの傍観者の思い込みである。「国境線を越したのは、不当な侵犯行為だ」と相手を詰って、それで退いてくれるなら幸い。それだけのことだ。言葉で解決できるとか、侵犯行為と言い募ればどの国に対しても通用する、相手は非を認めて引き下がると本気で思っているわけではなく、それで済むならそれで済ませたいという話なのだろう。国境線は、いつでもその国の力で守り通すもの。国家興亡史に見られるあまたの歴史過程が、そのことをいくらでも証明している。国境線が不可侵と見られていた歴史などかつて一度もなく、国力が衰えればどのようにも変わる。だから歴史地図の国境は、時代とともに大きく異なっている。国境を越える理由は、自国居留民の保護・地域住民からの要請・敵対勢力の根拠地の制圧などどのようにでもつけられる。国境線の不可侵はだれもが認めているなどというのは、まったくの空想である。

このように、私たちは何事によらず思い込みにつきまとわれている。よく考えれば、そんなことはひとつも決まったことでないのに、堅牢な事実だったことなどないのに、なぜかそう思い込んできた。

★文献からの思い込み

それでは、歴史上の事柄についての思い込みはどうか。

筆者は、歴史的事実についての思い込みは、二つのことから起こされると思っている。

その第一は、記録・法令などを通じて得られた知見をそのまま信じるもので、かならずしも実態を映していない文献をそのまま鵜呑みにするからである。

たとえば、『古事記』『日本書紀』の記事を現実に起きた事実そのままの記録とみなして、その記述にそって歴史を語る。天武天皇（大海人皇子）は天智天皇の皇太弟であり、天智天皇十年（六七一）病床にあった天智天皇は後の事を弟・大海人皇子に託そうとした。大海人皇子が天智天皇の病気平癒を祈って吉野宮に籠もっている間に、太政大臣にすぎなかった天智天皇の子・大友皇子が即位しようとした。さらに吉野宮を兵糧攻めにしてさらに圧迫しようとしたので、天武天皇元年（六七二）六月大海人皇子は自己防衛のためにやむをえず決起して大友皇子を倒した、と。

『日本書紀』の記すところはこうだが、この時期には複数の王家にその代表者を指定させる大兄制はあったが、単一の大王後継候補者を意味する地位（つまり皇太子）は存在していない。はやくて珂瑠皇子（文武天皇）、確実なところでは首皇子（聖武天皇）が最初の皇太子である。まだ成立してもいない特権的な地位に就くことは、もちろんできない。天智天皇がその病床で大海人皇子に何を語ったかは、本人にしかわからない。死人に口なしである。近江方がしたとされる挑発的な行動も、事実だったかどうかわからない。むしろ吉野宮脱出に先立って大伴氏にいち早く決起を知らせていることからすれば、知らせさえすれば味方してくれて、その後どのような行動をとるかまで諒解していたわけだから（そうでなければ、ただちに近江方に通報される危険性がある）、反乱計画はかなり前から練られていたわけであろう（『古代史の謎を攻略する　古代／飛鳥時代篇』第二章37）。自分の立場は極力擁護し、相手側を一方的に非難する。私たちが手にできるのは、こうした立場から意図的に操作された史料だ。そうした文献が採用されて官撰史書に編まれ、それしかいまに残っていない。その記述をそのまま使って叙述すれば、すなわち勝ち誇った者の立場で、そのゆがんだ認識をありのままの事実であったかのように伝えることになる。

もともと書簡・記録などの諸文献は勝者・敗者・傍観者の三者が作成したはずだが、敗者の文献は勝者によって回収されたり廃棄されたりするので、ほとんど残らない。だから不都合なものを載せない勝者の目と十分な情報のない傍観者の目で作られた文献しか、私たちの手もとにはないのだ。

小瀬甫庵著『太閤記』（岩波文庫本）によれば、天正十年（一五八二）六月三日深夜、羽柴秀吉はその前日の朝に京都・本能寺で主君・織田信長が明智光秀に討たれたことを知った（本能寺の変）。秀吉は清水宗治の籠もる備中高松城を水攻めにし、後詰め（援軍）の毛利輝元の大軍と対峙していた。そして信長軍の到着を待っていたところだった。このままでは信長を討った光秀軍により東から、敵対する毛利軍に西から攻められ、挟み撃ちとなってしまう。秀吉は光秀討伐を優先するために毛利軍に停戦を呼びかけ、かねて毛利方から持ちかけられていた境界画定の条件と清水宗治の自害で和睦・撤兵することに肚を決めた。そして五日、「隠すより見はなるはなし。亡君之御事隠す共、やはかくるべきかと思惟し、今度信長公、去二日惟任日向守逆心により、御父子於京都弑せられ給ひぬ。此上にても最前承り及ぶ筋目の如く、相違無く仰せ談ぜられ候らはんや否や」（一二四頁）つまり本能寺の変を隠そうとすればするほど露見しやすいから、信長の横死と光秀の反乱の事実を告げた上で、それでも停戦・撤兵するかどうかを聞いた。すると毛利方では、もちろん天の与えた幸いだから打ち破って帰陣しようとの声が上がったが、毛利の重臣・小早川隆景は、もしこのさき光秀を討って勢力を伸ばしたら、ここで変節した場合は深く恨まれること。本能寺の変を隠そうともしないとは剛胆な人物の証拠。そして秀吉は「離倫絶類の武勇才知兼備りし人なれば、是天下之大器なり。天下之大器は天の生せる所ぞかし。豈人力之所及にあらんや」といい、ここで彼の危い状況を見送り、むしろ弔い合戦には助勢するとの意思すら示した方が得策だ、と力説した。そう書かれている。だが、これは虚偽だろう。毛利方は、真相を知らなかったろう。というのも、事実ならば秀吉の剛胆さを示す話ではあるが、もしも後詰めとなり総指揮となるはずだった信長の死が確実だと知ったならば、毛利軍は眼前の浮き足立っているはずの秀吉軍に壊滅的な打撃を与える。「ここで変節したら、あとで恨まれる」と思うなら、なおのこと「あとあと恨まれないよう」いまここで秀吉軍を潰滅させてしまうべきだ。戦いに慈悲などない。倒すか倒されるか。その勝負には多くの将兵の命がかかっている。秀吉は手の内を明かすはずがないし、明かせば多くの将兵を失う危険性が高い。そんな賭を個人の思惑や感慨であえてするような指導者は、信頼できまい。勝ったからいえる、勝ち残った者だけが創作できる作為的な挿話であり、豊臣政権内での小早川氏の重い立場を説明する布石としての作り話であろう。私たちは心してかからなければならない、「いま、勝者の記録を読んでいるのだ」と。

『平家物語』は物語であって、事実の記録だとはそもそも書かれていない。だが人々が生き生きと動き心が躍動する物語世界に魅了され、そこに見られる事柄を事実だと思い込んでいる人はまだ多い。

平家の最後を象徴する出来事である安徳天皇の入水。頑是ない安徳天皇が「尼ぜ、われをばいづちへ具してゆかむとするぞ」（巻十一・先帝入水）と二位の尼（天皇の祖母。平時子）に問うのに対し、「この国は粟散辺地とて心憂きさかひにてさぶらへば、極楽浄土とてめでたき処へ具し参らせさぶらふぞ」「浪の下にも都のさぶらふぞ」といって、千尋の海底に沈んでいったという。平家のそれまでの驕り昂ぶりに不快感を懐いていたとしても、凋落してついには入水に追い込まれる幼帝を想像するのは辛い。場面の言葉に共感して涙する者も多いだろう。だが祖母と幼帝との間のこの会話は、だれが聞き取ったのか。言った本人も、聞いた本人も、ともに死んでいる。この舟に乗っていた人物のほとんどが戦死するか逃亡するかしていよう。この会話をしっかり聞いて記憶し、戦後の事情聴取に応じた人物がいたなどとは思えない。どの会話も、すべて作りごとである。かくあるべしと考えて捏造された場面であり、聞き手の涙を誘うように作られた会話である。

あるいは、もともと無礼を働いたのが平資盛だったとはいえその仕打ちのひどさに憤った祖父の清盛は、公家方の最高権力者である摂政・松殿基房に報復しようとした。そのしだいを聞き知って、思慮深く温厚な重盛が思いとどまらせようと努める。このときの重盛の言動も、虚偽である。重盛こそが、子・資盛への仕打ちの報復をしようとしている本人だった。迂闊な勘違いや書き誤りではなく、確信犯的な誤りである。話の筋立ての都合なのだ。『平家物語』のなかでの重盛の役回りは、興奮しやすいことになっている清盛を制御する立場なので、むりやり事実をねじ曲げて変えてある。同じく知盛は賢人とされ、賢人の言葉・判断を採用しない愚人として宗盛がいる。賢愚二者を対比させて話を進めるという語り手の都合で、知盛は賢者だという像ができている。ほんとうの知盛の言動ではなかった（本書・第二章23）。

もとより古文書・古記録などがあるからこそ歴史過程を物語れるわけで、古文書・古記録に書き残されている事実は貴重であり尊重される。書かれていることは、できればその通りの事実とみなして拠り所としたい。だが史料にも、事実でないことがことさらに記されることがある。東大寺は全国の総国分寺として作られた。あるいは総国分寺であった、として知られている。弘安二年（一二七九）の「東大寺学侶等越訴状案」（『鎌倉遺文』）には、「聖武皇帝、本朝の惣国分寺と為し、四海安全の為、衆生済度の為、菩薩の大願を発し、天平年中に御建立し了んぬ」と書かれており、それを拠り所にして現在も「東大寺は総国分寺です」と喧伝されている。だが、これは歴史的な事実でない（本書・第一章10）。東大寺は国分寺を支配下・管轄下においたことがなく、全国の国分寺との関係は希薄である。それなのに、どうしてこんな主張をしたのか。それは西大寺が朝廷の許可のもとに国分寺を現実に支配下に置いていて、その支配力をさらに拡げようとしているのに対抗するため、ことさらに声高にして言い募った虚勢の言である。その宣伝文句を、私たちは「古文書にあるから」といって信じ込んでしまったのである。

書いてあるからそのまま信じたというのでは、天正十三年（一五八五）からの刀狩りもそうだ。太閤検地では「仰せ出され候趣、国人幷びに百姓共に合点行き候様に能々申し聞かすべく候。自然相届かざる覚悟之輩これ在るに於ては、城主にて候はば、其もの城へ追ひ入れ、各相談、一人も残し置かず、なでぎりに申し付くべく候。百姓以下に至るまで相届かざるに付ては、一郷も二郷も悉なでぎり仕るべく候」（『大日本古文書』家わけ第二・浅野家文書、八十二頁）とし、命令に従わない者は全員斬り殺せとの強硬姿勢である。それほどの覚悟で実施されていたのであれば、「諸国の百姓、刀、脇指、やり、てつはう、其外武具のたぐひ所持候事、堅く御停止候」（『大日本古文書』家わけ第十一・小早川家文書、四八〇頁）という刀狩りも徹底されたと思える。これによって百姓たちは領主に楯突ける武器をほとんど失い、果ては武器の使い方も忘れた。一般論としては、禁止する法令が出されている場合は、現実がそうなっていないという意味だ。頭のなかでは、そう思っている。だがこの場合にはその法令が目指した通りになった、と思っている。そして以降の農村風景では、映画「七人の侍」（黒澤明監督）に見られるような、武装解除されて弱々しい丸腰の農民像が描かれてきた。しかしこれは事実でなかった。そのあとがじっさいにどうなったのかを調べもしないで推測・敷衍した農民像を描き、そのあと農村で見つかる武器は彼らが埋めたり沈めたりして人知れず隠し持っていたわずかな残滓だとみなしてきた。だが私たちの身の回りから刀槍・鉄砲などの武器がほとんど消えたのは、じつは昭和二十年九月二日のマッカーサー指令（一般命令第一号）での「民間の武装解除命令」によるものだった。私たちは、つい最近に作られた状況をそのずっと前からのものだと勘違いしてきた。あるいは、こうともいえる。いまも大量の武器が、国民の間に「美術品」という形で合法的に保有されている。それと同様に「狩猟用・害獣駆除用」の所有という形で法秩序のなかに組み込まれていった。つまり刀狩りで定められたのは所有の禁止・武器の没収ではなく、武器を所有する理由を限定し、その理由に応じて使用範囲を限定させることだった。だから紛争の解決や要求の実現のために使用したり、日常的に帯びていることができなくなった。実物の没収などはエピソード的なものでよく、かならずしも取り上げなくてよかったのである。徹底された根こそぎの刀狩りなど、日本中でいまだかつて指令されたことも実施されたこともないのだ、と（本書・第二章45）。

ここまでは史書・物語などの具体例をあげてみたが、一般論としてはのちの時代の政権担当者やその周縁の人たちは前代の政権・時代を悪しざまに描くことが多い。あたらしく課長や担任になった人は、部下や生徒から「前の人の方がよかった」といわれたくない。同様に、時代・政権担当者が替わったとき、あたらしい時代・政権担当者は「いまの方がましだ」といってほしい。そのために、ことさらに前時代を悪く描きたがる。あるいは悪く描いたものを採用し、流布させ、称賛してみせる。

明治新政府は、江戸幕府を倒す必要があったわけじゃなく、そういう立場でもなかった。明治新政府の主力となった薩摩・長州両藩は幕藩体制の主要な構成員であり、かつ将軍の部下であった。主従関係にある部下としては、主君である将軍を補佐してこれを支える（佐幕）義務がある。それなのに二藩は、慶応三年（一八六七）十二月九日の小御所会議でことさらに新政権から旧主である徳川将軍家を排除し、憤激して決起するところを打倒してしまおうと策した。

同一組織内での、主従関係の裏切りである。だから新政権としては、江戸幕府が保守的で頑迷固陋であって変えられない体質だったから倒した。新政府は、代わって開明的な国際協調を打ち出した。「それらは、江戸幕府になしえなかった」といいたいがために、幕府がずっと開国に消極的で反対だったかのように描いた。幕府は祖法である鎖国政策を取り続けようとした、と。しかし江戸幕府はペリー来航以来一貫して開国政策を取っており、攘夷に固執したのは文久三年（一八六三）下関砲撃事件を起こした長州藩であり、文久二年に生麦事件、文久三年に薩英戦争を起こした薩摩藩であった。もともと江戸幕府は鎖国を祖法としてきたというが、カトリックの国を避けただけで、西洋諸国への鎖国政策を国是として標榜したことなどなかった。古代史の観点からみても、つきあえる国とはすべて貿易をしており、鎖国といえる実態などどこにも見当たらない。中国の明王朝が反乱分子や海賊を識別するために取っていた海禁政策と同質の体制で、国家統制下で貿易させていたにすぎない。

あるいは、江戸時代には百姓一揆が頻発し、国民はみな苦しんでいたという社会像を提供してみせる。だが、百姓一揆は富裕者による権利拡大の要求でもある。口々に苦しいというから、その文言どおりの実態があったと鵜呑みにはできない。渡辺京二氏『逝きし世の面影』（葦書房）が復原してみせたように、幕末の人々は成熟した社会に満足し、逝ってしまった江戸時代を謳歌していた。伊豆下田にあったアメリカ領事館（玉泉寺）から江戸に向かったタウンゼント・ハリスは、神奈川宿あたりの人々の姿を見て「彼らは皆よく肥え、身なりもよく、幸福そうである。一見したところ、富者も貧者もない。――これが恐らく人民の本当の幸福の姿というものだろう。……私は質素と正直の黄金時代を、いずれの他の国におけるよりも多く日本において見出す。生命と財産の安全、全般の人々の質素と満足とは、現在の日本の顕著な姿である」（第三章・簡素とゆたかさ）と日記に書き付けている。重税に苦しみ旧習に虐げられてきたかのような江戸時代像は、新政権のいいわけあるいは政権を覆されたくないために私たちに吹き込まれた、かつてどこにもあったことのない社会の虚像である。

　こうしたように、おそらく江戸時代には豊臣政権そのものや政権を担った石田三成らを称賛するような史書は好まれなかったろう。室町時代には鎌倉政権の悪口、たとえば得宗家・北条高時が政務を放擲して闘犬や田楽遊びに耽っているさまに喧しい非難がなされた。『増鏡』（日本古典文学大系本）には「相模の守高時といふは、病によりて、いまだ若けれど、一年入道して、今は世の大事どもいろはねど、鎌倉の主にてはあめり。心ばへなどもいかにぞや、うつゝなくて、朝夕好む事とては、犬くい・田楽などをぞ愛しける。これは最勝円寺入道貞時といひしが子なれば、承久の義時よりは八代にあたれる」（四四九頁）とあり、『太平記』（日本古典文学大系本）にも「時政九代の後胤、前相摸守平高時入道崇鑒が代に至て、天地命を革むべき危機云顕れたり。倩古を引て今を視に、行跡甚軽して人の嘲を不顧、政道不正して民の弊を不思、唯日夜に逸遊を事として、前烈を地下に羞しめ、朝暮に奇物を翫て、傾廃を生前に致さんとす」（三七頁）とあって、まことに手厳しい。これだと愚かな指導者であり、指導者が愚かだったから敗れた、という常識に合致する。しかし描かれた人物像が実相であったかどうかは、にわかに判断できない。そして鎌倉時代には、貴族の政治感覚・社会風習について悪しざまにいう。あとの政権が前の政権を悪くいうのはいとも簡単だから、あとの時代に作られた前代についての史書・物語類の叙述を手放し・無批判に受け入れることには、心して禁欲的でなければなるまい。別の途から実態にせまる努力をしないと、古文書・史書などで実証できる文言を見付けたというだけでは、そうした罠にすっぽり嵌まる恐れがある。

★現代感覚による思い込み

思い込みが起きる第二の途は、分析・叙述する人の持っている特異な現代感覚による事実の曲解が原因である。

もっとも大きな思い込みを作るのは、歴史観・歴史理論または「主人持ちの学問」である。理論の多くは、その創唱者・創案者にとってはその時点であたう限りの多くの事実を分析した上で得たものだろう。だがそれをはなから受け入れてしまった人にとっては、さきにただしいとされる理論があって、それに合わせて事実を見るという逆転した行程を辿る。そうなると、理論にあわない事実は見逃すことに、あるいは合わない事実を否定し、削除すらしてしまう。「主人持ちの学問」も同様で、読ませるべき主人の意向によって結論が制約されるので、存在した事実を否定され、削除させられることがしばしば起きる。これらは、そういう逆転した、「思い込み」発想の温床になる。

物質の属性は時間であり、時とともに物質は発展する。その発展を支えるのは経済であり、経済などの下部構造が政治などの上部構造を決定する。この歴史の大きな流れは、人の力で変えられない必然的な動きだ、と。すなわち経済が発展すれば、やがて資本主義社会から社会主義社会・共産主義社会へと必然的に発展していく。

数ある近代的歴史観のなかでも、唯物史観といわれるこの進歩史観はとりわけて大きな影響を与えた。だがそれを発展の指標とみなすようだと、マーク・ローランズが「自分の幸福についても、測定できる何か、量や質を測ることができて計算できる何かだと思うのだ。愛についても同じように考える。サルは人生で一番大切なものも、コスト・利益分析の視点から見る」（今泉みね子氏訳『哲学者とオオカミ　愛・死・幸福についてのレッスン』白水社、十三頁）というサル（人間）への批判が的中してしまう。指輪を一つはめた女性より二つしている女性の方が二倍豊かで、六枚の皿を並べた食卓は二枚の皿の食卓より三倍の仕合わせを謳歌し、家を四軒持っている人はほかの人より四倍も幸福に浸れるはずだ。人類の発展を物量の多寡で測るというのは、そういう思考である。

　といってもそもそも東アジア世界、すくなくとも前近代の日本に、「社会の進歩」という考え方はなかった。先進国・発展途上国（後進国）という名付け方は、一本道に進むべき社会発展の過程がすでに解っていて、その到達地からみるものだ。すでに到達点にいるという視角での、その高みからの命名である。発展途上国と名付けるからにはやがて先進国のようになるべきで、途上国側もいずれそこに到達すると認めている。こんな単線・一直線の段階論は、設定している側の高慢・増長の極みといえよう。けれど日本の社会・歴史には、「社会が進歩する」という言葉・概念がもともとない。構成する人間の質を措いた、「社会だけの発展」というとらえ方など存在しなかった（高島俊男氏著『漢字と日本人』文春新書、第三章４「歴史」と「進歩」）。社会の成熟度を「測定でき……量や質を測ることができて計算できる」財物や経済力のみで測るような考えは、産業革命後の西洋社会が作り上げて持ち込んだ、ごく特異な時代的な感覚なのだ。上垣内憲一氏は、江戸中期の対馬藩外交官（朝鮮方佐役）・雨森芳洲の事績を紹介し、「それぞれの国、民族固有の文化が、基本的にはどれが劣り、秀れているということはないと考えていた。音楽についても、聖人の生まれた中国古代の音楽こそ最も尊いとする荻生徂徠とは違う考えを持って」おり「中国の音楽を一方的に良しともせず、日本の音楽を逆に他国に秀れたものとはしない。それぞれの国が、おそらくその民族の起源と発生を同じくする原初から伝えられた固有の音楽を持っている点に意義を認めてい」（『雨森芳洲』中公新書、一九五頁）たとし、文化的相対主義と評している。ということは多くの人は民族・国家としての優劣があると認めているわけだが、その人たちでも国家・社会が直線的に発展していくとはみなしていなかった。芳洲も国・民族に優劣はないとしながらも、「だから国情・文化状況は現状のままでいい」とはしていない。教育によって人間性を高め、君子を作り出すことを目指すべきだとしている。つまりは、各個人の情緒と資質の陶冶。それが発展なのである。だから中国を国ごと崇拝したりせず、中国でも戦乱となれば人肉相食むような人間性の堕落する時期もあるとする。あくまでも社会一般ではなく、それを構成する個人の人間性を進歩・発展の基準とするのだ。

それはそれとして、歴史は下から作られるとなれば、治安が乱れたなかで地方の下層社会から台頭した武装集団つまり武士が政治集団を形成し、やがて貴族社会を覆して政権の担当者となる。鎌倉幕府・鎌倉時代の幕開けである。そうなるべきだ。しかし武士は、地方社会から出身した人たちが上昇して「兵の家」を築いたのではない。そういう理論はあったが、それにあう実例はひとつもなかった。事実から帰納された理論じゃなかった。じつは上の貴族集団から降りていった人たちが、「兵の家」を形成していった（本書・第一章19）。それが現にみられる事実である。理論を優先したがために、事実の有無が問われなかったのだ。

　あるいは、社会経済が発展するから、それにあわせて人口が増えていく。食べていけないようなら、人口は増えない。食糧の需要・供給があうように、人口は自然に調整される。それなら、経済の進歩が歴史の進歩の土台になるとの理論に合致する。しかし江戸後期の長州藩の人口は、爆発的に増えている（本書・第三章67）。まだ明治維新が起こされるとも知らないし、それに続く日本の産業革命など予見できようはずもないのに。それは歴史上の物事の継起は、かならずしもこの順番でなく、人口が増えたから経済発展がついてくる。そういう因果関係もまたあることを、事実が示している。現実は理論よりははるかに複雑で豊饒であって、理論ほど薄っぺらくないのだ。

　この唯物史観などの発展史観は、自分の眼で歴史事象を見つめたり考えたりすることをやめる人を生んだだけでなく、さらにいくつもの弊害を生んだ。たとえばのちの時代の方が発展しているのなら、前の時代はより未開とみなしうる。つまりは劣った時代だったと認識される。発展する前の劣った時代のことをいまさら勉強して何の足しになるのか。そういう疑問を生じさせ、「意味のない勉強、無益な研究などすべきでもさせるべきでもない」と、社会科の教員が臆せずに恥じらうこともなく真顔で主張できる根拠ともなった。生徒にも、「『過去の馬鹿な人たちの生き態を学ばせて、何にしようというのか』とかつて思っていた」というものがいた。こうした過去への侮蔑。歴史遺産の軽視。それは、何もたまたま私の眼前にいた教員や生徒が嚆矢ではない。近代社会に持ち込まれ、それから連なってきた風潮だ。たとえば明治初期の官僚・文化人は日本語や漢字を捨てて、国語をフランス語・英語にしてしまおうとか、ひらがな・カタカナのみで表記しようとか考えていた（『日本史の謎を攻略する』第六章96）。これはつまり日本語と漢字で築き上げられた日本文化を劣ったもの、あるいはこういう言語であったから文明に遅れをとったとみなした。それならその時期の無益・不要な文物などももはや読めなくなってよく、それらの蓄積は何もかもかなぐり捨て、それらの歴史過程とまったく断絶してしまってよい。言葉・文字の連続性を断とうと考えたとは、そういう意味である。社会を遅れさせ劣った理由を作った日本文化の遺産など「馬鹿な人たちの生き態」であって、いまさら学ぶ価値のない、一顧だにする必要のない唾棄すべき塵芥の山。読むならば、成功した西洋の書籍から始めればいい。それならば、フランス語・英語を母国語にしようという論議も納得できよう。できれば日本人であった過去と歴史を捨て、手っ取り早く西洋人の養子や婿になりたい。そう考えて羞じないような人を作り出そう、としていたわけである（高島俊男氏著『前掲書』第四章1漢字をやめようという運動）。「みじめな過去など知りたくもない」とか「歴史は未発達な段階の愚かな人たちの足跡」と思う。そういう感覚は、発達史観の迷惑な副産物である。

いまの自分たちがその発展の頂点にいると「自覚」してしまうと、自分の感覚がもっとも進歩的で合理的だと思えてしまう。だが私たちの合理性は、いままさに展開している現代社会、自分の眼前の狭い世の中を生き抜くには合理的でもあろうが、同時に展開しているすべての現代社会、いままで展開してきたすべての歴史社会を通じて合理的な考えだとまではいえない。私たちのいま思っている合理的・合理性（理に合っている）という感覚も、また歴史的な一段階である。さきに「分析・叙述する人の持っている特異な現代感覚による事実の曲解」と書いたが、現代感覚は「特異」じゃないと思っている人が多い。しかしいまの私たちの理解の仕方は、おそらく後世の人たちからみれば、この時代だけの「特異」な発想であろう。

すでに見た右の発達史的な歴史観は、その代表例となりそうだ。のちの人たちが、「特異な理解がなされていた時代」と呼ぶことは間違いない。私たちの感覚では、江戸時代の長屋の生活風景は、物の不足にすら気づかず、ただ暢気に過ごしていた人たちとしか見られないだろう。しかしそうじゃない。心のうちにいまの私たちにない豊かさが、社会のなかに人間の成熟が見られる（田中優子氏著『江戸っ子はなぜ宵越しの銭を持たないのか？』小学館一〇一新書）。私たちの現代的な生活や幸福の測定基準の方が、よほど偏っているかゆがんでいるのだ。

あるいは私たちは、理由もなしに事件は起きない。いや精確にいえば「私たちに理解できる理由」なしに事件は起きない。そう思っている。だから「現代の感覚で理解できるような理由」を今の私たちの頭で探しまくる。

たとえば明智光秀は、天正十年（一五八二）六月に本能寺の変を起こして、主君・織田信長を討った。それは、主君に替わって天下取りを狙ったものか。それならば、私たちに理解できる。しかしそれにしては政変後の政権維持計画が杜撰で、細川・筒井など織田家内の武将たちの協力が取り付けられず、毛利・上杉・北条などの反織田または非織田の戦国大名との連携が取られていた形跡もない。するととっさの行動で、かねての恨みを晴らしたのでもあろうか。恨むとすれば、宴席での接待の手際の悪さをけなされたか、あるいは鉢植大名化されて異動させられるのがいやだったのか、または四国調略・平定の責任者を交代させられて面子を潰された腹いせか。しかし宴席でしくじっておらず、領地の異動はどの武将もさせられている。責任者の交代も珍しいことではなく、これでじれてしまうほどなら、もともと織田家の武将としてやってこられなかったろう。光秀の心持ちをそのようにしか推測できないのは、もしかして私たちの現代感覚の偏りか疎漏のせいかも（本書・第二章42）。

また元禄十四年（一七〇一）三月、浅野内匠頭長矩は江戸城松の廊下において高家・吉良上野介義央に斬り付けた。そのために赤穂藩は長矩の弟・長広による家督相続も許されず、義央との喧嘩両成敗もならず、ただ御家断絶・改易となった。この裁定に不満の赤穂浪士は、翌年十二月十四日吉良邸に討ち入って義央の首を獲った。しかしこの事件も、もともと内匠頭がなぜ義央に斬り付けたのかいまだ不明である。傷害事件の動機を表現した憤懣に満ちた言葉が、斬り付けたときに語られたろう。そのとき、いったい具体的に何といったのか。それについての記載が、その当時の史料に見られない。取調官にそろいもそろって関心がなくて聞かなかったのか、聞いたが記載しなかったのか、それともいわずともだれにもわかったのか。ともあれ史料がない。そこで恨みであろうと推測し、義央が内匠頭に恥をかかせようとして儀式の手順を教えなかったとか、無理難題をふっかけたとか、まことしやかに場面や台詞が捏造される。そして義央が意地悪をする理由として、賄賂の多寡や製塩技術の秘匿などがあったとする。だが、そうした推測には、すべて根拠がない。私たちにはその肝腎要の傷害事件が起こされた理由を、仇討ちの理由を、つかめていない（本書・第三章51）。

現代の私たちは、文武両道とかいって兼備した者を称賛し、兼備できるように努める。しかし文と武とでは、まったく考え方が異なる。武に必要とされるのは戦場での殺戮であり、そこでは文との共存の余地などない。武は相手を滅亡させ、あるいは武力の威嚇のもとに相手を置くことだ。相手を倒し物体としての生命を奪うのには、手はずも礼儀も儀式もいらない。相手を文の対象とは見なさず、狡猾・無節操に騙し、無慈悲に倒す（本書・第三章57）。文武両道とは、しょせん平和な時代が醸し出した時代の徒花のような考えである。

平和な時代とかいってしまったが、圧政下でも、戦争さえなければ、それが平和なのか。平和は筆者も望むし、どんな腐った平和でも、戦争よりはましだ。そう思う。しかし江戸時代は元和偃武以来平和だったといわれると、そういう評価をしてよいのか疑問を感じる。たしかに大規模な戦争はなかった時代だったが、称賛されあこがれの対象ともなる、目指されるような時代なのか。パクス・ロマーナ（Pax Romana）は、ローマ帝国の支配領域（地中海世界）内での平和を指す言葉である。イギリスのエドワード・ギボンがその著書『ローマ帝国衰亡史』（岩波文庫）のなかで五賢帝時代を評した表現で、この二〇〇年間が「人類史上もっとも幸福な時代」だったとされる。しかし、こうした強大な一国の覇権による平和は、平和なのか。支配者層には謳歌しえた平和な日々だったろうが、属州・植民地状態で収奪にさらされた国々、圧政的社会体制のもとに過酷な被支配状態が続く社会、平和な社会の名のもとで固定された奴隷身分での苦役。防衛線と位置づけられたところもしばしば変わり、奴隷の安定的供給のための侵略もある。属州での反乱もあり、北は彼らが蛮族と呼ぶ人たちが侵入し、東の大国・パルティアとの戦役も続いている。こうした実態にあったローマ社会を幸福とか平和とかいってよいものか。現代人も戦争と平和という言葉を遣う。戦争はいやで、平和がいい。そういう構図だけで理解してしまっては、平和という言葉を単純に理解しすぎではないか。非戦闘状態であれば、平和なのか。平和でありさえすれば、最善・最良の社会なのか。奴隷状態でも、幸福な時代を過ごした人たちといえるのか。こうしたことを考えている私たちの頭は、進歩しているのか。そういえば、何度も問われている課題だが、最善の状態にするという正しい目的のためならば、最悪のことをしてもいいのか。正義のためなら、平和のためなら、自分がただしいと思える目的のためならば、何をすることも許されるのか（それを戦争というんじゃないのか）。つまり「目的は手段を浄化しうるのか」という問いに、歴史上もっとも優秀だと自任する私たちは、まだ満足な答えを出せていない。現代人の思考はどれほども合理的でも、優秀でもない。そういう自覚を持つべきだ。そしてもっともっと事象を理解し解決するための言葉・概念を創造し、思考しなければいけないのだろう。

それにしても情けないことに、合理的とかいいながら、その美名のもとに耳障りの好い後講釈と辻褄合わせが横行している。これはほんとうに歴史事象を理解しようとした結果なのか。それとも、歴史を題材として自分の好きな筋書きのドラマを作っているのか。

たとえば藤原不比等。奈良前期の政界を牛耳ったとされ、持てる強権を発動して、藤原宮子を文武天皇の正妻とするために、紀・石川出身の二人の妾から嬪号を奪った。千年不動の都として造った藤原京を廃し、和銅三年（七一〇）三月平城京に遷させた。そして律令・国史の編纂を手がけ、『日本書紀』ではそのときの利害に即して思う存分に記事を書き換えさせた。不比等は、草壁皇子系の皇子への皇位継承を持統女帝から委託された。この実現のために、天皇の子ではなく孫に嗣がせるという伝統・前例があったことを証明するため、天照大神の子・天忍穂耳命ではなく、孫の瓊瓊杵命が天孫降臨するという筋書きを入れさせた（『古代史の謎を攻略する　奈良時代篇』第四章20）。あるいは、大后になったこともない処女帝の元正天皇の即位は、皇親体制を導入して貴族の台頭を抑えようとする元明天皇を排除するためだったとか、皇室側から上皇として聖武天皇を擁護させるためにいそいで即位させたのだとか、ともかくこの時代のおもな出来事は不比等の利害がもとになって起こされる、という(『古代史の謎を攻略する　古代・飛鳥時代篇』第二章46)。「不比等が力尽くでやったんだろう」といえば、どんな無理な解釈も「それが権力というものさ」で辻褄があったことにされてしまう。そんな解釈が横行し納得させられる、というのでいいのか。

承和九年(八四二)に起きた承和の変は、藤原良房が仕掛けた一人芝居だという理解がある。それがほぼ通説になっている。嵯峨上皇の死没により、仁明天皇は心変わりして皇太子・恒貞親王を廃するのではないか。そう恐れて、皇太子の側近である伴健岑・橘逸勢らが恒貞親王を奉じて東国に入り、仁明天皇に叛旗を翻す企てだったという。結局、恒貞親王は廃され、良房の妹・順子が産んだ道康親王(文徳天皇)が立太子し、文徳天皇のあとは良房の娘・明子の産んだ清和天皇が即位した。清和天皇は幼少のために良房が摂政となり、天皇権限を代行した。摂関政治のはじまりである。これがすべて良房の画策だったといい、もともと文徳天皇を即位させて、清和天皇に継がせるよう仕組んだ陰謀だった、となっている。良房が一人勝ちし、もっとも利益をうけた奴がこの件の黒幕だという現代的な推論である。しかし良房が事件の取調官になれたから、こうした報告となり顚末となったのである。その取調官となれたのは、嵯峨上皇の皇太后・橘嘉智子(檀林皇后)の指名によるもので、本来ならば嘉智子の兄でもあり良房の上席大納言でもある橘氏公が適任者だった。氏公ならば、逮捕者を少なくして温和に、あるいは揉み消しすらさせたかもしれない。それなのに良房になった。政変に先だって、良房が取調官に単独で指名されるとわかっていたはずがない。通説では嘉智子も良房の仲間に入っていたとまで推測されているが、嘉智子がこれに共謀したとすればどんな得があったのか。氏公の権勢を引き継いでいくはずの孫世代の真直・清蔭を失い、従兄弟の逸勢を失った。そして嘉智子の娘でかつ恒貞親王の母である正子内親王（淳和天皇の皇后）から義絶され、死ぬまで恨まれ憎まれた。前途洋々だった橘氏の族員の多くは、ここで失脚している。橘氏の没落が予見される危険な計画に、嘉智子がそうと知っていて加わったはずがない（『日本史の謎を攻略する』第三章25）。それでもある一人が描いた疑獄事件として、首尾一貫した論理で説明できるとされている。その典型的な解釈だが、もともと合理的ならただしい証だといえるのか。破綻のない一貫した推理は、事実でありえようか。何の障碍もなく、予定した通りに味方が動き、意図した通りに相手方がひっかかってくれるものか。どこかで、予想と異なる展開があるんじゃないか。政治史って、そんな一直線に理解していいのか。いつも、不安に思うことだ。

　慶長五年（一六〇〇）の関ヶ原の戦いにおいて、西軍を率いた石田三成は、わずか一日で徳川家康が率いた東軍に敗れた。これにより、事実上の日本全土の支配権は徳川氏のものとなったので、これを天下分け目の戦いといっている。それはそれでよかろう。だが敗北した三成の評価は、とうてい承服しがたい。三成は武将として活躍した実績がなく、事務方としての才能だけで秀吉に寵愛された。命懸けで戦場を駆け巡ってきた武将たち（武断派）にとって、三成は現場を知らず舌先三寸できれい事ばかりいう官僚（文治派）であり、不快な存在だ。賤ヶ岳七本槍として知られる福島正則や加藤清正らが、小賢しい三成を毛嫌いするのも頷ける。しかも三成は、東軍に味方した諸大名の妻子を人質としようとして、細川ガラシャ夫人を自害させてしまい、かえって東軍の結束を固めさせることになった。武将たちの気持ちがわからない愚かな指導者という評価である。人望のない三成が、家康に敗れるのは当然だ。しかし、本当にそうだろうか。そんな人気も人望もない人を頼りにした西軍方の大名は、人を見る眼のない愚かな集団なのか。そんな奴に九十三もの大名家がなぜ肩入れし、十万人という兵がどうして集められたのか。彼は戦国武将・秀吉の配下である。武将としての戦功がなくて、豊臣政権の重臣になれるはずがない。これらは、三成が敗れたからいわれているものだ。後講釈であり、負けた者には負ける原因があり、勝つ者は勝つべくして勝った。そういう辻褄合わせだ。負ける側には勝つ要素を認めない。勝った側には負ける要素を探らない。三成は勝てると思うから兵を挙げたのだし、西軍に身を投じた大名は三成の勝利を確信していた。だから味方した。東軍の諸将の妻子を人質に取るのは当然であり、勝っていればこれが勝因の一つといわれただろう。三成方の諸将の裏切りや不戦ぶりがいわれるが、東軍が負けていれば形勢を見て裏切る者が輩出していただろう。一日でなく、一週間も睨み合いが続いていたら、それぞれの諸将もまた違った動きをしていただろう（本書・第三章46）。「いや、吾等はいっさい気持ちを揺るがすことなく、東軍に身を投じていた」という史料しか見当たらないだろうが、それは勝った側に残れたからだ。勝った側にいるのに、「三成側に、じつはつこうと迷ってもいた」という本音を書き残すわけがない。歴史は過去を振り返るので、「こうなる理由」をあとから説明するのはいとも簡単である。どうせ正解となる結果が得られているので、そうなるように直線的に結びつければいいだけだから。それは直線的であればあるほどわかりやすい説明になるが、その探究姿勢では事実の真相にはまったく近づくまい。「なるほど、それは首尾一貫した解釈だね」と称賛される甘い罠に陥る恐れが大きい。前後の辻褄があった合理的な解釈が正しいというのは、それもまたつまらない思い込みを作る。こうしようとする意志とさせまいとする意志が鬩ぎ合い、どちらも意図していなかったことが現実となっている。そうした出来事は眼前にいくつでも起き、転がっているんじゃないのか。だって自由民主党が作成した政策案は、連立与党・公明党との政策協議で変形する。さらに国会では民主党など野党との審議の駆け引きで歪められ、最終的に原案とは筋も異なるいびつな形で採決されていく。そういうまがった形こそが、現実なんじゃないのか。

　そもそも私たち現代人は、もっとも合理的に生きていると尊大に構えているが、ほんとうに生活は合理的なのか。ではなぜ何の意味もない「友引」には葬儀をしないのか。「仏滅」には結婚式をしないのか。病院は四号室や九号室を作らないし、香港・西半山のマンション「天匯」は縁起を担いで十三・十四・二十四・三十四の各階や四十〜五十九までの階がないなど、八十八階建てなのにじっさいは四十六階しかない例すらある。個人的には、意味もない星占いを信じ、血液型の性格占いに嵌まり、「費用対効果」は皆無だろう合格祈願の絵馬を奉納しているではないか。思い込みによる見込み捜査のせいか、冤罪事件を多数作り出してもきた。誤認逮捕されたが最後、その人の一生はその冤罪を晴らすための人生にされてしまうのだ。拷問も交えた自白一辺倒主義の江戸時代より、かりに捏造であろうとも証拠さえあれば合意・納得されてしまう現代の裁判が、先進的で合理的なのだろうか（『日本史の謎を攻略する』第一章09）。

　私たちは賢い、歴史上もっとも賢い。賢い私たちが作っているいまの社会が、いちばん優れた社会なんだ。かたくなにそう思っている。進歩した私たちの頭をもってすれば何でも解釈でき、解けないものなどない、と。それこそが、最大の思い込みのもとだ。あるがままを見られず、自分の頭のなかで理解できる形に切り縮めてしまう。知らないこと・わからないことへの異常なほどの不遜。だから過去の人たちが孜々営々と築き辿ってきた歴史過程から、その時代のよさ・その時代の人々の心のよさ、人と人が支え合う時代のよさが、何ほども学び取れない。私たちにとっての発達とは人間社会の、人間の歴史の発展のうちの「何の」部分なのか。人としての心は一向に成長していないのに、いや退化しているような気がするのに、物があふれていることに驕り昂ぶって、過去を一顧の価値すらない未発達と未開の社会とみなす。その不遜な考えが、あるがままを見るという理解の妨げとなっている。そうは思わないか。

それにしても、世界中の思い込みはひどいものだ。

大韓民国では、日本人は近親婚まみれの淫猥な国民と思われている。日本では兄が亡くなるとその弟と嫂とが結婚し、従兄弟同士の婚姻がふつうだから、だそうだ。この思い込みは、享保四年（一七一九）の朝鮮通信使・申維翰が『海游録』の付篇「日本聞見雑録」で「婚姻は同姓を避けることなく、従父兄妹（同祖の兄妹）がたがいに嫁娶す。兄嫂（兄嫁）や弟妻も寡居（やもめ暮らし）すれば、則ちまた率いて養う。淫穢の行はすなわち禽獣と同じ」（東洋文庫本、三一二頁）と記したことで広がり、また確信となったようだ（古田博司氏著『朝鮮民族を読み解く』ちくま新書）。情報源の詮索はともあれ、その点、大韓民国は徹底した同姓不婚を貫き、優れた儒教精神を守る国である、という。この二件とも、日本ではたしかに法律違反でないが、いまはその例をほとんど聞いたことがない。だが韓国では、日本は近親婚がふつうに行われている国と思い込んでいるという（室谷克実氏著『日韓がタブーにする半島の歴史』新潮新書）。

自国のことですら右のようなザマだから、他国人の耳目による思い込みならば、こんなものだろうか。こうした思い込みによる事実の改竄の実例を他山の石として、私たちは用心深く「これは思い込みではないか」と一つ一つ吟味し、思い込みとのきわをみきわめる努力をつづける必要がある。思い込みの上に事実を貼り付けてみても、どうせゆがんだ像しかできっこないのだから。

（全国歴史研究会・歴研大学夏期講習会「〈思い込みの日本史〉をきわめる」、二〇一五年八月）

【初出掲載書・雑誌の一覧】

04・07・12・19・34・41・49・52・56・70……
歴史研究（六二三号）／思い込みの日本史教本Ⅲ　歴研　二〇一四年　八月

16・29・33・40・60・61……
別冊歴史読本（四十巻一号）／歴史を動かした重大事件 中世～近世編
ＫＡＤＯＫＡＷＡ　二〇一五年　三月

＊右掲16項目以外は新稿である。ただし、右掲の原稿も、今回の企画に合わせて適宜書き足してあり、初稿の体裁・内容とはかなり異なっている。

あとがき

この書は、平成二十六年二月に刊行した『日本史の謎を攻略する』（笠間書院）の続編である。「思い込みの日本史」という表題のいわれについては、詳しくはそのあとがきを見ていただきたい。私たちは、日本史の事象についてさまざまな思い込みを抱え込んでいる。そこから自覚的に脱皮して解き放たれなければ、自分たちの歴史あるいは自分のほんとうの姿に気付けない。要は、そういうことだ。

テレビ朝日のドラマ「アイムホーム」（石坂啓原作・林宏司脚本）で、主人公・家路久（木村拓哉）は事故にあって五年間の記憶を失う。自分は社長賞を八年連続獲得していた辣腕の証券マンで、妻・恵（上戸彩）と子・良雄（高橋來）がいる。その一方で離婚した元妻・野沢香（水野美紀）とその連れ子・すばる（山口まゆ）も、また不倫相手の社長秘書・白石杏子（吹石一恵）もいた。その設定から出発し、自分はいったいどんな人間だったのかと探っていく。人として生きるのに、もしいまのことだけわかっていればいいのなら、過去の自分がどうであったかなど、今さら知ってどうなるものでもなく、探る必要もない。そんな過ぎ去ったことなど思い出せなくとも、どうでもいいことになろう。しかし生きている人は、そう思わない。自分がどういう人間かわからないというのは、空恐ろしいものだろう。それは、自分という存在は過去が形成してきた結晶体だからだ。他人との違いは、辿ってきた環境の違い、あるいは背負ってきた選んできた過去の違いである。自分というものの理解には、その過去を探る必要がある。自分の過去を知ることが自分を理解することだ（もっとも、記憶喪失後に一転した久の人格・温厚な性質・柔軟な思考の由来は不明なのだが）。そう思うから、久は、過去の自分を妻・元妻・実家・旧友・同僚・上司・元顧客などから真剣に聞き出そうとする。そして自分に、つまり自分の過去（歴史）に向き合おうとした。ドラマの主題ではなかろうが、私にとっては、個人とその過去、現代日本とその歴史という関係の重さを考えさせられるドラマだった。

私も自分の環境とそのなかで辿ってきた過去が、いまの自分を作っていると感じる。

つまらない例だが、私はきわめて早食いである。「誰にも負けたことがない」といって、姑を笑わせた。これは五人兄弟の末っ子という生い立ち・環境のせいだろう。早くに成長する四人の兄たちに伍して生きていくには、自分の分を確保するとともに、それ以外の分に早く手を伸ばさなければならない。早く食べて次の行動に移る。それが習いとなってしまった。長男はのほほんとしていても、まわりがちやほやしてくれる。だが次男以下は目立つように行動し、自分をことさらに主張しなければ、その存在を認めてもらえない。そうした「闘い」も性格を作る。そのことは、次世代・次々世代の子たちの行動を見ていて再認識させられもした。

存在感を主張したいといいつつも、その一方で私は、自分が決める権限を持っていない相談事についてはきわめて冷淡である。五番目ともなれば存在感を主張したくとも、「アンタは黙ってな」「オマエの考えなんか聞いてない」とかで、私の意見などほとんど聞かれた覚えがない。いやどうせどのように主張してみても、採り上げられやしない。それならば、真剣に考えたって仕方ない。聞いていれば自分の考えもあるし、考えがまとまればいいたくもなる。だからそうならないように、聞いているふりはするが、そもそも聞かないようにしてしまう。それも子どものころに培った生き方、身についた習性といえよう。

もちろんいま振り返ってみれば兄たちの存在は大きく、私にとって不利なことばかりでなく、兄たちからいろいろと教わった。兄は、日常的にいちばん身近にいる保護者でもあったからだ。先んじて生きていく姿を見て、その後ろ姿からたくさん学習させてもらった。私のなかには、兄たちが身を以て教えてくれたことがいろいろ詰まっている。それもまた私という人間には貴重な宝である。

これまでの話は私個人のことだが、この考え方は国家にも通じる。日本人は、どうしてそう考え・こう行動するのか。その理由は、おおむねその歴史のなかにある。

言葉や文字を使わずに、心から心へ伝える。つまり相手を思い遣って行動する。「不立文字」でもいいし、「空気を読む」でもいい。あるいは「相手の話はよく聞け。聞き上手になれ」。そうも言われてきた。それはおそらく日本だけでなく、アジア的な思考なのだろう。だからニコニコして話を聞き、その最後に嫌だという。あるいはきっぱりと「ＮＯ」といえないともいわれる。なぜ言語で意思を表明したがらないのか。あるいは嫌だったのなら、なぜ話の途中で遮って、疑問だとか反対だとかいわないのか。ウンウンといちいち諒解したかのように頷くのだ。日本人の行動には、そういう疑問が投げかけられる。日本人のこうした言動が、世界に通用するのか、外国の商社マンなどと交渉するのに適切なのか、それはわからない。相手あってのことだろうから、それぞれに対応する適切な話し方をしなければなるまい。だからといって相手に合わせて、カメレオンのように環境に合わせてどのようにでも変身するのがいいとも思えないが、まぁたしかにそういう話し方をする。その当否はどうあれ、日本という国・日本人は、辿ってきた歴史のなかでそうした対応力、対応術を身につけたのである。どうしてそう考えるのか、どうしてそうするのか。その解答は、日本がどのような歴史を辿ってきたかのなかから探り出すほかない。

その日本人的言動・思考の淵源を辿るべき歴史の認識がゆがんでいたら、私たちは間違った特性を日本人の特性だと思ってしまう。あるいは勝者の語る歴史に浸かって敗れた者を時代に逆らった愚か者とみなし、語り手の罠に嵌まって歴史を語り、現状に満足し納得してしまう。そういう恐れがある。日本人はこういうものだという虚像におだてられまたは欺かれて、突飛な誤った行動をするかもしれない。その論理・その理解を導くような事実がほんとうにあるのかどうかを確認し、先入観を捨てて歴史を見直してほしい。それが本書の狙いであり、願いである。

平成二十四年六月から平成二十六年五月までの二年間、全国歴史研究会に「歴研大学」というコーナーを設けていただき「思い込み」と思われる十六の事柄について解説する講座を受け持った。議論を深めたかったが、聴いていただくのが精一杯だった。「こういうのも思い込みなんじゃないか」という話が参加者から出て、そこからあたらしい問題が次々浮かび上がってくる。私の頭だけでは見付けられなかったものが、討議のなかから湧き起こってくる。そういう場面を期待したが、そうした討議に導くには私が非力すぎ、残念ながらなにもできなかった。

このさきいろいろな思い込みを指摘していくことは地道に続けたいと思うが、この二冊ですでに一六七話となり、やや課題を見付けにくくなっている。それは私にとっては意外に思えても、みなさんがそう「思い込んでいる」かどうか。あるいは私がそもそも思い込んでいなければ、課題にできない。そう手当(てあ)たり次第(しだい)に取り上げられるものでもなさそうだ。

それやあれやと考えているところに、研究会主幹(しゅかん)・吉成勇(よしなりいさむ)氏が「思い込みの日本史を、さらに進化させていってほしい」といわれる。そこで平成二十七年八月二十三日に「〈思い込みの日本史〉をきわめる」と題した話をし、それを本書付篇「『思い込み』は、どのようにして作られるか」として収録した。そこでは思い込みをしてしまう理由をあげつらってあるが、進化の極致(きょくち)への道を示さなかった。というのも「思い込みの日本史」の批判を進化させていくとは、けっきょく「思い込みの日本史」をすべて「思い込みでない日本史」に書き替えてみせることしかないからだ。マルクス主義経済学者・宇野弘蔵(うのこうぞう)氏（東京大学教授・法政大学教授）は、かつて経済学研究を原理論・段階論・現状分析という三段階に分けることを主張し、原理論は論理的に構成される純粋な形の資本主義経済の法則の解明、段階論は資本主義経済の歴史的発展段階の把握、現状分析は原理論・段階論の成果を承(う)けて現実の資本主義経済を分析するものとした（筆者はこれに倣(なら)って、「歴史学の三段階」〈『天平の木簡と文化』所収〉という小文を書いたことがある）。宇野氏は、自著の方法論を批判する種々の書籍が出されたのに対して「私の説を批判するのならば、私の説にかわる体系立った説を示せばいいじゃないか」という趣旨を述べられたと聞いている。まったくその通りで、経済理論のことあそこがおかしいというのなら、自分がただしいと思う経済理論に置き換えて、並べて示すべきである。ここがおかしい・あそこが違うというていどのキツツキのような部分的批判なら、だれでもしたり顔でできそうだ。批判をするならば、言(い)いっ放(ぱな)しではなく、時間はかかるとしても、従来説にとってかわる自説を体系立てて、その優劣を競(きそ)うべきだ。そこしか間違えていないというのならともかく、あたらしい体系をもった論で置き換えて、その当否を問うべきだ。それが、他者を批判する者の責任である。批判は、つまるところ置き換えによって終熄（しゅうそく）する。それが批判からの進化であり、批判の辿（たど）り着くべき姿、あるべき手順だろう。

それはそうなのだ。だがそうなると、思い込みを指摘していく私の行程は、日本史の書き替えという壮大な作業で終熄しなければならない。「思い込み」から解き放たれたら、どんな理解になり、どんな歴史像・社会像が描けるのか。それをじっさいに描いて示すことだ。それが最高の進化である。もちろん、ひそかにはそうした書き替えをしていくほどのスケールで物を考えつつ、目先（めさき）では小さい部分から地道に突き崩していく。そういうプロセスを辿ろうとしているつもりだが、その行程をへてやがて体系立った形になっていくものかどうか。かなり長大な時間もかかろう。「批判からさらに進化させる」すなわち「時代像を置き換えてみせる」といえば大言壮語（たいげんそうご）・妄語（もうご）となり、「やらない」といえばしょせん批判をこととする不平・不満の徒と誹（そし）られそうだ。日暮れて道遠しという思いのなかでは「今は黙（もく）して行かん　何をまた語るべき」（宇田博作詞・作曲「北帰行」の一節）という言葉くらいしか思い浮かばないが、これも日本人的な発想・表現だろうか。

さてこの書は、筆者の単著の十四冊目となり、本の背に筆者の名を入れた書籍としては二十四冊目に当たる。またぞろ笠間書院にお世話になるが、池田つや子会長・池田圭子社長・橋本孝編集長と実務を取って下さる大久保康雄氏にいつものことながら心より感謝申し上げる。

平成二十七年九月十日

松尾光識（しる）す

■著者紹介

松尾 光（まつお ひかる）

略歴 1948年、東京生まれ。学習院大学文学部史学科卒業後、学習院大学大学院人文科学研究科史学専攻博士課程満期退学。博士（史学）。神奈川学園中学高等学校教諭・高岡市万葉歴史館主任研究員・姫路文学館学芸課長・奈良県万葉文化振興財団万葉古代学研究所副所長をへて、現在、中央大学文学部・早稲田大学商学部非常勤講師。

著書 単著に『白鳳天平時代の研究』（2004、笠間書院）『古代の神々と王権』『天平の木簡と文化』（1994、笠間書院）『天平の政治と争乱』（1995、笠間書院）『古代の王朝と人物』（1997、笠間書院）『古代史の異説と懐疑』（1999、笠間書院）『古代の豪族と社会』（2005、笠間書院）『万葉集とその時代』（2009、笠間書院）『古代史の謎を攻略する 古代・飛鳥時代篇／奈良時代篇』（2009、笠間書院）『古代の社会と人物』（2012、笠間書院）『日本史の謎を攻略する』（2014、笠間書院）『現代語訳魏志倭人伝』（2014、KADOKAWA）。編著に『古代史はこう書き変えられる』（1989、立風書房）『万葉集101の謎』（2000、新人物往来社）『疎開・空襲・愛—母の遺した書簡集』（2008、笠間書院）『近鉄沿線謎解き散歩』（2013、KADOKAWA）、共著に『争乱の日本古代史』（1995、廣済堂出版）『古代日本がわかる事典』（1999、日本実業出版社）などがある。

思い込みの日本史に挑む

2015年10月15日 初版第1刷発行

著者 松尾 光
発行者 池田圭子
発行所 有限会社 笠間書院
東京都千代田区猿楽町2-2-3［〒101-0064］
☎03-3295-1331㈹ FAX03-3294-0996
振替00110-1-56002
装幀 笠間書院装幀室

NDC分類：210.1

ISBN978-4-305-70779-6
組版：ステラ 印刷・製本／大日本印刷

出版目録は上記住所までご請求下さい。
http://kasamashoin.jp